KB193472

싱글 미니스트리

싱글 미니스트리

지은이 | 탁영철
초판 발행 | 2024. 8. 14
등록번호 | 제1988-000080호
등록된 곳 | 서울특별시 용산구 서빙고로65길 38
발행처 | 사단법인 두란노서원
영업부 | 2078-3333   FAX | 080-749-3705
출판부 | 2078-3331

책 값은 뒤표지에 있습니다.
ISBN 978-89-531-4894-9   03230

독자의 의견을 기다립니다.
tpress@duranno.com   http://www.duranno.com

두란노서원은 바울 사도가 3차 전도여행 때 에베소에서 성령 받은 제자들을 따로 세워 하나님의 말씀으로 양육하
던 장소입니다. 사도행전 19장 8-20절의 정신에 따라 첫째 목회자를 돕는 사역과 평신도를 훈련시키는 사역, 둘째
세계선교(TIM)와 문서선교(단행본·잡지) 사역, 셋째 예수문화 및 경배와 찬양 사역, 그리고 가정·상담 사역 등을
감당하고 있습니다. 1980년 12월 22일에 창립된 두란노서원은 주님 오실 때까지 이 사역들을 계속할 것입니다.

Single

싱글 미니스트리

탁영철 지음

Ministry

두란노

차례

들어가는 말 ✦ 8

Part 1 싱글 미니스트리의 토대

1 싱글 미니스트리의 필요성과 개념 ✦ 14

2 싱글 사역의 시작 ✦ 22

3 싱글 사역자의 역할과 자격 ✦ 31

4 싱글 그룹 빌드업의 원리 ✦ 41

5 싱글 리더 모집과 훈련 ✦ 52

6 싱글 사역의 목적과 목표 그리고 계획 ✦ 62

7 싱글 공동체의 성장 원리 ✦ 72

8 싱글 성경공부 ✦ 78

9 싱글 소그룹 성장의 원리 ✦ 88

Part 2   **싱글을 위한 프로그램**

1 싱글 수련회   ✦ 100
2 싱글 콘퍼런스   ✦ 114
3 싱글의 교회 적응 원리   ✦ 123
4 중소형 교회에서의 싱글 사역   ✦ 130
5 대형 교회에서의 싱글 사역   ✦ 139

Part 3   **싱글의 사역**

1 새가족팀 사역 - 방문자 & 졸업자   ✦ 154
2 싱글이 싱글을 돕는 법   ✦ 167
3 기혼자가 싱글을 돕는 법   ✦ 171
4 한부모 가정 사역   ✦ 179
5 실버세대 사역   ✦ 188

Part 4   싱글의 실제 문제와 방안

1   싱글의 데이트와 사랑   ✦   198

2   싱글의 능력   ✦   218

3   싱글의 영성   ✦   252

나가는 말   ✦   280

● 부록

1 MBTI와 교회 봉사 ✦ 286

· MBTI 개요

· MBTI 성격유형의 키

· MBTI 성격유형

· MBTI 성격유형 간이 검사지

· MBTI 성격유형과 관련 직업 & 교회봉사

2 싱글 새가족 교육 교재 ✦ 295

· 1주 차   참 잘 오셨습니다

· 2주 차   행복하세요?

· 3주 차   기독교의 진정성과 역동성

· 4주 차   우리의 희망과 비전

왜 싱글 미니스트리인가?

세계 전역에 싱글 가구가 확산 일로에 있으며 한국도 예외는 아닙니다. 한국에서 일인가구 비율이 40%를 넘었고 성인 인구 중 싱글이 천만에 육박합니다. 물론 싱글 인구는 조만간에 이 숫자를 훨씬 상회할 것으로 보입니다. 그렇다면 한국교회 내 싱글의 비율은 얼마나 될까요? 수도 없이 많은 교회에 가서 강의를 진행하며 파악해 보았지만 충격적이게도 3% 미만입니다. 인구 비율상 청장년의 40%는 아니더라도 20%는 상회해야 정상입니다. 한국교회는 이러한 시대적 상황의 직격탄을 맞고 휘청이지만 어떤 대안이나 대책을 마련하지 못하고 있는 형국입니다.

이렇게 교회에 싱글 인구가 적거나 거의 없는 이유는 분명히 교회 내부에 있지 외부에 있지 않습니다. 가장 큰 문제는 싱글을 크리스천으로서 완생이 아니라 미생으로 보고 있다는 사실입니다. 더 정확히 말하면 싱글을 비정상으로 여기고 차별한 결과입니다.

싱글은 정말 교회의 잠재적 문젯거리이며 비정상적인 상태일까요? 성경을 보면 싱글은 하나님의 위대한 일꾼으로 쓰임받은 계층이라는 사실이 명확하게 드러납니다. 만일 싱글 미니스트리가 활성화되면 싱글이 청소년부처럼 사역의 대상이 아니라 사역의 주체가 된다는 사실이 확연하게 드러날 것입니다. 쉽게 말해서 싱글들은 교회의 중요하고도 없어서는 안 될 일꾼들이란 말입니다. 싱글은 사역팀의 일원으로서 중요한 부분을 수행하며 그리스도의 몸된 교회를 세우는 역할을 감당할 수 있습니다.

오늘날 한국교회가 반신불수 상태가 된 결정적인 이유는 무엇입니까? 싱글이 없기 때문입니다. 싱글을 포용하지 않기 때문입니다. 싱글을 일꾼으로 세우지 않기 때문입니다. 한국 교회의 비전은 이것밖에 없습니다. 한국교회의 생장점은 확신하건대 싱글 계층입니다. 그리고 싱글 미니스리트가 한국교회에 정착되고 확산되는 것입니다. 싱글을 포용하여 교회 생활에 적응하게 하는 것은 오늘날 교회 사역에서 근본에 해당합니다.

이러한 상황을 주지하고 싱글에 대한 개념 정립이 필요하다는 사실을 절감하며 싱글 미니스트리의 실제적인 지침서로서 이 책을 세상에 내놓습니다. 이 책이 싱글 목회의 탁월하거나 완벽한 지침서라고 자부할 수는 없지만 반드시 필요한 참고서라고 단언합니다. 싱글과 싱글 사역자들 그리고 모든 크리스천이 이 가이드라인을 통해서 한국교회의 중흥과 세계 선교의 비전을 펼쳐 나갈 수 있길 바랍니다.

앙상한 나무에서 봉오리가 맺힙니다. 봉오리는 나무에 상처를 내고 뻗어 나오게 마련입니다. 싱글을 포용하고 품는 것이 이러한 과정일 수 있습니다. 사람에게는 누구나 어려움과 아픔과 상처가 있습니다. 이러한 것들은 잘 아물면 훈장이 되지만 덧나면 고통이 됩니다. 하나님은 우리의 상처를 통하여 풍성한 열매를 맺게 하십니다.

아델베르트 폰 샤미소의《그림자를 판 사나이》라는 소설을 읽은 적이 있습니다. 페터 슐레밀이라는 주인공이 이름난 부자인 토마스 존의 저택에서 열린 파티에 참석합니다. 그 파티에서 만난 회색 옷을 입은 사나이가 그림자를 팔라고 합니다. 그 대신 신기한 보물을 주겠다고 합니다. 슐레밀은 그 유혹을 이기지 못하고 금을 무한정 만들어 내는 '행운의 자루'와 그림자를 바꿉니다.

그런데 슐레밀은 예상치 못한 어려움에 직면합니다. 대낮에는 거리를 다닐 수가 없었습니다. 사람들이 수군거리고 손가락질하기 때문입니다. 그림자의 중요성을 깨닫고 거래를 취소하려고 회색 옷을 입은 남자를 찾지만 정해 준 날짜에 돌아오겠다는 말을 남기고 떠난 뒤였습니다. 어쩔 수 없이 그는 아는 사람이 없는 휴양지로 이사하여 대저택을 구입한 뒤 파티를 열어 손님들에게 선물을 나눠 줍니다. 마을 사람들은 모두 그를 '페터 백작'이라고 부르며 칭송합니다.

한편, 슐레밀은 '미나'라는 소녀와 사랑에 빠집니다. 회색 옷의 사나이가 오겠다는 날짜가 다가오고 있어서 그는 그림자를 되찾으면 미나에게 청혼을 할 생각입니다. 그러나 회색 옷의 사나이는 끝내 나타나지 않습니다. 사실은 슐레밀이 날짜를 잘못 알고 있었던 것입니다. 자포자기한 그는 미나와 그녀의 부모 앞에서 자신의 정체를 밝힙니다. 그러자 그녀의 부모는 화를 내며 결혼을 무산시켜 버립니다.

여기서 그림자가 없다는 것은 다양한 알레고리를 의미할 수 있습니다. 오늘날에는 '배우자가 없는 삶', '잃어버린 가정' 즉 '이혼'일지도 모릅니다. 어쩌면 그림자는 '한국교회에 스며들기 위한 전제조건'이라고 말하는 것이 더 정확할 것 같습니다. 그림자가 없는 것이 실제 삶에는 별 지장이 없듯이, 싱글로 지내는 것이 사회생활에 큰 지장은 없습니다. 오히려 어떤 면에서는 유리하기도 합니다. 그러나 한국교회에는 큰 어려움입니다. 싱글에 대한 편견이 지나칠 정도로 강하기 때문입니다. 남녀 차별 이

싱글 미니스트리

상으로 싱글 차별이 심하기 때문입니다. 그 장벽이 너무 높아서 《그림자를 판 사나이》에서처럼 싱글이 헌신적으로 많은 것을 베풀어도 사람들의 인식은 쉽게 바뀌지 않는 것 같습니다. 마치 주홍글씨처럼 지워지지 않는 흔적일 수 있습니다. 그러나 시대적 소명이라고 확신하며 싱글 사역에 계속 도전하려고 합니다.

전작 《싱글의 파워》에서는 '싱글에 대한 성경적인 개념', '싱글의 내적인 어려움', '위대한 삶을 살아낸 싱글들'을 다뤘습니다. 이 책에서는 실제로 교회에서 싱글 사역을 어떻게 진행하며 싱글의 가장 큰 과제인 '신앙생활', '이성교제', '경제능력'을 싱글 사역자가 어떻게 이해하며 리드해야 할지를 다루었습니다.

이 책을 출간할 수 있도록 애써 주신 두란노의 지체들, 그리고 뉴젠아카데미 이사회 목사님들에게 깊이 감사드립니다. 싱글과 싱글 미니스트리에 관심이 있는 모든 분과 함께 힘을 내어 한국교회와 더 나아가 한국사회의 미래를 책임지는 그날이 왔으면 좋겠습니다.

2024년 8월

탁영철 목사

Single
Ministry

◆ Part 1

싱글 미니스트리의
토대

1
싱글 미니스트리의 필요성과 개념

한국교회는 전대미문의 위기 상황에 처해 있습니다. 이러한 상황을 타개하기 위해 '초대교회로 돌아가자!'라는 기치를 내걸고 예배를 드리고 기도회를 열고 갖가지 양육 시스템을 도입하고 심지어 목회자를 교체하는 강수를 두었습니다. 그러나 한국교회는 여전히 쇠락에서 벗어날 기미가 보이지 않습니다. 왜 한국교회는 작금의 흐름에 이르렀으며 왜 그 상황을 벗어나지 못하는 걸까요? 정확히 말하면 시대의 변화를 읽지 못하고 구태의연한 사고와 구조를 고수하기 때문입니다. 그것이 교회를 지키는 길이라고 착각했기 때문입니다. 성경적이라고 주장하는 것이 사실은 조선시대의 유교적 사고방식이기 때문입니다. 지금은 세대generation가 변한 것이 아니라 시대times가 변했습니다. 아날로그에서 디지털로 전환되고 역사의 변곡점을 넘어선 지 이미 오래지만 교회는 여전히 구태의연한 사고에 발이 묶여 계속해서 뒤처지고 있을 뿐입니다. 한국교회가 맞닥뜨린 심각한 문제는 무엇입니까? 가장 두드러진 현상은 교인 급감입니다.

역사상 유례가 없을 정도로 급격한 부흥을 이룬 한국교회가 끝이 보이지 않는 나락으로 떨어지고 있습니다. 역사상 한국교회처럼 단기간에 성장한 나라도 없지만 반면에 이처럼 빨리 쇠락하는 곳도 없습니다. 이러한 형국의 중심에는 일인가구 즉 '싱글의 폭발적인 증가'가 있다는 사실을 놓치지 말아야 합니다. '싱글'이란 말은 남녀노소에 상관없이 비혼 상태에 있는 모든 사람을 일컫습니다. 하지만 사역적 관점에서는 특별히 35세 이상의 비혼자 not married 와 소위 돌싱 single again 을 가리킵니다.

선입관이 강한 한국 사회와 교회 고유의 문화적 특성으로 인해 싱글들은 교회의 주요 구성원에서 주변인으로 전락하거나 아예 출석조차 포기합니다. 교회에 열심히 출석하고 봉사도 하지만 이혼하거나 혼기를 놓치면 청년부도 아니고 장년부도 아닌 어정쩡한 상황에 놓이게 됩니다. 그런 까닭에 어지간한 대형 교회가 아니면 대부분의 교회에서 싱글이 전무하다시피 합니다.

2021년 한국 통계청 인구조사에 따르면 표 1-1, 싱글 세대는 40%를 상회하며 부모나 형제 혹은 친인척과 거주하는 캥거루족까지 포함하면 50%에 육박합니다. 하지만 교회는 '온전한 가정'이 들어와야 부흥한다는 유교 사상을 여전히 신봉하는 것으로 보입니다. 교회가 싱글을 품지 않으므로 어떤 결과가 벌어지고 있습

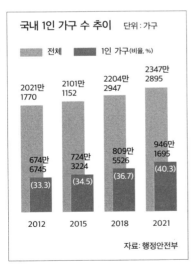

표 1-1

니까? 교인의 단순 감소보다 훨씬 더 치명적인 문제가 벌어집니다. 교회 내에 일꾼이 없습니다. 결혼하여 가정을 이룬 젊은 세대는 대체로 맞벌이 double income인 데다 육아로 힘겨워합니다. 더욱이 전세금이나 매매를 위해 빌린 대출금의 원금과 이자를 갚느라 경제적 여유가 거의 없습니다. 그러니 봉사는 고사하고 출석조차 버겁습니다. 이에 따라 교회 구성원은 급격하게 고령화되고 학령 인구는 줄어들어 암담한 미래라는 현실에 봉착해 있습니다. 일꾼이 없으면 교회 사역과 선교는 거의 불가능합니다.

교회에서 싱글이 겪는 어려움

싱글이 교회 내에서 부딪히는 문제는 무엇입니까? 첫째, 한국교회의 구조적 문제입니다. 교회 내에는 이들을 받아들이고 흡수할 영역이 없습니다. 청년부에도 갈 수 없고 장년부에도 갈 수 없습니다. 규모가 있는 교회는 이들을 그룹으로 모으기는 하지만 어떤 프로그램이나 성경공부 그리고 메시지조차 없습니다. 안타깝게도 한국어로 된 싱글 미니스트리 관련 서적이나 논문은 거의 전무합니다. 간혹 20대 싱글을 위한 연애 서적이나 교회에서 겪는 싱글의 불편함을 지적하여 싱글들로부터 공감을 얻는 책이 나오기는 하지만, 구체적인 대책이나 대안은 제시하지 못하고 있습니다.

둘째, 한국교회의 인식 문제입니다. 유교 사상과 한국 문화에 기초한 편견은 싱글들을 가장 어렵게 합니다. 싱글을 어딘가 '하자'가 있는 사람으로 취급합니다. 그래서 만나는 사람마다 결혼을 종용합니다. 상투를 틀지 않으면 아직도 어른이 되지 못한 것이라고 폄하합니다. 가정이 깨지면 루저라는 보이지 않는 낙인을 찍습니다.

이런 연유로 싱글들조차 싱글 모임에 참석하거나 오래 머물고 싶어 하지 않습니다. 공감대를 형성하고 위로받으며 배우자를 만날 가능성을 기대하지만 오히려 그곳에 있는 것만으로도 사회적 편견에 시달려야 하고 정서적 불안함을 겪기 때문입니다. 사실상 이 시대에 싱글이란 타이틀은 어쩌면 현대판 주홍글씨인지도 모릅니다. 성경이나 교회사를 살펴보면 사도 바울의 경우처럼 싱글은 도리어 존경받는 위치에 있었는데도 말입니다.

미국교회가 여전히 부흥하는 이유

싱글 미니스트리가 가장 잘 정착되어 있고 이로 인해 교회의 중흥기를 맞는 나라가 있습니다. 바로 미국입니다. 1970년대 후반 존 트라볼타 John Travolta 가 무대에서 춤을 추고 있는 동안, 미국교회는 골머리를 앓았습니다. 이혼율은 증가하고, 경력을 중시하는 전문직 종사자들은 가정을 꾸리기보다 직장을 우선시하며, 결혼을 미루거나 마다했습니다. '늘어나는 싱글들을 교회는 어떻게 다룰 것인가?' 힘겨운 문제였습니다. 교회에는 미혼 성도 수가 급격히 줄고 있었습니다.

미국교회의 지도자들은 이러한 시류를 방관하지 않고 재빠르게 대처해 나갔습니다. 새로운 전문 사역 영역을 탄생시켰습니다. 바로 싱글 미니스트리입니다. 싱글에게 다가가려는 경쟁이 시작되었습니다. 결국 1980년대 후반에는 대다수 교회에서 싱글 사역이 주일학교나 청년 사역처럼 주요 사역으로 자리를 잡았습니다.

현재까지도 미국교회는 대형화 추세에 있으며 여전히 부흥하고 있습니다. 미국에서 가장 권위 있는 기독교 잡지 〈아웃리치Outreach〉는 매년 부흥하는 100개 교회를 조사하여 발표합니다. 부흥하는 교회들의 성장률은 평균 30%에 육박합니다. 전체적으로 보면 급감하는 교회와 급증하는 교회로 나뉘어서 전체 성도 수는 현상 유지 중입니다.

놀랍게도 부흥하는 교회와 그렇지 않은 교회의 결정적인 차이는 싱글 사역의 존재 유무에 있습니다. 싱글들은 퇴근하면 일반적으로 일 주일에 두 번이나 세 번 정도 교회에 가서 봉사하거나 각종 모임에 참석합니다. 교회 행사와 선교의 주축이 되거나 주도적인 역할을 합니다. 싱글들이 교회 활동에 전념하는 문화는 교회를 더욱 생기 있게 만들며, 이는 각종 사역과 선교가 활발히 이뤄지고 있다는 것을 의미합니다.

한국교회의 상황

싱글과 관련하여 한국교회는 어떤 상황입니까? 가히 절망적입니다. 기껏해야 싱글들을 주일학교나 성가대에 몰아넣어 정착을 유도할 뿐입니다. 더는 버티지 못하고 빠져나가는 싱글들을 붙잡지 못합니다. 싱글을 대상으로 사역하는 싱글 사역자들이 간혹 있습니다. 그런데 싱글 시절을 거친 기혼자들은 결혼생활이 싱글 생활에 비해 얼마나 어려운지 잘 알고 있지만, 싱글로만 지내던 분들은 거의 모릅니다. 결혼생활은 싱글 생활과 너무 다른 영역입니다. 따라서 결혼생활을 경험해 보지 않은 싱글이 다른 싱글에게 조언하거나 싱글 교역자에게 싱글 그룹을 맡기는 것은 대단히 위험합니다. 한계에 갇히기 때문입니다.

대형 교회에서 싱글들을 모아 놓고 모임을 진행하지만 콘텐츠나 전문 지식이 없어서 기껏해야 짝짓기 수준에 머물러 있습니다. 교역자가 싱글 사역을 위한 기본 소양조차 갖추지 못해서 우왕좌왕하며 상처받다가 교체되기 일쑤입니다.

오늘날 한국교회의 문제는 무엇입니까? 먼저 전문성이 없습니다. 모든 부서 사역이 주먹구구식입니다. 주일학교, 청소년부, 청년부, 장년부, 노년부로 세분화되어 있지만 그 사역을 전문적으로 연구하는 기관이나 단체가 거의 없고 있어도 유명무실한 상태입니다. 심지어 싱글 미니스트리는 존재하지도 않습니다. 이것이 한국교회의 두 번째 문제인 차별입니다. 성경은 하나님 안에서 차별하는 것을 교회에서 가장 먼저 철폐해야 할 악습으로 지목하고 있습니다^{로마서 10:12; 고린도전서 12:13; 갈라디아서 3:28}. 하나 됨을 위하여 철저히 노력해야 하지만 넘을 수 없는 장벽이 세워져 있습니다.

셋째는 문화적 부재입니다. 한국교회에 성경적이며 기독교적인 문화가 형성되어야 합니다. 그리고 이 문화가 사회를 주도해야 합니다. 한국 관련 콘텐츠들이 세계를 장악하고 한국인에 대한 인지도와 인기가 급상승하고 있습니다. 사도 바울이 로마 시민권을 가지고 세계를 다니며 전도 여행을 다니던 분위기와 흡사합니다. 한국은 문화강국으로 거듭나며 세상을 향해 포효하고 있지만, 한국교회는 그 시류를 타고 복음을 전하기는 커녕 따라가지도 못하는 것 같아서 안타깝기 그지없습니다. 교회는 한국 사회와 세계 각국에 기독교 신앙과 정신 그리고 문화를 확산시키라는 문화 명령에 순종해야 할 책임이 있습니다^{창세기 1:28}. 그리고 그 주역은 MZ 세대 싱글이라는 사실을 잊지 말아야 합니다.

싱글 미니스트리에 대해 많이들 오해합니다. 안 그래도 비혼주의자가 많아 사회문제가 되고 있는데 싱글을 더 부추기는 것이 아니냐는 의구심이 그중 하나입니다.

싱글 사역은 한마디로 코람데오 운동입니다. 성경 속 믿음의 위인들은 예외 없이 하나님 앞에서 홀로 서는 경험을 했습니다. 하나님과 독대할 줄 아는 크리스천이 되는 것이 싱글 미니스트리의 정의이며 첫 번째 목적입니다. 하나님을 향한 마음이 굳어지기 전에 다른 것들을 향하면 하나님은 많은 선택지 중에 하나가 됩니다.

싱글 미니스트리의 두 번째 목적은 하나님 나라의 첨병이 되는 운동입니다. 교회는 가정이나 배우자에게 집중하지 않아도 되는 싱글들이 결혼 전에 교회의 선교와 사역 그리고 봉사에 앞장서는 존재가 되도록 도와야 합니다.

세 번째 목적은 복음의 동역자가 되는 운동입니다. 사람은 누구나 고유한 특성을 가지며 그것은 곧 하나님이 부여하신 존재 가치가 됩니다. 하나님 앞에서 하나님 나라의 일꾼으로 살다 보면 자기만의 고유한 삶의 모습을 찾게 됩니다. 타인에 의해 삶이 결정되는 객체가 아니라 스스로 결정하는 주체가 되도록 돕는 것이 싱글 미니스트리의 목적입니다. 자기 삶의 주체로 살 수 있을 때 복음의 주역으로서 동역자 역할을 감당할 수 있습니다.

고린도전서 9장에서 사도 바울은 사도의 권리에 대하여 말하면서 특별히 사도들이 아내들과 같이 복음을 전하러 다닌다는 사실을 언급합니다 고린도전서 9:5. 자아를 찾지 못하면 동역자가 될 수 없고 동역도 불가능하다는 사실을 잊지 말아야 합니다. 이 부분이 해결되지 않으면 결혼생활도 갈등과 다툼의 연속에 불과합니다. 그래서 싱글 미니스트리의 네 번째 목적은 온전한 가정 세우기입니다. 신앙과 인격이 온전한 두 사람이 만나야 온전한 가정이 됩니다. 계란말이를 만들 때 달걀 두 개 중 두 개 다 상했으면 상한 음식이 될 수밖에 없습니다. 둘 중 하나만 상했다면 어떻게 될까요? 당연히 상한 계란말이가 됩니다. 결혼도 이러한 원리가 예외 없이 적용됩니다.

2
싱글 사역의 시작

싱글 사역을 시작하기 위한 요령이나 방법 혹은 힌트가 도처에 산재해 있습니다. 연애 프로그램, 요리 방송, 혹은 싱글 라이프 예능, 리얼 다큐멘터리까지 참고할 수 있는 것들이 방송에서 끊임없이 쏟아져 나옵니다. 더 나아가 각종 서적이나 잡지에도 참고할 만한 것이 많습니다. 그러나 실제로 교회에서 싱글 사역을 시작하려면 막막하기 그지없습니다. 시대적 변화를 감지하고 싱글 사역을 시작하려고 하지만 방향성조차 잡지 못합니다.

그 이유는 우선 전례가 없기 때문입니다. 싱글 미니스트리는 한국교회에 존재하지 않는 새로운 사역입니다. 무에서 유를 창조해야 하는 상황이니 답답할 수밖에 없습니다. 둘째, 교회에 싱글이 없기 때문입니다. 웬만한 대형 교회가 아니면 싱글이 거의 없습니다. 싱글을 품지 않았고 싱글을 위한 부서나 프로그램이 없기 때문에 싱글이 교회에 머물 수가 없었던 것입니다. 셋째, 싱글 사역을 위한 콘텐츠가 전무하기 때문입니다. 싱글 그룹을 형성해도 콘텐츠가 없으면 방향을 잡지 못하고 표류하며 양육과 교육이 어렵습니다. 그렇다면 교회에서 어떻게 싱글 사역을 시작해야 할까요? 무엇보다도 다음 몇 가지를 점검해야 합니다.

싱글을 환영하는가?

교회는 일반적으로 부부와 가족 중심의 시스템과 문화로 구성되며 유지되고 있습니다. 싱글들에게는 언제 결혼하여 가정을 이룰 것인지를 물으며 은연중에 압박하고 스트레스를 줍니다. 배우자가 없으면 싱글은 온전한 상태가 아니라는 고정관념이 저변에 깔려 있습니다.

그리고 교회가 가족 중심의 신학과 메시지 그리고 교구 시스템을 유지하고 있어서 싱글들이 지속적으로 소외감을 느낄 수밖에 없습니다. 이런 문화 때문에 싱글은 신앙적 수준이나 헌신과는 상관없이 거의 모든 항존직에서 배제되며 교회의 중요 정책이나 방향 정립에 참여하지 못합니다.

하지만 싱글 인구의 급격한 증가로 상황이 달라졌습니다. 싱글은 이제 한국 사회의 지류substream가 아니라 주류mainstream가 되었습니다. 이 흐름에 맞추어 방송가와 기업 그리고 정부의 정책이 싱글 가구 중심으로 재편되었습니다. 이러한 사회적 흐름을 무시하고 교회가 기존 방식과 구조를 그대로 고수한다면 쇠락을 넘어 존재 자체가 불투명해질 수밖에 없습니다. 따라서 싱글 미니스트리는 생소하고 어색할 수 있지만 교회의 주요 사역 중 하나로 자리 잡을 필요가 있습니다.

왜 싱글을 환영하지 못하는가?

한국의 어느 주류 교단에 속한 노회의 수련회에 주 강사로 섭외받은 적이 있습니다. 주제는 '싱글 사역'이었습니다. 설렘과 기대감을 안고 세미나 준비를 하고 있는데, 수련회 날짜가 임박하여 취소되었다는 통보를 받았습니다. 그렇지 않아도 이혼율이 증가하는 데다 젊은이들의 결혼 기피 현상이 싱글 인구 팽창에 기여하는 심각한 상황에서 '싱글 사역'이라는 주제는 그러한 사회 분위기를 더 부추긴다는 게 이유였습니다.

당연히 싱글 미니스트리가 무엇인지 모르기 때문에 일어난 해프닝이었지만 이러한 현상이 한두 교회에 국한된 게 아니라 일반적이라는 것이 문제입니다. 만일 싱글 미니스트리에 대하여 조금만 관심을 두고 이해하려고 노력한다면 순식간에 분위기 전환이 이뤄질 것입니다.

이에 더하여 가족 중심의 교회가 흔들릴 수 있다는 불안감 때문에 싱글을 반갑게 맞아들이지 못합니다. 물론 싱글들을 안타깝게 여기는 마음도 있지만, 건강한 가정을 흔들거나 깨뜨릴 수 있는 잠재적 위험 요소로 간주하는 사고가 은근히 자리 잡고 있습니다. 특별히 돌싱들은 성격이나 사고방식에 문제가 있다는 선입관으로 인해 싱글 미니스트리가 더욱 자리 잡지 못합니다.

왜 싱글 미니스트리가 필요한가?

싱글 미니스트리가 필요한 가장 중요한 이유는 싱글들 역시 다른 교인들과 마찬가지로 교회에서 다른 신앙인들을 만나서 교제하고 봉사하며 양육받고 교육과 훈련을 받아야 할 하나님의 백성이기 때문입니다. 교회의 가장 근본적인 원칙은 이 성경 구절에 있습니다.

> 35 내가 주릴 때에 너희가 먹을 것을 주었고 목마를 때에 마시게 하였고
> 나그네 되었을 때에 영접하였고 36 헐벗었을 때에 옷을 입혔고 병들었
> 을 때에 돌보았고 옥에 갇혔을 때에 와서 보았느니라(마태복음 25:35-36).

교회는 신체적, 사회적, 문화적 그리고 영적으로 돌봄이 필요한 사람들을 섬겨야 할 의무가 있습니다. 정말 많은 싱글들이 바로 이러한 돌봄의 대상입니다. 모든 교회가 약자를 품어야 하듯이 교회라면 예외 없이 싱글을 섬겨야 합니다. 이것은 당연히 싱글들에게 유익이지만 교회와 하나님 나라에는 더 큰 유익이란 사실을 잊지 말아야 합니다.

싱글은 무엇이 필요한가?

싱글과 기혼자 사이에는 공통점도 있지만 차이점도 있습니다. 기혼자는 의식적으로 가정을 중심으로 움직이려는 성향이 강하지만, 싱글들은 사교 활동에 더욱 적극적입니다. 이것은 곧 필요가 완전히 다르다는 것을 의미합니다. 그렇다면 구체적으로 싱글들에게는 무엇이 필요할까요? 다음 일곱 가지는 교회가 싱글들에게 제공해야 할 것들입니다.

희망
싱글들에게는 실패에도 불구하고 인생은 살 만한 가치가 있으며 의미

가 있다는 희망이 필요합니다. 이 사실은 모든 연령층의 싱글들에게 적용됩니다. 싱글 노년층은 인생이 이미 많이 흘러갔고 설정한 목표를 이루지 못했다는 아쉬움이 가득합니다. 싱글 청년층은 부모 세대가 이뤄 낸 지위나 부에 도달하지 못할 수 있다는 불안감이 가득합니다. 싱글들은 먼저 하나님 안에서 희망을 찾아야 합니다. 그래야 포기하지 않을 수 있습니다. 둘째, 다른 사람들에게서 희망을 찾아야 합니다. 그래야 생산적이며 풍요로운 인간관계를 만들어 갈 수 있습니다. 셋째, 미래에서 희망을 찾아야 합니다. 잃어버린 것보다는 여전히 남아 있는 것에 초점을 맞추고 내일 찾아올 기회를 붙잡아야 합니다^{이사야 40:29-31; 데살로니가전서 1:3}.

이해

싱글들이 결핍을 느끼는 가장 큰 원인은 결혼입니다. 이 문제로 많이 어려워하고 힘들어하지만 안타깝게도 다른 사람들은 그 힘겨움을 이해하지 못합니다. 심지어 공감은커녕 부정적인 언사와 언동으로 속을 뒤집어 놓고 마음문을 닫게 만드는 경우가 다반사입니다. 싱글들에게는 경청해 줄 누군가가 필요합니다. 진정한 경청은 한 사람을 살리고 가치 있는 존재라는 자신감을 불어넣어 줍니다. 따라서 경청하는 사람들은 싱글들에게 중요할 수밖에 없습니다. 싱글들의 대부분은 이혼, 파혼 혹은 빈약한 인간관계에 대하여 이해받지 못합니다. 가족이나 친구 혹은 교우들은 계속해서 '왜 여태 결혼하지 않냐' '이번 생에는 포기한 거냐' 같은 질문을 하며 압박할 뿐입니다. 분명히 기억해야 합니다. 어른이 되었다는 증거는 결혼이 아니라 자기 삶에 대한 책임감입니다.

소속

아마도 싱글은 소속감을 가장 필요로 합니다. 오늘날 사회에서는 둘을 완전수complete number로 간주합니다. 싱글은 반쪽이 없는 불안한 상태로 간주합니다. 그러나 이는 '유교 사상'과 짚신도 '짝'이 있다는 속담이 만들어 낸 편견입니다. 사람은 짚신이나 장갑이 아닙니다. 짝이 있어야 제 구실을 할 수 있는 존재가 아니란 말입니다. 정확히 말하면 싱글이라는 말 자체가 완전과 온전을 의미합니다. 외로움을 느낀다고 해서 온전하지 않거나 모자란 사람이라고 여긴다면 그것은 실제라기보다는 해석의 차이일 뿐입니다.

누구나 외로움을 느낍니다. 배우자가 있다고 해서, 사랑하는 사람이 있다고 해서 외로움을 느끼지 않는 건 아닙니다. 그럼에도 유독 싱글이 느끼는 외로움만 모자람과 부족함으로 해석합니다. 싱글은 그냥 가족이나 교회 같은 공동체의 친밀함이 필요할 뿐이지 부족하거나 모자란 존재가 아닙니다. 가족이 개인에게 큰 안정감을 주는 것은 사실입니다. 편견 없이 바라보고, 지속적으로 이해하며, 끊임없이 기다리고 격려하며, 변함없이 응원하기 때문입니다. 그러나 가족이라도 이러한 요소들이 부족하면 더 큰 불안감과 고립감을 느끼게 되고 결국에는 결별이라는 선택에 이릅니다.

싱글은 고립에서 벗어나야 합니다. 그렇지 않으면 그 내면은 심해어처럼 흉측한 모습으로 변할 수 있습니다. 다른 사람들을 만나서 악수를 나누고 허그를 하며 등을 두드려 주고 박수를 주고받아야 내면을 건강하게 가꿔 갈 수 있습니다.

롤모델

싱글은 건전한 데이트와 부부관계를 지켜볼 수 있어야 합니다. 본보기가 없으면 바람직한 목표를 세우지 못합니다. 대부분의 싱글들은 이혼과 결별을 자주 목격합니다. 이로 인해 인간관계에 대하여 냉소적이고 부정적입니다. 하나님은 우리 각자가 아름다운 관계를 형성하며 살아가도록 창조하셨습니다. 싱글은 건전한 기독교적 관점을 가질 필요가 있습니다. 세상은 깨진 약속, 무너진 희망, 안개와 같은 환영으로 가득합니다. 따라서 예수님이 보여 주신 사랑은 허상처럼 보일 수 있지만 그것이 정답이란 사실을 기억해야 합니다.

정보

여러 가지 이유로 싱글은 사교성이 부족한 경우가 많습니다. 친구 특히 이성 친구를 만드는 방법을 잘 모릅니다. 잘 모르면 어려울 수밖에 없고, 어려우면 어려울수록 타인과 거리가 벌어집니다. 그래서 싱글은 가장 먼저 자기 자신을 알아야 합니다. 그리고 적절한 데이트 테크닉, 성적 지식, 경제 수준, 영성 그리고 하나님과의 관계에 대하여 알아야 합니다.

친구

싱글은 여러 명의 친구가 필요합니다. 사실 배우자가 있어도 친구가 있어야 합니다. 인간의 다양한 욕구는 한 명으로 충족될 수 없기 때문입니다. 그러한 친구들이 있어야 흔들리거나 낙심될 때 무너지지 않습니다. 친구들을 통해 문제에 대한 해결책, 어려움을 헤쳐 나가는 지혜, 사교 활동, 소속감, 가족 같은 친밀함을 얻을 수 있습니다.

성경적인 기초

싱글 미니스트리 자체가 성경적인 토대 위에서 이뤄져야 합니다. 성경은 고아와 과부를 돌봐야 할 사회적 약자로 언급합니다[야고보서 1:27]. 성경이 기록될 당시에도 깨진 관계와 상처 그리고 아픔으로 힘들어하는 싱글들이 많았습니다. 그래서 사도 바울은 어떤 상황에서든지 자족하는 법을 배워야 한다고 말합니다[빌립보서 4:12-13]. 교회는 설교와 교육 그리고 행정과 목양을 통해 싱글을 포함하여 모든 구성원에게 이러한 필요를 충족시켜 주어야 합니다.

교회는 무엇을 해줄 수 있는가?

무엇보다도 교회는 싱글로 존재하는 것 자체에 대하여 편안히 느낄 수 있도록 도와야 합니다. 조바심과 초조함은 백해무익하며 매력과 능력을 발휘하지 못하게 합니다. 특별히 결혼을 위해서가 아니라 싱글이든 아니든 인간됨 자체가 성장하도록 인도할 필요가 있습니다. 교회가 싱글 사역을 시작하면서 준비해야 할 것들은 다음과 같습니다.

1. 싱글에 대하여 관심을 가져야 합니다. '왜 결혼하지 않느냐고 묻는 것'은 관심이 아니라 팩트 폭행에 불과합니다.
2. 싱글에 대한 성경적 관점과 신학을 정립하고 이를 교우 전체를 대상으로 교육해야 합니다. 무관심은 곧 무지함으로 이어집니다.
3. 싱글들에게 전적으로 책임지며 섬길 기회를 주어야 합니다. 처음에는 단회적인 봉사가 적절합니다.

4. 싱글들의 활동을 공개적으로 칭찬하며 격려해야 합니다. 그러면 더욱 소속감을 느끼며 기쁨으로 자리를 지킵니다.

5. 함께 어울릴 수 있는 싱글 소그룹을 구성해 주어야 합니다. 처음에는 남녀를 나누는 것이 바람직하며, 자매님들 그룹을 먼저 구성하는 것이 수월합니다.

6. 싱글의 필요를 충족시킬 수 있는 프로그램을 꾸려야 합니다. 말보다 적절한 행동이 진정한 설득력을 줍니다.

7. 싱글이 만군의 하나님 여호와의 군사 중에서도 첨병에 해당한다는 사실을 인정해야 합니다.

성경의 수많은 일꾼이 싱글이었습니다. 예수님을 비롯하여 사도 바울과 엘리야 그리고 느헤미야 같은 분들은 한평생 싱글로서 누구보다도 별처럼 빛나는 삶을 살았습니다. 요셉이나 욥 그리고 룻은 일시적 싱글로서 하나님의 백성다운 본보기를 보여 주었습니다. 이제 교회는 싱글에 대한 유교적 사고에서 벗어나 하나님 나라의 진정한 군사로 양육하고 후원하고 격려하며 동역하는 시대적 소명을 감당해야 합니다.

3
싱글 사역자의 역할과 자격

싱글 미니스트리를 위하여 가장 먼저 준비해야 할 부분은 담당 사역자를 구하는 것입니다. 소명의식을 가지고 싱글 사역을 감당할 사역자가 없으면 아무 일도 일어나지 않습니다. 설령 사역자가 있어도 준비가 되어 있지 않으면 사역이 이뤄지기는커녕 어려움과 문제만 생깁니다.

싱글 미니스트리를 위하여 준비되어야 할 사역자는 담임목회자, 담당 교역자 그리고 소그룹 리더입니다. 이들이 준비되어 있지 않으면 본격적인 싱글 사역은 불가능하다고 봐야 합니다.

담임목회자의 역할

교회를 이끄는 목회자가 싱글 미니스트리 성패의 관건이라고 해도 과언이 아닙니다. 무엇보다도 싱글 미니스트리의 중요성과 필요성을 인지하고 목회 철학 중 하나로 삼아야 합니다. 그리고 기본적으로 다음 다섯 가지 역할을 감당해야 합니다.

1단계: 사역 분위기 조성

교회에서 싱글 미니스트리를 시작하기 위한 분위기를 만드는 것은 전적으로 담임목회자의 책임입니다. 싱글 미니스트리를 위한 분위기를 형성할 수 있는 유일한 위치에 있기 때문입니다. 이를 위하여 먼저 교우들이 싱글을 온전한 존재로 품을 수 있도록 유도해야 합니다. 싱글이 어떤 상태에 있든지 열린 마음으로 반가워하고 환영할 수 있어야 합니다. 물론 싱글들이 문제를 안고 있을 수 있지만 그것은 대부분 유교 사상에 근거한 선입관일 가능성이 농후합니다. 싱글들은 교회 안과 밖에서 상처받고 있습니다. 따라서 교회가 진심으로 관심을 가지고 있다고 인식할 수 있도록 그들의 말을 경청하고 적절한 반응을 보여 줄 필요가 있습니다. 목회자가 싱글들을 부족하거나 모자란 사람이 아니라 온전한 인격체로 대하고 사랑하며 돌보는 모습을 본보기로 보여 줄 때 교회 전체에 그러한 분위기가 확산됩니다.

둘째, 싱글을 하나님 나라의 백성으로서 환영하도록 유도해야 합니다. 싱글들은 신앙인이든가 아니면 잠재적 신앙인입니다. 교회는 이러한 싱글을 하나님이 사랑하시는 하나님의 자녀로 받아들일 의무가 있습니다. 셋째, 싱글을 교회의 사역자로 세우도록 유도해야 합니다. 싱글을 교회의 구성원으로 받아들인다는 것은 교회 사역의 문도 열어 둔다는 것을 뜻합니다. 만일 싱글을 예배 참석자로만 인정한다면 싱글은 교회에 뿌리내릴 수 없습니다.

2단계: 사역의 필요 설득

싱글 미니스트리가 필요하다는 사실을 교회의 리더 그룹에 알리고 설득해야 합니다. 싱글 계층이 급격히 증가하고 있으며 다른 계층과 의미 있는 관계를 재설정해야 할 때라는 사실을 알려야 합니다. 싱글 계층이 복음화의 황금어장이며 교회의 강력한 일꾼이 될 수 있다는 사실을 전달해야 합니다. 지상대명령에는 싱글 계층도 포함됩니다. 이에 더하여 싱글 사역 방식을 결정하고 그것이 교회에 실행되도록 이끌어야 합니다. 사역 방식의 주요 핵심은 힐링, 교제, 양육, 교육, 훈련 그리고 파송입니다.

3단계: 사역 지원 수준 결정

무엇보다도 담임목회자는 설교를 통해 싱글 사역을 지원할 수 있습니다. 설교를 통해 교우 모두가 싱글 미니스트리의 필요성과 중요성을 알게 하고, 그 계층을 향한 사랑과 열정을 일깨워야 합니다. 둘째, 광고 시간을 통해 싱글 사역을 지원할 수 있습니다. 싱글 사역 프로그램을 알리고 참여를 유도할 수 있습니다. 셋째, 주보와 게시판을 통해 싱글 사역을 지원할 수 있습니다. 요즘에는 홈페이지나 인스타그램 같은 SNS가 교회의 사역 방향과 정책 그리고 프로그램을 알리는 가장 강력한 수단입니다. 결국 싱글 사역의 지원 수준은 목회자가 홍보하며 설득하는 정도에 따라 결정됩니다.

4단계: 사역 리더십 임명

싱글 사역을 시작할 뿐만 아니라 그것이 지속될 수 있도록 시스템을 갖추는 단계입니다. 담당 리더십을 세울 때는 몇 가지 선택이 가능합니다. 전임 사역자가 최상책입니다. 적절한 상담, 양육, 교육 그리고 훈련 프로그램을 제공하려면 전임 사역자를 세워야 합니다. 그런데 담당 사역자가 싱글인 경우는 역효과가 많이 나타납니다. 일단 싱글 사역자는 결혼생활에 대한 이해가 없고 시야가 좁을 수 있으며 싱글 그룹에게 본보기가 되기 어렵습니다.

만일 전임 교역자를 임명하기 어렵다면 기혼 부부가 섬기는 것이 좋은 대안입니다. 특별히 재혼 부부나 만혼 부부가 바람직합니다. 싱글들에게 롤모델이 될 수 있기 때문입니다. 더 나아가 싱글의 필요를 이해하고 민감하게 도울 수 있습니다. 그리고 부부가 함께 싱글 공동체를 섬기면 싱글 형제와 싱글 자매를 구별하여 적절히 도울 수 있다는 장점도 있습니다.

5단계: 사역 영역 설정

실제로 싱글들은 섬김과 봉사에 좋은 조건을 갖고 있습니다. 시간이 많을 뿐만 아니라 재능도 뛰어나고 경제적으로도 다른 그룹에 비해 여유가 있습니다. 그리고 싱글들은 자신들이 유익한 존재로 자리 잡고 싶은 갈망이 강력합니다. 특별히 이혼과 사별의 아픔을 겪은 싱글들은 다른 사람들을 섬기는 과정을 통해 빠르게 회복되고 치유됩니다. 따라서 싱글들에게 싱글 그룹뿐만 아니라 다른 부서 그리고 지역사회와 선교지를 섬길 수 있도록 기회를 마련해 주는 것이 바람직합니다. 싱글들에게 이런 기회를 주면 그들은 반드시 교회에 축복의 통로가 될 것입니다.

무엇보다도 싱글들이 교회에서 인정과 사랑 그리고 돌봄을 받는 것이 가장 중요합니다. 교회가 이 역할을 감당하려는 목표를 세우고 집중하면 다른 것들은 자연스럽게 따라오며 이뤄질 것입니다. 싱글들을 천덕꾸러기로 방치하시겠습니까, 아니면 하나님 나라의 놀라운 일꾼으로 세우시겠습니까?

싱글 미니스트리

담당 교역자의 역할

싱글 담당 교역자의 역할은 쉽지 않습니다. 일단 뚜렷한 가이드라인이 없기 때문입니다. 모델이 될 만한 교회가 없고, 참고 자료 역시 없어서 황무지를 개척하는 상황과 다를 바 없습니다. 심지어 담임목회자도 경험이 없어서 막막하고 막연합니다. 둘째, 싱글들의 고유한 특성 때문입니다. 사실상 기존에 존재하지 않던 계층입니다. 사역적 이해가 어려울 뿐만 아니라 싱글 개인에 대한 이해도 어렵습니다. 셋째, 예산 확보가 매우 어렵습니다. 모든 사역에는 비용이 들게 마련입니다. 이러한 상황에서 어떻게 해야 할까요? 다음과 같은 역할을 하십시오.

사역을 교우들에게 소개하라

담당 교역자는 싱글 그룹의 사역과 동역자들을 교회에 지속적으로 알려야 합니다. 이것은 단회적이거나 연례행사 정도가 아니고 지속적이어야 합니다. 특별히 홈페이지나 주보에 싱글 사역의 목적과 취지 그리고 개념을 게재하여 오해나 선입관이 생기지 않도록 최선을 다할 필요가 있습니다. 이것을 놓치면 싱글 그룹이 제대로 세워지기 어렵습니다.

가족의 개념을 재정립하라

싱글들이 한부모 혹은 조손가정을 자신의 가족으로 여기도록 돕는 것 역시 싱글 사역자의 책임입니다. 싱글뿐만 아니라 결손 가정 역시 급격하게 증가하고 있지만 물질적으로뿐만 아니라 정서적으로 채울 방법이 없습니다. 새로운 가족관계를 형성함으로써 서로에게 동기부여가 되고 삶의 의미를 찾게 됩니다. 싱글도 하나의 가정이지만 결손 가정도 하나의 가족입니다. 그런데 두 가정이 결연 관계를 맺고 서로를 돌아본다면 교회의 진정한 의미가 실현되고 하나님 나라를 이 땅에서 경험하게 될 것입니다. 싱글이란 단어뿐만 아니라 가족이란 단어에 대한 이해를 업그레이드하는 것은 싱글 담당 교역자의 전적인 책임입니다. 이것에 목표를 두고 각종 행사와 프로그램을 진행하면 시너지가 나타날 것입니다.

항상 다가갈 준비를 하라

담당 교역자는 교회 내 싱글들에게 적극적으로 다가갈 수 있어야 합니다. 단순히 예배 시간에 마주하는 것을 넘어서 그들의 집, 직장 그리고 활동 현장에 물리적으로 다가가야 합니다. 목자는 양 떼의 건강과 힐링에 따른 필요를 적극적으로 채워 줘야 합니다. 실제로 대부분의 성숙한 싱글 사역자들은 한곳에 정박해 있지 않고 일주일 내내 목양을 위해 동분서주합니다. 교역자가 다가와서 대면한다는 것은 곧 싱글들에게 '당신은 중요한 사람입니다'라는 의미로 다가옵니다. 싱글들이 불편해할 것으로 생각하지 마십시오. 오히려 간절히 기다리고 있습니다.

사역의 의미를 이해시키라

담당 교역자는 싱글 사역의 의미를 교회의 다른 스태프와 당회에 전달하여 이해시킬 책임이 있습니다. 그래서 다른 교역자들과 당회원들이 싱글 사역에 대하여 설명하고 대변해 줄 수 있어야 합니다. 싱글 사역은 이혼이나 만혼 같은 예민한 상태의 지체들과 함께하는 사역이고, 신학적으로도 견해 차이가 있을 수 있으므로, 이 부분을 가벼이 여기면 쉽게 오해가 생기고 사역에 지장을 초래합니다. 특별히 싱글 사역이 주일학교나 청소년부 혹은 청년부와 장년부 같은 다른 부서에 어떤 의미가 있는지를 이해시켜야 합니다. 사람은 대개 자기 수준과 자기 관점에서만 이해하기 때문에 생소한 사역에 대해 의구심, 심지어 거부감까지 가질 수 있습니다.

차별을 금지시키라

담당 교역자는 싱글이 교회 리더십의 위치에서 차별당하지 않도록 모든 노력을 기울여야 합니다. 편견은 대단히 교묘해서 종종 경건함으로 위장하여 나타납니다. 만일 이혼했다는 이유로 교회에서 봉사하지 못한다면 더는 싱글 그룹에 참석하지 않을 것입니다. 만일 45세 싱글이 결혼하지 않았다는 이유로 교회의 의사결정 기구에 포함되지 못한다면 교회를 떠날 것입니다. 많은 교회가 이와 관련된 정책을 이미 오래전부터 정해 놓았는데, 이제 다시 검토하여 변화를 모색해야 합니다.

싱글 사역을 지속적으로 연구하라

싱글 사역에 관심이 없지만 교회가 명령해서 담당한 사역자도 있을 수 있습니다. 하지만 싱글 부서를 담당하고 있으면서 여전히 사역에 관심이 없고 시간만 보내고 있다면 하나님 앞에 큰 죄악을 저지르고 있는 것입니다. 싱글 사역은 한국교회에서 불모지와 같습니다. 누군가의 노력과 헌신이 절대적으로 필요합니다. 싱글 사역에 관하여 연구하고 토론하며 세미나를 개최하고 더 나아가 사회가 어떤 분위기로 변화되고 있는지를 살펴보십시오. 싱글과 관련해 기업과 정부의 움직임을 예의주시하십시오. 싱글들과 대화할 기회를 갖는 것만으로도 큰 학습 경험이 될 수 있습니다. 다른 교회의 싱글 사역이나 이혼 회복 세미나 같은 곳에 참석해 보면 싱글 사역과 상처받은 사람들을 새롭게 이해하게 될 것입니다. 신학교에서 몇 년 배운 것만으로는 아무것도 할 수 없다는 사실을 잊지 마십시오.

담당 교역자는 싱글 사역의 비전과 부담을 담임목회자와 공유할 책임이 있습니다. 대부분의 담임목회자는 소화해야 할 사역 일정이 많아서 새로운 비전에 관심을 가질 여유가 없습니다. 그럼에도 목회자들은 새로운 비전에 동참할 의향이 있습니다. 단지 시간과 정신적 여유가 없을 뿐입니다. 주저하지 말고 담임목회자에게 비전과 어려운 점을 말씀드리십시오. 복음의 현장 파악은 담임목회자에게 기본이기 때문입니다. 싱글 사역은 싱글 담당 교역자나 담임목사의 것이 아니고 주님의 것입니다.

싱글 사역자의 자격에 대한 착각

스스로가 싱글 사역에 적임자라고 생각하는 사람은 거의 없습니다. 오히려 부적절하다고 느끼는 경우가 많습니다. 싱글 사역에 적절치 않다고 생각하게 하는 기존 관념 중에 잘못된 것들이 많습니다.

싱글 담당 사역자는 싱글이어야 한다?

거짓입니다. 오히려 그 반대라고 해도 과언이 아닙니다. 싱글들은 싱글 사역자와 함께 사역하는 것이 편하고 재미있을 수는 있습니다. 기혼 사역자 부부의 다정한 모습이 불편할 수도 있습니다. 싱글은 싱글만이 잘 이해하고 공감할 수 있다고 생각할 수 있습니다. 그러나 기혼자들도 싱글 기간이 있었습니다. 그리고 기혼 사역자는 싱글들에게 롤모델이 될 수 있습니다. 그들은 연애와 결혼이라는 과정을 잘 감당하고 힘겨운 결혼생활을 바람직하게 이어 가고 있는 사람들입니다. 싱글들이 바라고 동경하는 삶을 살아 낼 수 있는 노하우가 있단 말입니다. 대부분의 싱글들은 자신의 삶을 잘 누리고 있지만, 결혼을 원합니다. 따라서 기혼 교역자가 그러한 싱글들에게 적절한 조언과 도움을 줄 수 있습니다.

싱글 담당 사역자는 신학교 학위가 있어야 한다?

거짓입니다. 유용할 수 있지만 절대적인 조건은 아닙니다. 사실상 현재 한국의 모든 신학교가 싱글 사역을 가르치지 않습니다. 어차피 싱글 사역에 대한 성경적 근거는 거의 독학에 의존해야 합니다. 성경공부나 설교 같은 영역은 담임목회자나 다른 교역자들이 담당하면 됩니다.

경험이 부족하면 다른 스태프들과 동역하기 어려울 것이다?

거짓입니다. 문제가 되는 것은 경험이 아니라 사랑의 결핍입니다. 의사가 모든 병에 걸려 봐야 병을 고칠 수 있는 것은 아닙니다. 모든 별에 가 봐야 천체 물리학자가 될 수 있는 것은 아닙니다. 돈을 많이 벌어 봐야 경영학이나 경제학을 가르칠 수 있는 것은 아닙니다. 자존심을 내세우거나 열등감에 주눅 들지 말고 동역하는 스태프들과 갈등, 꿈, 실망, 번민 같은 것들을 나누십시오. 그 과정에서 서로를 더욱 신뢰하며 진정한 친구가 될 것입니다. 싱글들은 완벽한 사람이 아니라 친구를 원합니다.

상담은 너무 부담스럽다?

거짓입니다. 오히려 쉽습니다. 문제에 대한 해답은 내담자가 가장 잘 알고 있습니다. 해결책을 제시하려고 애쓸 필요가 없습니다. 사실 일상적인 상담의 80%는 들어주기만 해도 해결됩니다. 법률적 지식이나 정신의학적 지식이 필요한 전문 상담이 아니라면 경청과 공감, 위로만으로도 큰 도움이 됩니다. 그리고 감당하기 어려운 상담은 전문가나 전문기관에 의뢰할 수 있도록 준비하면 됩니다.

싱글 사역자는 에너지가 넘쳐야 한다?

거짓입니다. 오히려 과도한 에너지와 열정은 사역에 독이 됩니다. 싱글 사역은 인내와 기다림의 연속입니다. 따라서 에너지 레벨이 낮은 쪽이 더 낫습니다. 단지 미리 계획하며 융통성이 있으면 됩니다. 싱글 사역자가 열정이 넘쳐서 앞서가면 어느새 혼자 행군하고 있을 것입니다. 하나님은 우리가 강해지기를 원하시지만 슈퍼맨이 되라고 요구하시지는 않습니다. 낙심하지 말고 지혜를 달라고 기도하며 끝까지 인내하면 됩니다.

싱글 사역자는 창의적이어야 한다?

거짓입니다. 다른 사람들의 아이디어를 얼마든지 차용할 수 있습니다. 참고할 만한 방송 프로그램이나 사역 프로그램이 도처에 있습니다. 공동체 내의 싱글들에게 아이디어를 요청하는 것도 매우 유용한 방법입니다. 기억하십시오. 사랑이 가득한 프로그램이 창의력보다 훨씬 더 중요합니다. 싱글 사역은 5천 명을 먹이신 예수님과 가장 비슷한 상황에 놓여 있습니다. 오늘날 너무나 많은 싱글들이 영적, 정신적, 정서적으로 굶주려 있습니다. 예수님의 사랑의 마음과 기도하는 자세가 그 무엇보다도 절실합니다.

4
싱글 그룹 빌드업의 원리

엄밀히 말하면 싱글 미니스트리는 일대일 사역입니다. 겉도는 수많은 아웃사이더 중에서 한 사람을 끌어내어 하나님과 독대하는 신앙인으로 성장하도록 도와야 하는 책임과 사명을 품고 있기 때문입니다. 구체적으로 일대일이란 말은 한 사람이 한 사람을 이끌어서 진정한 친구가 되고, 하나님과 독대하는 신앙인이 되며, 누군가에게 이상적인 배우자가 되도록 인도하는 사역이란 의미입니다^{그림 1-1}.

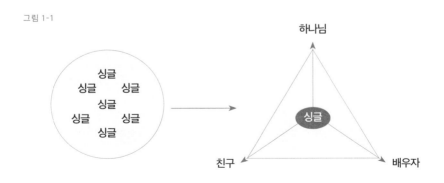

그림 1-1

속해 있는 싱글 그룹의 숫자가 몇 명이든 이러한 세 가지 관계를 일대일로 맺을 수 있도록 도와서 지상대명령에 순종하는 것이 싱글 미니스트리입니다. 예수님은 승천하기 전에 우리에게 이 말씀을 주셨습니다.

> [19] 그러므로 너희는 가서 모든 민족을 제자로 삼아 아버지와 아들과 성령의 이름으로 세례를 베풀고 [20] 내가 너희에게 분부한 모든 것을 가르쳐 지키게 하라 볼지어다 내가 세상 끝날까지 너희와 항상 함께 있으리라 하시니라(마태복음 28:19-20).

사명선언문을 작성하라

한 개인이 하나님 그리고 다른 사람과 의미 있는 관계를 형성하도록 도우려면 당연히 명확한 변화가 필요합니다. 이를 위하여 사역 철학 선언문을 작성해 보십시오. 다음은 사명선언문의 예시입니다.

하나, 우리의 사역은 자녀 유무와 상관없이 모든 싱글이 예수 그리스도를 따라갈 수 있는 장소와 메시지를 제공하기 위하여 존재한다.

둘, 우리의 사역은 함부로 판단하거나 정죄하지 않으며, 사랑이 가득한 분위기에서 서로의 문제를 해결하고 필요를 채울 수 있도록 돕기 위하여 존재한다.

셋, 우리의 사역은 하나님과 다른 사람과의 이상적인 일대일 관계를 맺을 수 있는 성숙한 인격을 갖도록 격려하기 위하여 존재한다.

넷, 우리의 사역은 하나님 나라의 군사로서 첨병 역할을 하고, 교회 공동체의 부흥과 하나님 나라의 확장을 위하여 헌신하도록 인도하기 위하여 존재한다.

이러한 사명선언문은 사역을 명확하게 이해하고 그것에 초점을 맞추어 실행에 옮길 수 있도록 도와줍니다. 그리고 지상대명령을 수행하기 위한 토대와 수단을 제공하며 성취 여부에 대한 평가도 가능하게 합니다. 여기에는 반드시 사명이 포함되어야 하며 성경적이어야 합니다.

개인적인 사역 참여를 권장하라

같은 장소에 아무리 많은 사람이 모여도 예배는 하나님과 일대일로 대면하는 것입니다. 이것은 곧 같은 장소에서 함께 예배를 드려도 어떤 사람의 예배는 받으시고 어떤 사람의 예배는 받지 않으신다는 것을 의미합니다. 사역도 동일합니다. 묻어 갈 수 있는 예배가 없듯이 묻어 갈 수 있는 사역도 없습니다. 중요한 것은 집단이나 그룹 혹은 단체가 아니고 한 개인입니다.

싱글 사역은 무엇보다도 한 사람을 귀하게 여겨야 합니다. 다른 사람보다도 자기 자신을 중요시해야 합니다. 남의 허물이 아니라 내 허물이 중요합니다. 남의 죄가 아니라 내 죄가 중요합니다. 하나님 나라에서 어부지리漁夫之利라는 말은 통하지 않습니다. 소가 뒷걸음치다가 쥐 잡는 격으로 열매를 맺을 수는 없습니다. 세상에서는 남이 심어 놓은 것을 도둑질이나 강도질로 뺏어 갈 수 있지만, 하나님 나라에서는 불가능합니다. 내가 심은 만큼 거두게 되어 있습니다.

⁷ 스스로 속이지 말라 하나님은 업신여김을 받지 아니하시나니 사람이 무엇으로 심든지 그대로 거두리라 ⁸ 자기의 육체를 위하여 심는 자는 육체로부터 썩어질 것을 거두고 성령을 위하여 심는 자는 성령으로부터 영생을 거두리라(갈라디아서 6:7-8).

사람은 자기 역할을 감당하다 보면 충격적일 정도로 놀라운 원리를 깨닫습니다. '다른 사람의 필요를 채워 주면 나의 필요도 채워지기 시작한다'는 사실입니다. 사람은 누구나 자신이 필요한 존재라고 느낄 때 삶의 의미를 찾을 수 있습니다. 만일 내가 필요한 존재임을 느끼게 해주는 곳이 있다면, 그곳을 안전지대^{comfort zone}로 여기고 지속적으로 머물면서 성장해 갑니다. 그러면 어느덧 자신이 느끼는 안정감이 확신이 되고, 결국 그 확신을 다른 사람들에게도 전달하려는 상태에 이릅니다. 따라서 싱글 개인이 자신에게 맞는 사역을 선택할 수 있도록 사역 영역을 다양하게 구성해 놓아야 합니다.

사역에 대하여 소유의식을 갖게 하라

사역과 선교 조직에 참여하면 자연스럽게 사역에 대한 소유의식이 형성됩니다. 어떤 것이든 자기 것이 되면 소중해질 수밖에 없습니다. 그리고 소중히 여기면 점유자에게 귀한 보석 같은 의미가 부여됩니다. 보호하고 조심스럽게 다루며 애정을 갖습니다. 그리고 그것으로 자신의 정체성을 확인하고 존재감을 느끼며 성취감과 안정감을 소유하게 마련입니다. 싱글 개인이 맡은 사역을 귀하게 여길수록 싱글 사역자에게 든든한 지원자이자 동역자가 됩니다.

사역에 대하여 소유의식을 갖게 된 싱글들이 생기면 싱글 그룹은 능률적이고 효율적인 조직이 됩니다. 사례를 받는 교역자라도 모든 프로그램과 사역에 통달하여 완벽하게 감당할 수는 없습니다. 약한 부분을 다른 싱글 지체에게 일임하여 톱니바퀴처럼 움직이는 것이 오히려 이상적인 모습입니다. 특별히 싱글들에게는 돈 주고도 살 수 없는 인생 경험이 축적되어 있습니다. 그 경험들은 싱글 그룹의 소중한 자산입니다. 교역자는 모든 것을 알거나 파악할 수 없으므로 다른 싱글들이 그 부분을 채워 주어야 합니다. 이같이 싱글 지체들이 각자의 역할을 분담할 때 진정한 그리스도의 몸된 교회가 됩니다.

싱글 사역을 개발하라

싱글 그룹에 참여하지 않는 싱글은 싱글 미니스트리의 가장 중요한 사역 대상입니다. 이 사역이 기존의 교회 사역에 존재하지 않았기 때문에 싱글 그룹 고유의 사역 영역을 만들어 내야 합니다. 고유의 사역 영역 개발이 막연하고 막막할 수밖에 없지만, 한편으로 이 사역에 참여하는 싱글들은 소중한 경험을 할 수 있고, 또 그 경험으로 인해 한층 성장하게 될 것입니다. 싱글들이 그러한 경험을 할수록 사역은 더욱 효율적이 됩니다.

생장점을 찾아서 터트리라

창의적인 분위기는 싱글 그룹이 특별하며 뛰어난 부서가 되는 토대입니다. 오늘날은 1970~1980년대 한국교회의 부흥기처럼 교회 간판만 걸어 놓아도 성장하는 시대가 아닙니다. 이러한 시대 상황을 역전시키려면 생장점을 찾아서 터트려야 합니다. 생장점은 시대 흐름과 분위기를 보면 알수 있습니다. 기업은 싱글 계층의 팽창을 돈 벌 기회로 여깁니다. 정부는 선거의 당락을 좌우할 캐스팅보트casting vote를 넘어 메인 표심으로 파악하고 있습니다. 방송가는 싱글 관련 프로그램을 앞다퉈 제작하며 시청률 전쟁 중에 있습니다.

그런데 한국교회는 복음의 본질을 잃어버렸다고 목소리를 높이며 MZ세대 크리스천들이 정신 차려야 한다고 말합니다. 사실상 변해야 할 대상은 MZ세대나 싱글 계층이 아니고 교회입니다. 세대가 변한 정도가 아니고 시대가 변했기 때문입니다. 시대의 흐름을 거스를 수 없다면 교회가 본질을 지키는 선에서 기조를 맞춰 가야 합니다.

그렇다면 한국교회의 생장점은 어디에 있을까요? 당연히 싱글 계층입니다. 싱글을 품지 못하면 한국교회는 희망이 없습니다. 싱글을 품기 위한 전제조건이 있습니다.

첫째, 교회의 기존 관념을 바꿔야 합니다. 싱글이 모자라거나 부족한 존재라는 인식을 버리지 않으면 발전은 없습니다. 심지어 싱글을 가정을 위협하는 잠재적인 위험으로 여긴다면 사실상 그것이 교회의 부흥을 막는 코르크 마개입니다.

둘째, 교회의 기존 체제를 바꿔야 합니다. 교회의 정책이나 방향을 결정하는 조직에 싱글을 배제하는 경우가 일반적입니다. 리더 역할을 감당할 기회조차 주지 않습니다. 심지어 이런 구조가 문화가 아닌 행정 시스템으로 정착된 경우가 대부분입니다.

셋째, 기존 평가 방식을 바꿔야 합니다. 안타깝게도 한국교회는 예나 지금이나 실패나 실수를 용납하지 않습니다. 한국교회가 성장하려면 요즘 방식이나 트렌드를 반영한 프로그램이나 행사를 끌어와야 합니다. 그것을 할 수 있는 계층은 MZ세대와 싱글 계층입니다. 지금까지 새로운 것을 시도하기도 어렵지만 시도했다가 실패하면 비난의 화살을 감당할 수 없어서 교회를 떠나야 하는 분위기가 만연했습니다. 아무것도 안 하는 것보다 실패할지라도 시도해 봐야 합니다. 팝업스토어를 경험한 사람들에게 바자회는 구질구질하게 느껴질 수밖에 없습니다. 요즘 카페나 식당의 갬성 인테리어를 즐기는 세대에게 화려하고 완벽한 인테리어는 자신들과 어우러질 수 없는 '아재 문화'로 느껴집니다. 기성세대가 좋아하거나 익숙하다고 해서 정답으로 여기거나 평가 기준으로 삼는다면 한국교회는 고립과 단절을 면할 수 없습니다.

새로운 시도가 가능한 창의적 문화를 조성하라

행사나 프로그램 혹은 교육 방식을 싱글 그룹에게 맡긴다면 기성세대는 어색해하거나 거부감이 들 수 있습니다. '교회에서 이렇게 해도 되나?'라는 의구심이 생길 수 있습니다. 갬성 문화의 끝판왕은 어설프거나 마무리가 덜 된 셀프 인테리어입니다. 싱글 세대가 경제적 여력이 없는 상태에서 창업하다 보니 비용 절감을 위해 셀프 인테리어를 선택할 수밖에 없었고 그 결과물이 바로 갬성 인테리어입니다. 싱글 그룹이 이런 방식으로 교회를 리모델링하면 기성세대는 교회를 훼손했다고 분노할 수 있습니다. 케이팝을 활용한 전도 프로그램을 마련했다면 신성모독이라고 할 수 있습니다. 릴스나 쇼츠로 대변되는 '밈 문화'를 예배 시간에 시도하면 예배 안 드리고 장난한다고 비난할 수 있습니다. 이러한 분위기에서는 싱글 계층을 품을 수 없고 한국교회의 미래를 장담할 수 없습니다. 새로운 시도가 가능하도록 문호를 개방하고 실패도 허용하고 오히려 격려해 주는 문화 조성이 시급한 과제입니다.

싱글의 필요를 파악하라

싱글의 필요를 파악하면 사역이 부흥의 궤도에 안착할 가능성이 큽니다. 즉 싱글의 실제적 필요가 사역의 열쇠입니다. 이를 위하여 무엇보다도 설문지가 가장 유용합니다. 설문지에는 결혼 경험 여부, 이혼 혹은 사별, 중위연령에 대한 견해, 경제적 상태, 중산층의 기준, 가치관, 시간과 물질 사용의 기준과 우선순위, 최대의 관심사, 즐겨 보는 방송이나 유튜브 혹은 서적, 여가를 보내는 법, 가장 잘하는 것과 못하는 것, 가장 싫어하는 것과 좋아하는 것, 미래에 가장 원하는 삶 등이 포함되어야 합니다.

사역의 다각화를 추구하라

싱글 계층에는 다양한 유형의 사람들이 혼재해 있습니다. 싱글 사역은 이러한 사람들을 모두 품을 수 있는 수준이어야 합니다. 사람에게 사역을 맞춰야 합니다. 그 반대가 되면 부작용이 생기거나 오래 유지되기 어렵습니다. 거대하고 신선한 프로그램에 기독교적 성향의 재미를 담아서 시행하면 대중과 지역사회를 교회와 싱글 사역으로 끌어당길 수 있습니다. 다양한 세미나를 일회성이나 시리즈로 진행하면 싱글 사역이 더욱 풍성해집니다. 싱글들은 배움이 필요합니다. 소통, 자녀 양육, 경제 그리고 자존감 같은 좋은 주제들과 이혼과 이별 혹은 고통과 외로움에 관한 워크숍 같은 회복과 힐링 프로그램도 유용합니다. 이러한 이벤트는 지역 사회와 교회를 연결하는 다리가 될 뿐만 아니라 복음을 긍정적이며 부담 스럽지 않게 전할 기회도 됩니다.

인간관계와 삶의 여러 문젯거리에 하나님의 사랑을 효과적으로 적용할 수 있는 교역자나 평신도가 회복과 힐링 혹은 워크숍과 세미나를 지속해서 진행할 수 있다면 싱글 사역에 대단히 큰 도움이 될 것입니다.

가족 결연 프로그램도 고려할 만한 사역입니다. 피는 섞이지 않았고 함께 살지도 않지만 서로에게 형제나 자매 혹은 부모나 자녀 역할을 할 수 있게 한다면 공동체에 유익할 뿐만 아니라 각 개인이 세상살이에 반드시 필요한 힘과 용기를 얻게 될 것입니다.

성경공부나 기도 모임을 넘어 스포츠 동호회, 스터디 모임, 요리 교실, 밴드, 연극이나 개그 동아리 같은 것들이 반드시 있어야 합니다. 수많은 싱글이 주말이나 휴일 혹은 퇴근 후에 이러한 모임을 찾아서 시간과 재능, 비용을 지불하며 방황하고 있기 때문입니다.

수련회나 캠핑은 일상의 문젯거리에서 벗어나려는 목표를 가지고 살아가는 싱글들에게 훌륭한 기회가 됩니다. 복음을 자연스럽게 접할 기회가 된다는 것도 놓칠 수 없는 유익입니다. 싱글들은 그러한 시간을 갖고 싶어도 시간적, 재정적 그리고 인적 한계 때문에 쉽지 않습니다. 그렇기에 수련회나 캠핑은 정서적 웰빙과 더불어 영적 성장까지 가능한 프로그램입니다.

리더를 양육하라

리더의 숫자가 공동체의 규모이고, 리더의 자질이 곧 공동체의 수준입니다. 리더와의 소통에 실패하면 공동체의 혈관이 막히고, 리더와 갈등이 생기면 공동체가 무너집니다. 공동체의 미래는 리더에게 달려 있고, 공동체의 부흥은 오직 리더에 의하여 이뤄집니다. 결국 싱글 그룹은 리더를 양성하는 사역이 되어야 합니다.

싱글들은 지금까지 한국교회가 경험하지 못한 가장 강력하고 유능한 리더의 자질을 지니고 있습니다. 어떤 싱글은 인생의 극단을 경험했을 수도 있습니다. 경제와 자녀 양육 문제를 겪었을 수도 있습니다. 아마도 그 모든 문제를 혼자서 해결하며 버텼을 것입니다. 거절과 손실 그리고 어려움을 겪었을 것입니다. 동행하며 위로하고 격려하면서 완충 역할을 해줄 사람이 없어서 기혼자들보다 더 힘겹고 고통스러웠을 것입니다. 심지어 그 어려움이 여전히 진행 중일 수 있습니다. 하지만 결과적으로 기혼자들이 경험하지 못하는 방식으로 하나님의 놀라운 은혜와 역사하심을 체험합니다. 고통과 어려움을 겪은 만큼 큰 사람이 되고, 하나님의 사랑과 은혜를 깨달은 만큼 더 깊은 사람이 됩니다.

싱글들에게 교회 구성원으로서 싱글 사역을 감당할 기회를 주십시오. 예산 편성과 내부 회의 그리고 정치와 행정에 참여할 수 있도록 길을 열어 주십시오. 그들은 놀라울 정도로 헌신하며 충성할 것입니다. 그들의 참여와 섬김은 시간이 지날수록 교회 전체에 점점 더 큰 유익이 될 것입니다.

주먹구구식으로 사역을 진행하지 마십시오. 목표 설정, 업무 개요, 보고서 그리고 평가 시스템을 활용하여 맡은 사역을 책임지고 감당하도록 도와주십시오. 싱글 사역에서 조직과 시스템은 하나님의 위대한 목적을 이루기 위한 필수 요건입니다. 그러나 한 사람에게 초점을 맞춰야 한다는 것을 잊지 마십시오. 각자가 서로에게 초점을 맞출 때 사역은 더욱 풍성해지고 행복은 배가되게 마련입니다.

5
싱글 리더 모집과 훈련

사역마다 상황은 다양하고 고유의 성격을 지닙니다. 따라서 리더를 모집할 때 구성원과 사역의 특수성을 고려해야 합니다. 그리고 현재 사역, 필요, 가용 인력, 사명선언문 등을 면밀하게 검토하는 것이 좋습니다. 이 과정을 통해 이상과 현실의 괴리와 간격을 좁히지 못하면 해결이 쉽지 않은 어려움에 부닥칩니다.

싱글 그룹 구성원과 사역 전체에 대한 분석이 끝난 다음에는 사역을 명확히 정하는 단계에 이릅니다. 서두르지 말고 잘 연구하고 깊이 고려한 사역을 한 가지만 시작하십시오. 싱글 그룹은 그 계층이 너무 다양하고 어느 계층이냐에 따라서 사역 방법이 달라집니다. 리더 모집은 타깃층을 정하고 거기에 맞춰 진행하는 것이 중요합니다. 타깃층이 없거나 너무 광범위하면 적절한 리더 모집 자체가 어렵다는 것을 잊지 마십시오.

인생 경험을 고려하여 리더를 선택하십시오. 예를 들어 이혼 싱글에게는 이혼 경험이 있는 리더가 가장 적절합니다. 요리 경력자는 요리에 관심 있는 사람들의 리더로 적절할 것입니다. 오직 신앙생활에 관심 있는 사람들이라면 경건 생활에 모범적인 리더가 적절할 것입니다. 쉽게 말해서 한국교회의 전통적인 방식에 따라 단순히 나이나 성별 혹은 사는 지역을 기준으로 리더를 세우면 안 됩니다. 타깃층을 정하고 그 사람들의 경험이나 관심사 그리고 하나님께 받은 은사에 맞춰 리더를 임명하면 사역의 열매가 풍성할 수 있습니다^{에베소서 4:11-12}.

리더 선발

사역과 싱글 그룹의 특성을 고려하지 않고 리더 임명에만 급급하면 '소가 뒷걸음질 치다가 쥐 잡는 수준'에 머물 수 있습니다. 하지만 대부분의 교회에서는 리더로 자원하는 싱글들이 거의 없고, 있어도 사역 방향에 맞지 않는 경우가 허다합니다. 이럴 때는 어떻게 해야 할까요?

첫째, 이미 감당하고 있는 사역이 너무 많아서 바빠 보여도 적임자라고 판단되면 주저하지 말고 요청하십시오. 리더 역할에 관심이 없는 것처럼 보여도 요청하십시오. 관심이 있지만 주저하거나 망설이는 경우가 많습니다. 권유하면 마음을 바꿀 가능성도 절대 낮지 않습니다. 사역을 바꿔야 할 시기가 임박했을 수도 있습니다. 어차피 하나님 나라를 위하여 헌신할 기회를 주는 것이니 거절당해도 손해는 전혀 없습니다.

둘째, 동기 부여를 해주십시오. 교역자가 먼저 사역에 열정을 보여야 합니다. 그 중요성과 의미와 결과를 설명하십시오. 광고 시간이나 주보에 모집한다고 알리기만 하는 정도로는 마음이 움직이지 않습니다. 관심을 갖도록 유도하지 않으면 아무도 관심을 두지 않습니다. 사실상 설득력이 없으면 아직 사역 준비가 안 되었다고 봐야 합니다. 무엇보다 먼저 교역자 자신이 그 사역을 해야 한다는 사실에 설득되어 있어야 하고, 그 설득력이 다른 사람들에게도 작용하는지를 점검해야 합니다.

셋째, 개인적인 설득과 공동체 전체를 향한 동기부여도 아무런 효과가 없다면 사역 방향을 바꾸거나 축소해야 합니다. 아니면 준비 기간이 더 필요할 수도 있습니다. 리더의 자질을 갖춘 적임자 없이 사역을 진행하면 상처만 남는 헌신이 되고 회복하기 어려운 실패가 될 것입니다. 교역자 혼자서 싱글 사역을 감당할 수 없지만 준비가 안 된 리더는 더 큰 문제를 야기합니다.

기대 부여

싱글 그룹은 하나님 나라의 일꾼 양성과 훈련을 위한 최적의 부서가 되어야 합니다. 그 기대에 부응하려면 다음 몇 가지 조건이 필요합니다.

첫째, 비전과 목표를 명확하게 제시하십시오. "당신에게 있는 은사를 사용하면 필요를 충족시킬 수 있습니다. 바로 이것이 하나님이 이 사역에서 당신을 사용하시는 방법입니다. 이 사역을 위해서 당신은 이것을 해야 합니다. 앞으로 6개월 안에 이뤄야 할 목표입니다." 사역이나 프로그램의 비전과 목적을 공유하고 전달하는 것은 아무리 강조해도 지나치지 않을 만큼 항상 중요합니다.

둘째, 리더들에게 업무 개요와 업무분장표를 제공하십시오. 아주 간단하거나 간략해도 괜찮습니다. 단지 교회가 리더에게 무엇을 기대하며 리더 자신이 어떤 것을 책임져야 하는지 파악할 수 있으면 충분합니다.

셋째, 거룩한 부담을 요구하십시오. 희생은 고생이 아니라 교회를 일으키는 힘이고 하나님 나라를 확장하며 많은 영혼을 구원하는 능력입니다. 사역을 위해 헌신하지 않으면 쾌락이나 여흥 혹은 허망한 곳에 낭비하기 쉽습니다. 진정 의미 있는 곳에 시간과 재능 그리고 물질을 사용하고, 하나님이 기뻐하시는 길을 갈 수 있도록 돕는 것이니 담대해도 됩니다.

그러나 가능하면 희생과 헌신이라는 단어를 사용하지 마십시오. 요즘 시대에는 감당하기 어려운 용어입니다. 강제와 억압 심지어 폭력으로 받아들이기 쉽습니다. 단지 시간과 시기 그리고 필요한 것을 정확하게 특정해서 요청하십시오. 그리고 그것의 의미와 기대하는 바를 말해 주십시오. 예를 들어 이러한 표현을 사용하는 것이 바람직합니다. "언제부터 언제까지 일주일에 몇 시간 동안 어떤 것을 담당할 분이 필요합니다. 이 사역의 목적은 무엇이며, 완료되면 이러한 결과가 나올 것으로 기대합니다."

훈련: 밈 세대에 대한 이해

오늘날은 장비와 시설 그리고 도구가 매우 훌륭합니다. 이를 활용할 줄 알면 평범한 사람도 대단한 능력을 발휘할 수 있습니다. 화려한 언변이나 화술, 음악적 재능이 있지 않아도 전문적인 봉사와 섬김이 가능합니다. 따라서 교회는 가능하면 최고의 자료와 시설을 제공하고 그것을 사용하는 방법을 알려 주십시오. 서적, 영화, 동영상, 정기간행물, 인터넷 링크 같은 것을 준비해 놓아야 합니다. 여기서 비용 문제로 많은 고민이 있을 수 있습니다. 하지만 인터넷을 검색하면 필요한 콘텐츠들을 거의 다 찾을 수 있습니다. 그리고 그 수준은 웬만한 전문 강사나 교수 이상입니다. 거의 비용 없이 전문가의 강의나 교육이 가능합니다. 요즘에는 릴스나 쇼츠 혹은 틱톡 같은 짧은 동영상을 활용하는 경우가 많습니다. 이러한 인터넷 밈Internet meme은 놀이, 자기표현, 연대감과 유대감 강화, 심지어 전도에 매우 유용합니다.

밈meme은 한 사람이나 집단에서 다른 사람에게 생각, 감정, 사상, 철학 혹은 믿음이 전달되는 모방 가능한 사회적 단위를 지칭합니다. 밈은 1976년, 리처드 도킨스의《이기적 유전자》에서 문화의 진화를 설명할 때 처음 등장한 용어입니다. 그는 복제된 것이라는 그리스 단어 'mimema'에서 나온 'mimeme'을, 유전자gene와 유사한 한 음절 단어로 만들어서 '밈'이라는 단어를 만들어 냈습니다. 오늘날에는 밈이 페이스북과 인스타그램의 릴스, 유튜브의 쇼츠 그리고 틱톡에 업로드된 춤이나 노래 혹은 행위 등을 따라 하는 것과 그것을 다시 업로드하는 것을 의미합니다. 소위 '챌린지 문화'라고 일컫기도 합니다.

대형 모니터와 스피커, 적절한 방음 공간 같은 기본적인 시설만 갖추고 있으면 훈련과 교육 비용이 거의 들지 않습니다. 하지만 자원봉사자는 카페나 맛집에 동행하면서 정해진 미션을 수행하여 SNS에 올릴 때 드는 비용과 시간 정도는 감수해야 합니다.

이러한 것들에 더하여 격세지감이 들게 하는 가장 큰 차이가 있습니다. 아날로그 세대는 기도회나 수련회를 통해서 하나님의 임재와 사랑을 깨닫고 거듭남을 경험했습니다. 그러나 오늘날은 함께 활동하고 서로 사랑하고 격려하며 약자를 돌아보는 활동을 통해 그러한 경험을 합니다. 리더 훈련은 이러한 차이를 이해하는 데서 출발해야 합니다. 기성세대가 하던 방식으로는 훈련 진행이 안 될뿐더러 그 효과도 미미합니다.

싱글 미니스트리

상향적 평가

리더들이 목적을 달성할 시간을 주고 그 결과를 정기적으로 평가하는 '체크포인트'를 마련해 두십시오. 가장 좋은 장치는 단톡방입니다. 그런데 잘못된 부분을 지적하여 고치는 것이 핵심이 아닙니다. 격려와 인정 그리고 칭찬과 놀이가 되도록 해야 합니다. 예를 들어 인스타 팔로워 늘리고 인증하기, '좋아요' 10개 이상 받고 인증 사진 올리기, 조원들과 챌린지 릴스 올리기 등은 평가라는 느낌이 들지 않고 재미와 즐거움으로 다가옵니다.

평가 방식이 예전에는 하향적이었습니다. 그러나 이제는 상향적이어야 합니다. 쉽게 말해서 교역자들이나 당회원이 평가하고 임명하는 것이 일반적이었다면, 이제는 SNS를 통한 여론이 주요 근거가 됩니다. 성향과 흐름을 읽지 못하면 한국교회의 미래는 암담할 수밖에 없다는 사실을 인지하고 시대에 맞는 리더 양성에 매진해야 합니다.

리더 그룹 조직

리더 양성을 위한 팀을 구축하면 사역에 결정적인 도움이 됩니다. 기존 리더들이 신입 리더 훈련에 참여하여 목적을 이루도록 돕고 결국 리더로 임명하면 싱글 그룹은 자연스럽게 성장합니다. 더 나아가 이런 시스템이 잘 작동하면 다른 사역에까지 리더를 파송할 수 있습니다. 리더들을 조직적으로 양성하려면 어떻게 해야 할까요?

먼저 기존 리더들이 자신들을 도울 리더 후보를 지속적으로 모집하게 하십시오. 이에 더하여 사역이나 프로그램을 도울 새로운 인력을 계속 찾아보도록 독려하십시오.

둘째, 리더 그룹을 두 팀으로 나누어 조직을 구성하십시오. 하나는 행정팀이고 다른 하나는 목양팀입니다. 행정팀은 회장 역할을 맡을 한 사람을 세우고 나머지 리더들에게는 특정 임무를 부여합니다. 행정팀은 싱글 그룹의 각종 행사를 계획하고 추진하며 예배와 성경공부 등의 모임을 관장합니다. 또한 싱글 그룹에서 생기는 문제점들을 처리하거나 미연에 방지합니다. 목양팀은 4명에서 10명 정도의 소그룹을 맡아서 각 개인을 돌보는 역할을 합니다. 상담, 출석 독려, 개별 연락, 심방, 소그룹 모임 인도 등을 감당합니다. 목양 리더 중에서도 대표 역할을 감당할 한 사람을 선출하고, 모든 소그룹에는 리더를 돕거나 부재 시 리더 역할을 감당할 부리더도 뽑아야 합니다. 통상 리더를 이끄는 리더를 '엘더'라고 부릅니다.

셋째, 리더 그룹의 조직 체제를 기간이 아니라 행사나 프로그램 중심으로 변경하십시오. 기존의 한국교회는 보통 1년 단위로 선거를 통해 개편합니다. 그러나 오늘날에는 1년이 견디기 힘들 정도로 너무 길고, 감투로 여길 오해의 소지가 있으며, 헌신에 대한 보상으로 여길 수도 있습니다. 심지어 인기 투표로 전락하면 선거 후에 불어닥치는 파장도 만만치 않습니다. 그러나 행사나 프로그램 중심으로 조직을 구성하면 철저히 사역 중심이 되어 예전의 부작용이 거의 없습니다. 리더 역할을 여러 사람이 경험함으로써 리더의 어려움을 체감하고 공감할 수 있습니다. 그리고 가장 중요한 것은 사역이나 프로그램에 혹은 행사의 성격에 부합하는 조직을 구성할 수 있어서 효율성이 올라가고 싱글들의 만족도도 역시 높아집니다.

자유

하나님이 주신 은사를 사역에 사용하는 것이 매우 중요하다는 사실을 리더들이 이해할 수 있도록 도우십시오. 교회 출석의 정체성을 넘어서 섬김의 정체성을 소유하도록 인도하십시오. 이러한 정체성이 확립되면 리더십 팀에게 자유를 부여하십시오.

리더십이란 무엇입니까? 강요나 강제가 아니라 스스로 원해서 행하도록 돕는 능력입니다. 노예근성이 아니라 주인의식을 가지고 사역을 감당할 때 최대의 결과가 나오며, 그 과정 자체가 즐거움과 기쁨이 됩니다. 리더들이 허우적거려도 기다려 주십시오. 그러한 과정에서 성장하고 자신만의 사역이 생기며 올바른 방향을 설정할 능력을 갖게 됩니다. 단지 사역의 목적을 망각하지 않도록 지속적으로 도와주십시오.

또한 리더들을 한자리에만 묶어 두지 말고 여러 위치를 경험하도록 기회를 주십시오. 리더십 소위원에서 부위원장과 위원장에 이르기까지 다양한 사역 경험을 갖게 하고 더 나아가 새로운 도전을 시도할 수 있도록 격려하십시오. 여기에는 시간과 인내가 필요하지만 그 결과는 반드시 풍성하며 달콤할 것입니다.

리더들 스스로가 사역의 비전을 설정하고 구체화하여 싱글 그룹 전체를 이끌어 갈 수 있도록 힘을 실어 주십시오. 낙수효과trickle-down effect보다는 분수효과fountain effect가 비교할 수 없을 정도로 효율적이며 바람직합니다. 민주주의적 방식이 사회주의적 방식보다 훨씬 더 적극적인 참여를 끌어내기 때문입니다.

싱글 그룹 지속을 위한 원리

싱글 사역이 지속적으로 유지되며 계속 성장하려면 다음 몇 가지 사실을 놓치지 말아야 합니다.

필요가 사역을 결정한다

어떤 프로그램이나 사역이 비효율적이고 사실상 실효가 없으면 과감하게 버리고 새로운 프로그램을 시작해야 합니다. 필요한 것은 살지만 필요 없는 것은 사라지게 마련입니다. 하나님은 필요한 것들을 위하여 적절한 리더들을 예비해 놓으십니다.

배고픈 사람은 쇼핑객이 되기 어렵다

금강산도 식후경입니다. 삶이 너무 힘겨운 사람은 안정될 때까지 리더십을 내려놓는 것이 좋습니다. 사역을 책임지기보다는 자기 자신을 관리하는 것이 우선입니다.

기혼자도 싱글 사역에 유익하다

기혼자도 어느 면에서는 리더로서 더 유리할 수 있습니다. 그러나 커플 리더는 싱글 리더보다 더 신중하게 임명해야 합니다. 싱글 시기에는 대체로 커플들에 예민합니다. 긍정적으로 작용하면 좋은 본보기가 될 수 있지만 부정적으로 작용하면 싱글들에게 상처를 줄 수 있습니다.

교회를 옮기는 이교율이 높다

교인은 일반적으로 1년에 20% 정도가 교회를 옮깁니다. 그런데 싱글 그룹은 거의 50%에 육박합니다. 싱글 사역은 초교파적이고 초교회적인 경우가 많아서 그렇습니다. 쉽게 부흥하기도 하지만 쉽게 줄어들 수도 있습니다.

교회와 융합되어야 한다

싱글 리더들은 교회의 아웃사이더이거나 외부인으로 보이고 그렇게 느끼기 쉽습니다. 이러한 상황을 방치하면 별동부대가 되거나 아예 무너집니다. 싱글 사역의 주요 목표는 교회와 분리되는 것이 아니라 융화되어 조화를 이루고 첨병으로 쓰임을 받는 것입니다. 따라서 싱글 그룹이 교회에 완전히 통합되도록 체계화하고, 리더는 교회 중직자 그룹에 포함되도록 제도화하는 것이 바람직합니다.

리더는 돌봄이 필요하다

리더로서의 역할이 굳어지면 개인은 사라지고 사역의 부속품처럼 느껴지기 쉽습니다. 리더 역할을 감당하고 있다고 해서 너무 당연히 여기면 어느 날 갑자기 회의감이 들어 사역을 내려놓거나 떠날 수 있습니다. 이러한 사태를 미리 방지하려면 끊임없이 개인적인 관심과 돌봄이 있어야하며 영적으로 한 단계씩 성장하도록 도와야 합니다.

사역이 편중되지 않게 해야 한다

한두 명의 리더가 사역을 과도하게 맡으면 지쳐 쓰러지는 번아웃^{burn-out}이나 매너리즘에 빠지는 보어아웃^{bore-out}, 심지어 더는 쓰임받을 수조차 없게 되는 브라운아웃^{brown-out}이 올 수 있습니다. 적절한 부담은 기쁨과 즐거움이 되지만 임계점을 넘어가면 반드시 무너집니다.

6
싱글 사역의 목적과 목표 그리고 계획

배가 항로를 정하지 않고 항해를 시작하면 어떻게 될지 생각해 보았나요? 반드시 재앙이 따를 것입니다. 사역 역시 특정 목적, 뚜렷한 목표 그리고 세부 계획이 없으면 동일한 상황이 벌어집니다. 싱글 사역도 예외일 수 없습니다.

싱글 사역의 목적

목적은 지향점과 의도 그리고 존재 이유를 포함합니다. 싱글 사역의 목적은 매우 단순합니다. '바람직한 싱글 크리스천 양성.' 정확히 말하면 하나님과 독대하는 신앙인으로 성장하게 하는 것입니다. 하나님의 위대한 일꾼들은 가장 먼저 하나님과 독대하는 법을 배웠습니다. 야곱은 돌베개를 쌓고 하나님과 씨름하며 그것을 배웠습니다. 요셉은 구덩이에 던져지고 노예로 팔리고 감옥에까지 들어가면서 그것을 배웠습니다. 모세는 미디안 광야에서 40년 동안 고생하면서 그것을 배웠습니다. 크리스천의 진정한 목적은 싱글에서 벗어나는 것이 아니라 진정한 싱글이 되는 것입니다. 그래야 하나님을 독대하는 신앙인이 될 수 있기 때문입니다. 그래야 온전한 가정을 이룰 수 있습니다. 이러한 목적을 이루려면 다음 몇 가지 조건이 갖춰져야 합니다.

수용적 사역

항상 무조건적인 사랑과 포용하는 분위기가 흘러넘쳐야 합니다. 싱글들은 정죄하거나 판단하지 않고 품어 주는 안식처가 필요합니다. 요한복음 4장에서 예수님은 다섯 번 이혼한 경험이 있는 여인을 받아들이고 용서하며 사랑하고 섬기는 모습을 보여 주셨습니다. 예수님은 절대로 그녀를 판단하거나 정죄하지 않으셨습니다. 다양한 배경을 가진 사람들을 섬기려면 반드시 이러한 태도를 갖춰야 합니다. 어떤 싱글은 이혼하거나 별거 중일 수 있습니다. 어떤 싱글은 사별했을 수 있습니다. 물론 결혼 경험이 없는 싱글도 있습니다. 미혼모이거나 정신적 혹은 신체적 장애가 있을 수 있습니다. 심지어 동거 중인 싱글도 있을 수 있습니다. 일반적인 생각의 범위를 넘어가는 경우도 있습니다. 동성애, 마약이나 알코올중독, 도박에 빠진 경우가 왜 없겠습니까? 여기에 더하여 신앙적 성장 배경이나 신학적 견해도 천차만별입니다. 이러한 요소들로 인해 논쟁과 갈등에 휩싸이기 일쑤입니다. 그럼에도 불구하고 모두가 무조건적인 사랑과 포용의 대상입니다.

전인적 사역

이러한 목적을 이루려면 기본적으로 다음 네 가지 요소를 갖춰야 합니다. 신앙적, 사회적, 정서적 그리고 지식적 요소. 이 네 가지 요소는 사역 전체의 주요 열쇠이고 싱글의 성장에 결정적인 조건입니다.

영적 성장은 신앙적인 분위기가 조성되어야 이뤄질 수 있습니다. 싱글 그룹은 영적인 분위기 안에서 프로그램이나 사역이 진행되어야 성경적 근거와 기독교적 강조점을 수월하게 받아들입니다. 기독교적 강조점은 찬양, 기도, 성경공부, 수련회 등 모든 사역에 스며 있어야 합니다.

사회적 성장을 위해 다양한 사교 활동과 교제 기회를 제공하는 것이 좋습니다. 일반적으로 싱글들은 다른 크리스천과 유대관계를 갖기를 강력히 원합니다. 우정, 지원, 배움, 관계 형성, 데이트, 매칭 같은 필요사항은 사역이 제공하는 사회적 네트워크 안에서만 충족될 수 있습니다.

정서적 성장은 교역자나 리더 혹은 다른 싱글과의 상담을 통해 이뤄지는 경우가 일반적입니다. 많은 경우에 싱글들은 비슷한 경험에서 얻은 교훈과 지식, 지혜가 기반이 되어 최고의 상담가가 됩니다.

지적 성장은 경제, 한부모로서의 자녀양육, 인간관계, 정체성, 성생활 같은 것들을 포함합니다. 이러한 이슈는 일대일 상담뿐만 아니라 강의나 클래스에서도 다룰 수 있습니다.

성장적 사역

온전한 신앙인이 되도록 돕기 위한 세 번째 수단은 제자훈련과 사역 참여를 통해 성장의 기회를 제공하는 것입니다. 싱글들은 리더십 인력과 지원 인력으로 성장하면 개인적으로 공동체에 기여하고 있다는 느낌과 더불어 중요한 존재라는 자부심을 느낍니다. 이들은 사역을 감당하고 사람들을 치유하면서 즐거움과 환희를 만끽할 수 있습니다.

사역에 많은 사람이 참여하면 사역이 편중된 소수의 사람이 탈진에 이르지 않으며, 더 나아가 다음과 같은 주인의식을 고무시킬 수 있습니다. '이 사역은 리더의 것이 아니고 우리 모두의 것입니다. 사역이 성공하든 실패하든 우리의 책임입니다.'

개인의 성장은 자연스럽게 공동체의 성장으로 이어집니다. 사역을 책임지는 사람들이 생기면 그룹은 영적으로, 수적으로, 재정적으로 성장하기 시작합니다. 더 나아가 사람이 사람을 돕는 상황이 구조화되면 공동체가 급격히 성장합니다.

목표

목표는 목적을 달성하기 위한 수단입니다. 따라서 목표는 사역의 목적을 달성하기 위하여 존재합니다. 따라서 다음 몇 가지 사항을 명확히 하면 목표 설정이 수월해집니다.

사역 대상이 누구인가?

사역을 시작하거나 초기 단계에 사역의 대상이 누구인지를 결정해야 합니다. 교회 내부 사람들인지 아니면 교회에 다니지 않는 사람들인지를 정해야 합니다. 그리고 다른 교회 싱글들이 싱글 사역에 대한 소문을 듣고 찾아올 수도 있습니다. 이런 경우에는 다른 교회에서 채워 주지 못하는 필요를 충족시켜 주어야 합니다.

무엇을 충족시켜 줄 것인가?

어떤 유형의 싱글들에게 다가갈 것인지를 고려해야 합니다. 싱글이란 용어는 넓게는 만 18세 이상 전체를 지칭합니다. 그러나 사역적으로는 만 35세 이상 65세 이하로 한정합니다. 35세 이하는 청년 사역으로 분류하고, 만 65세 이상은 실버 사역으로 분류하기 때문입니다. 그런데 문제는 35세 이하라 할지라도 결혼 경험이 있으면 모호해집니다. 청년부나 장년부 어디에도 속하기 어렵기 때문입니다. 또한 30~50대라 할지라도 처한 상황과 각자가 원하는 것이 너무 다릅니다. 연령대에 따라 사역 목적을 정하고 추진하는 것이 요즘 시대에는 비효율적이고 큰 의미가 없습니다. 기본적으로 싱글들의 필요는 다음 다섯 가지 영역으로 나눌 수 있습니다.

1. 신앙: 하나님을 인격적으로 알기를 원하며 예수 그리스도와의 관계에서 성장하길 원하는 상태
2. 관계: 동성이나 이성과 친밀하거나 가벼운 관계를 형성하고 그것을 유지하고 싶은 상태
3. 정서: 복잡한 세상에서 감정적으로 안정을 찾고 싶은 상태
4. 방향: 인생의 방향을 찾아 후회가 없는 삶을 살고 싶은 상태
5. 재정: 돈을 효과적으로 다루는 법을 배우고 싶은 상태

이러한 다섯 가지 상태를 기반으로 사역 목표를 정하고 추진하면 필요를 충족시켜 주고 전문적인 도움을 줄 수 있습니다.

계획

"계획에 실패하는 사람은 실패를 계획하는 사람이다"라는 말이 있습

니다. 이 말은 만고불변의 진리입니다. 확실한 계획은 명확한 목적을 성취하기 위한 세부 목표를 설정하고 그것을 실행하는 단계를 말합니다. 전체 사역을 가능하면 빨리 계획하되 단계적으로 설정해야 합니다. 싱글 사역을 시작하고 방향을 설정한다는 것은 매우 복잡하고 도전적인 일입니다. 싱글이 직면해 있는 상황이 다양하고 한국교회에 전례가 거의 없기 때문입니다. 효과적이고 필요를 충족시킬 수 있는 사역은 하룻밤에 이뤄지지 않습니다. 발전할 시간이 필요합니다. 인내하고 계속 기다리십시오. 그리고 계획 과정에서 다음 몇 가지 사항을 고려하십시오.

리더십

사역 계획을 세우고 그것을 실행하려면 각 분야를 책임지고 감당할 리더를 찾아서 임명하고 훈련시키며 동기부여를 해야 합니다. 어떤 종류의 리더가 필요한지를 파악하십시오. 그것은 활동 유형에 따라 달라집니다. 특별히 감당할 리더가 없는 사역은 계획하지 말아야 합니다.

일정

사역 계획에서 절대로 놓치지 말아야 할 또 다른 부분은 사역 일정입니다. 싱글 그룹이 아무리 중요해도 교회 행사나 일정에 지장을 주면 존재 이유를 망각하는 것이나 다를 바 없습니다. 다른 부서의 일정도 점검해서 방해되지 않도록 신경 써야 합니다. 그렇지 않으면 교회 전체와 다른 부서들의 지지와 응원을 받을 수가 없습니다. 그리고 싱글들은 다른 부서에서 다양한 역할을 감당해야 합니다. 교회력과 교회 연중행사 계획표를 반드시 참고하십시오. 이에 더하여 일반 달력도 참고하여 국경일, 명절, 휴가철 등을 고려하는 것이 바람직합니다.

재정

요즘 시대에는 재정 없이 사역을 진행하기는 어렵습니다. 더욱이 같은 사역이라도 물가상승률과 참가 인원에 따라 재정 투입 규모가 현격히 달라집니다. 재정 확보가 어렵거나 예산을 올려야 할 때 어떤 방식으로 충당할 것인지를 고려하면서 계획을 세우는 것이 좋습니다.

시설

싱글 사역은 두 가지 방식으로 진행할 수 있습니다. 교회 시설을 사용하는 방법과 외부시설을 사용하는 방법입니다. 장소와 그것에 딸린 시설은 사역에 지대한 영향을 끼치기 때문에 신중하게 고려해야 합니다.

교회 시설 이용 시 장점

· 이용 비용 없음.
· 물품 보관 용이
· 교인의 사역적 관심(교인들이 사역이 진행되는 것을 눈으로 보고 이해하게 됨)
· 영적인 이미지와 추진력을 얻기가 쉬움.

교회 시설 이용 시 단점

· 비신자 참여율 저조: 대부분의 경우 교회 안에 발을 들여놓기를 꺼려 함.
· 타 교회 지도자들의 오해: 싱글 사역을 하면 상상 이상으로 타 교회 싱글들이 많이 참석함. 따라서 타 교회 지도자들은 자기 교회 싱글들이 교회를 옮기도록 부추긴다고 생각할 수 있음. 특히 싱글 사역이 없는 교회는 더 오해하기 쉬움.

- 교회 전체나 타 부서 일정과 겹칠 수 있음.

외부시설 이용 시 장점
- 비신자 참석률이 현저히 높음.
- 싱글 사역이 없는 타 교회 싱글 참석률이 현저히 높음.
- 지역사회에서의 이미지 제고: 교회 문턱을 넘어선 진정한 섬김과 봉사에 깊은 인상을 받음.
- 주차 공간이나 대중교통이 용이할 수 있음.

외부시설 이용 시 단점
- 적절한 장소를 찾기 어려움.
- 비용이 상당히 부담스러울 수 있음.
- 물품 보관이 어려움.
- 교회의 지원이 쉽지 않음.
- 사역 이미지에 부정적일 수 있음: 데이트 클럽, 루저 모임, 짝짓기 모임 같은 이미지로 부각될 수 있음.

커리큘럼

한국교회에는 싱글 사역을 위한 자료와 콘텐츠가 전무하다시피 합니다. 심지어 관련 논문조차 찾을 수가 없습니다. 사실상 싱글 사역이 가장 어려운 이유가 바로 이것입니다. 안타깝게도 청소년이나 주일학교 혹은 실버 사역을 위한 자료도 찾아보기가 쉽지 않습니다. 가장 큰 이유는 전문 사역이 거의 사라졌기 때문입니다. 각 지역 교회에서는 자체적으로 이러한 자료들을 개발할 수가 없습니다. 교단 차원에서는 짧은 임기와 예산 확보 문제로 연구 개발이 거의 불가능합니다. 신학교는 신입생 확보에 급급한 상태이고, 출판사는 명맥을 유지하기도 어렵습니다.

이런 이유로 중소형 교회에서는 싱글 사역을 시작조차 할 수 없고, 대형 교회는 싱글들을 모아 놓은 수준을 벗어나지 못합니다. 다른 부서들이 사용하는 자료들을 사용하면 어떨까요? 전혀 맞지 않습니다. 어린이 자료를 장년부나 청년부에서 사용할 수 없듯이 싱글 사역에서도 사용할 수 없습니다. 예배 중의 메시지조차도 성경을 싱글의 관점에서 봐야 하지만 그런 시도를 한 적이 없고 하려고 하지도 않습니다. 뉴젠아카데미에서 발행하는 《싱글의 파워》, 《싱글의 잠재력과 가능성》 그리고 이 책을 활용하는 것이 가장 좋은 대응책이며, 뉴제너레이션TV의 싱글 관련 강좌를 이용하는 것도 좋은 방법입니다.

평가

평가는 목적에 얼마나 부합하며 목표를 얼마나 성취했는지를 파악할 수 있도록 진행되어야 합니다. 두 가지 주요 질문으로 이것이 가능합니다. 하나는 사역이 사람들에게 '얼마나 효과적이었는가'입니다. 다른 하나는 사역이 사람들에게 '얼마나 유익했는가'입니다.

첫 번째 질문에 대한 답은 사람들의 개인적인 삶에 어떤 일이 일어나고 있는지를 자세히 살펴보면 찾을 수 있습니다. 삶이 변하고 사람들이 온전해지고 있습니까? 삶과 사역에 대한 열정과 열망이 끓어오르고 있습니까? 첫 방문자들이 지속적으로 참석하고 있습니까? 따뜻하고 정중하며 진심으로 환대받고 있습니까? 이러한 질문들은 사람들을 향한 사역의 효과를 판단할 때 유용합니다.

두 번째 질문에 대한 답은 싱글 그룹에 어떤 일이 일어나고 있는지를 자세히 살펴보면 찾을 수 있습니다. 지도자와 구성원 모두에게 다양한 참여 기회가 제공되고 있습니까? 서로를 위해 기도하고 상담하면서 서로를 섬기고 있습니까? 사역이 교역자나 리더의 전유물이 아니라 모든 구성원의 것이라는 분위기가 확산되어 있습니까? 이러한 질문들을 통해 사람을 위한 사역의 효과를 진단해야 합니다.

7
싱글 공동체의 성장 원리

오늘날 싱글 계층이 급격하게 증가하고 있습니다. 이는 한국교회의 위기이기도 하지만 기회이기도 합니다. 교회가 싱글을 품지 않는 상황에서 여전히 교회에 남아 있는 싱글들은 대체로 리더들입니다. 그들은 리더 역할을 하고 있기 때문에 공동체와 단단하게 묶여 있으며, 서로를 잘 알고 이해하며 서로를 돌봐주고 있습니다. 그러나 리더십 팀을 넘어 공동체 전체가 성장하는 것은 상당히 어렵습니다. 사람들을 어떻게 하나로 만들 것인가에 대한 답은 변화무쌍한 날씨만큼이나 다양합니다. 그러나 모두가 이구동성으로 동의하는 답이 하나 있습니다. 바로 소속감입니다. 싱글 사역을 하다 보면 자연스럽게 습득하는 싱글 공동체 성장의 원리가 있습니다.

공동체 성장은 규율로 이뤄지지 않는다

서로를 사랑하고 돌보므로 서로에게 중요한 존재가 되게 하는 것은 억지로 되지 않습니다. 공동체 구축과 성장은 시간이 끊임없이 소요되는 과정을 전제로 이뤄집니다. 새로 싱글 그룹이 형성되면 공동체 의식은 거의 없다고 봐야 합니다. 서로를 진정으로 알기 전에는 마음 문을 열기가 어렵고 서로에게 소속감을 느낀다는 것은 거의 불가능합니다. 단체 게임을 하고 하나가 되는 법에 대한 세미나를 열고 집단 역학관계에 대한 강의를 듣는다고 해서 공동체가 형성되지는 않습니다. 공동체는 기본적으로 서로에 대한 믿음이 있어야 합니다. 한 사람이 누군가를 믿는다는 것은 단기간에 이뤄지지 않습니다. 믿어 줄 수는 있지만 믿는다는 것은 여러 가지 일련의 사건과 경험이 쌓이면서 생깁니다.

리더들이 먼저 모범을 보여야 한다

예수님은 제자들에게 '서로 사랑하라'는 교훈을 남겨 주셨습니다. 그러나 서로 사랑하는 일은 어려운 시기에는 거의 불가능하고 좋은 시기에도 쉽지 않습니다. 사역의 기조는 리더십에 의해 결정됩니다. 리더 간에 불화가 있으면 전체적으로 긴장 국면에 들어갑니다. 리더는 항상 전면에 나서고 모든 말과 행동이 드러날 수밖에 없기 때문입니다. 리더들이 공유하는 공동체 정신이 부러워서 리더가 되고 싶다는 사람들이 많습니다. 그러나 리더십의 분열은 공동체를 해체시키는 파급력을 가질 수 있습니다.

공동체 성장은 배움의 과정과 동일선상에 있다

공동체의 가장 성경적인 모델은 예수님과 제자들의 관계입니다^{누가복}
음 22:7-13; 요한복음 13:1-17; 사도행전 4:32-35; 빌레몬서 1:14; 히브리서 10:24-25; 베드로전서 5:2.
성경은 리더가 구성원들에게 어떤 모습이어야 한다고 가르칩니다. 그런
다음 그 가르침에 대한 모범을 보여 줍니다. 그러나 싱글 사역에서는 이
러한 노력이 무의미해지기 쉽습니다. 공동체 형성 과정을 잘 모르고 그것
의 중요성을 강조하지 않기 때문입니다. 가르치고 모범을 보이면 따라올
것으로 생각하지만 실제로는 그렇지 않습니다. 예수님도 제자를 단번에
삼으신 것이 아닙니다. 예수님이 어부들을 찾아가 부르시자 곧바로 제자
로 따른 것이 아니란 말입니다. 그 전에 예수님과 교류가 있었고, 예수님
에 대한 소문을 들었으며, 예수님의 권능과 지혜를 깨달았습니다. 일련의
사건들이 깨달음이 되고 그 깨달음이 자기의 생각과 가치관 그리고 실제
삶을 지배해야 공동체가 세워집니다.

공동체 성장은 건강한 인간관계를 기초로 이뤄진다

적지 않은 싱글들이 대화 방식을 비롯해 인간관계에서 서툰 경우가
많습니다. 심지어 이 과정에서 깊은 상처를 받고 어떤 형태의 인간관계를
두려워하기도 합니다. 달걀 껍데기에 들어가 있는 사람들과 공동체를 형
성할 수는 없습니다. 삶은 인간관계 그 자체라고 해도 과언이 아닙니다.
사실상 인간관계를 형성하려면 위험을 감수해야 합니다. 보장된 것은 아
무것도 없습니다. 따라서 교육과정에는 건강한 인간관계를 형성하는 방

법이 포함되어야 합니다.

좋은 공동체는 견고한 우정 때문에 지속된다

싱글들은 생각보다 의리가 깊고 우정이 오래갑니다. 물론 단단한 관계에 이르기가 쉽지는 않습니다. 그러나 한번 마음을 열고 우정을 쌓으면 그 관계가 지속됩니다. 일반적으로 20대에 만난 관계는 이해관계에 매이지 않고 우정이 평생 유지되지만, 그 이후에 사회에서 만난 관계는 우정 자체가 형성되기 어렵습니다. 그런데 싱글들은 20대 청년들이 가지는 특성이 그대로 나타나는 경우가 많습니다. 외롭거나 힘들거나 친구가 필요할 때 친구가 되었다는 사실이 중요합니다. 공통의 필요, 관심사, 비전을 가지고 함께 어우러졌던 순간들이 서로를 하나로 묶어 줍니다. 그리고 시간이 지나도 변하지 않고 오히려 더 단단해집니다.

사람들은 자신이 만들어 낸 것만을 지원한다

소속감은 주인의식에서 말미암습니다. 싱글이 싱글 공동체에 참석하고 등록하며 참여하려면 적절한 이유가 있어야 합니다. 공동체에 깊이 들어오지 않고 겉돌거나 군중으로만 존재하는 이유가 있습니다. 가장 큰 이유는 책임감이 부담스럽기 때문입니다. 따라서 부담스러워하는 사람들보다는 그 무거움을 감수하면서 참여하려는 사람들에게 집중해야 합니다. 공동체는 수동적인 관망자가 아니라 적극적인 참여자에 의해 형성되고 유지됩니다. 사람들이 참여할 수 있는 이벤트와 프로그램을 지속해서 마련하십시오. 그 사역이 진행되는 가운데 참여자와 관망자가 드러납니다. 아무것도 하지 않으면 아무 일도 일어나지 않습니다.

함께 고군분투한 동역자들이 견고한 공동체를 형성한다

경험이나 어려움을 공유할 때 나타나는 역동성으로 인해 서로가 더 가까워집니다. 이것은 설명이 더 필요 없는 자연스러운 현상입니다. 알코올중독자 모임이나 이혼 회복 모임 같은 곳에서도 동일한 현상이 나타납니다. 동일한 아픔을 경험한 사람들이 치유를 경험하면 치유가 필요한 다른 사람들을 돕고 이러한 선순환을 통해 돌봄과 유대감이 강화됩니다.

공동체 성장은 행복한 대가족이 된다는 의미가 아니다

싱글 사역에서 공동체의 성장은 하나의 공동의 목표를 가진 행복한 여러 가정이 탄생한다는 것을 의미합니다. 쉽게 말해서 싱글들이 공동체 안에서 결혼도 하지 않고 대가족을 이루어 지내는 것이 공동체 성장은 아니며 오히려 잘못된 방향입니다. 어떤 요인으로 인해서 다양한 사람들이 다양한 공동체에 끌려들어 가는지를 설명하기는 거의 불가능합니다. 중요한 것은 모두가 소속감을 갖고 편안하게 어울릴 수 있는 공동체를 찾는다는 사실입니다. 아무런 조건 없이 수용해 주고 편안하게 어우러질 수 있는 곳에 주저하지 않고 찾아가게 마련입니다. 그러나 어느 곳에 가장 잘 속해 있을 수 있는지 실험해 보는 과정은 필요합니다.

공동체에 속하는 것이 누군가는 어려울 수 있다

싱글 그룹의 역동성 중 하나는 많은 사람이 예전의 어떤 공동체를 떠나서 연고가 전혀 혹은 거의 없는 공동체에 들어온다는 사실입니다. 누군가는 이 사람들에게 '여기에 당신의 자리가 있습니다. 당신은 여기서 사랑받고 인정받을 것이며 안식처를 찾을 수 있을 것입니다'라는 말을 해줘야 합니다. 많은 싱글이 전환기에 있으며 어려운 시기를 겪고 있습니다. 이곳저곳을 돌아다니며 야영을 하면서 안전한 거처를 찾아다니지만, 평생 유목민 신세를 벗어나지 못할까 두려워합니다. 이러한 어려움을 이해하고 공감하며 진정성을 가지고 대하십시오. 시간이 걸려도 그 진심이 전달되면 귀한 동역자가 될 것입니다. 공동체를 이루는 것은 느리고 힘겨운 과정이지만 완성된 결과는 그 이상의 가치가 있습니다.

8
싱글 성경공부

싱글들은 안정감, 성취감 그리고 건전한 인간관계를 필요로 합니다. 한부모의 경우는 자녀 양육에 관해 도움받기를 원합니다. 인간관계에서 상처받은 싱글은 회복과 치유를 원합니다. 실패를 겪은 싱글은 그것을 극복하고 일어나길 원합니다. 이러한 것들은 싱글들에게 대단히 중요하며, 해결책을 제시받을 때 견해나 생각을 피력해 주는 것에 만족하지 못합니다. 그들은 '근거'를 제시해 주길 원합니다. 어떤 사람은 과학, 심리학, 철학을 근거로 제시할 수 있습니다. 그렇다면 그 근거가 사실인지 어떻게 확인할 수 있을까요? 근거의 신뢰도는 매우 중요합니다. 싱글 사역에서 가장 중요한 것은 실질적인 도움이나 여러 가지 학문이 아닙니다. 바로 성경적인 근거입니다. 성경적인 기초가 단단하면 신앙뿐만 아니라 일상생활과 인간관계에서도 흔들리지 않습니다. 변하기 쉽고 대립각이나 모순이 존재하는 세상 지식을 기준점으로 삼지 마십시오. 성경은 우리를 위한 하나님의 안내서이며 절절한 사랑입니다.

성경은 그 자체가 신뢰입니다. 진리의 조성자이신 하나님이 기록하셨기 때문입니다. 그러나 성경의 진리는 올바르게 해석하고 적용할 때만이 강력하고 유익한 도구가 됩니다^{디모데후서 2:15; 3:16}. 최근에 발행된 저널을 보고 싱글 사역을 가르친다면 그 신뢰도를 어느 정도까지 끌어올릴 수 있을까요? 도움이 될 수는 있겠지만 과학을 비롯해 세상 학문은 끊임없이 변합니다. 변하는 것은 진리일 수 없습니다. 그러나 성경의 진리를 정확히 전달하면 잘못될 수가 없습니다.

크리스천은 다른 사람들에게 하나님, 그리고 사람에 대한 하나님의 기대에 대하여 가르칠 책임이 있습니다. 예수님은 제자들에게 "가서 모든 민족을 제자로 삼아"라고 말씀하셨습니다^{마태복음 28:19}. 여기서 제자라는 말은 '마테타이'^{mathetai} 즉 '배우는 자' 혹은 '따르는 자'라는 뜻입니다. 따라서 '제자 삼는다'는 말은 예수 그리스도께 배우는 자를 배출한다는 의미입니다. 싱글이 배우는 자가 되려면 반드시 가르치는 자가 있어야 합니다.

싱글 사역에는 성경적 가르침이 반드시 포함되어야 합니다. 교회가 싱글에게 관심을 두는 것은 바람직하지만, 삶의 문제에 대한 성경적 해결책을 제시하지 않는다면 제자를 양육하는 것이 아닙니다. 따라서 성경은 싱글을 훈련시키고 양육하여 제자로 성장하도록 이끌 때 최고의 교재일 수밖에 없습니다.

배움이 왜 지루하게 여겨집니까? 교사들이 교회 안팎에서 개념만을 전달하기 때문입니다. 물론 개념 전달도 포함되어야 하지만 사역의 최우선 목표는 제자들이 그리스도 안에서 성숙해지도록 만드는 것입니다^{골로새서 1:25, 28-29}. 따라서 크리스천 교사는 어떤 특정한 사실을 가르칠 때 그

근거가 하나님의 말씀이어야 하며, 그 말씀을 실제 삶에 적용할 수 있도록 도와야 합니다. 학생들이 실생활에서 성경을 적용하고 실천할 수 있도록 격려하고 동기를 부여해야 합니다. 이것이 가능하지 않으면 지루한 학교 공부와 무슨 차이가 있습니까? 이는 옳은 일일 뿐만 아니라 싱글들에게 가장 필요한 일이기도 합니다.

그런데 정말 놓치지 말아야 할 중요한 사실이 있습니다. 싱글 성경공부와 일반 성경공부의 차이입니다. 두 가지 성경공부 사이에는 어떤 차이가 있을까요? 싱글 성경공부에서는 반드시 싱글의 눈으로 성경을 읽어야 합니다. 그렇지 않으면 싱글에 대한 성경적 개념을 놓치기 때문입니다. 성경의 위대한 싱글들이 얼마나 놀랍고 경이롭게 살아갔는지를 놓치기 때문입니다. 예수님과 사도 바울도 싱글이었다는 사실을 고려하지 않으면 싱글에 대한 성경적 관점을 왜곡하기 쉽습니다.

최고의 스승: 예수 그리스도

어떻게 성경을 가르쳐야 할지를 논의할 때 예수님 자신이 성경 교사였다는 사실을 망각하지 말아야 합니다. 예수님은 성경을 정말 효율적으로 가르치셨습니다. 첫째, 가르침과 함께 사랑을 주셨습니다. 훌륭한 교사는 사실을 잘 전달할 뿐만 아니라 사랑과 관심도 전해 줍니다. '나는 선한 목자다. 내 양을 위하여 내 목숨도 버린다'라고 말하는 교사에게 누가 귀를 기울이지 않겠습니까? 학생들은 교사가 진정한 관심과 따뜻한 마음으로 가르칠 때 훨씬 효과적으로 배웁니다.

둘째, 예수님은 올바른 생활을 가르치셨을 뿐만 아니라 그렇게 사셨습니다. 많은 사람이 옳은 말을 하는 것과 옳은 사람이 되는 것을 혼동합니다. 바른말을 한다고 바른 사람은 아닙니다. 바르게 살아가야 바른 사람입니다. 예수님의 진실성은 말로 표현할 수 없는 것까지도 가르치신다는 데서 나타납니다. 예수님은 가르치신 것을 몸소 실천하며 본을 보이셨습니다. 예수님은 십자가 위에서 "아버지여 저들을 용서하소서"라고 기도하시므로 '원수를 사랑하라'라는 가르침에 방점을 찍으셨습니다. 예수님의 이 같은 가르침은 충격적일 수밖에 없습니다. 교사는 말뿐만 아니라 행동과 태도로 가르침을 주어야 합니다.

셋째, 예수님은 일방적으로 가르치기만 한 것이 아니라 제자들과 계속 소통하셨습니다. 제자들은 예수님의 가르침 중에 자유롭게 끼어들거나 질문할 수 있었습니다. 예수님은 제자들을 진리로 인도하기 위해 종종 질문을 던지셨습니다. 성경에 근거하여 가르치셨습니다 ^{누가복음 4:17-27}. 많은 비유와 토론 그리고 당시 삶의 정황을 토대로 가르치셨습니다 ^{마태복음 13:34-35}. 제자들에게 스스로 생각하고 답을 찾을 수 있도록 도전을 주셨습니다. 예수님이 비유나 '어려운 말씀'을 하신 뒤 그 의미를 숙고할 시간을 주시면 제자들은 종종 혼란스러워했습니다. 그러나 장기적으로 보면 제자들에게 사실만을 전달하는 것보다 훨씬 더 효과적인 결과를 낳았습니다. 제자들은 결국 하나님의 말씀을 명확하게 깨달았습니다.

특별히 예수님은 싱글 시절에 어떤 삶을 살아야 하는지 분명하게 보여 주셨습니다. 싱글은 가장 먼저 하나님과 독대하며 스스로 하나님의 말씀을 깨닫는 법을 배워야 합니다. 그리고 그 말씀대로 살아 내는 법을 배워야 합니다. 예수님 외에 누군가에게 가르침을 받는 것만으로는 그리스도의 장성한 분량에 이르기까지 성장하지 못합니다. 예수님을 닮아 간다는 것은 예수님 같은 스승이 된다는 것을 의미합니다.

효과적인 가르침의 원리

같은 내용을 전달하더라도 리더의 역량에 따라 결과는 천양지차입니다. 가르치는 사람의 역량은 선천적인 부분이 있지만 후천적인 부분도 절대로 작지 않습니다. 예수님의 모범과 현대 교육자들의 통찰력을 살펴보면 효과적인 가르침의 원리를 도출해 낼 수 있습니다.

제1원리: 기도하는 사람이 돼라

준비하고 가르칠 때 하나님의 인도하심과 도우심을 구하며 간절히, 계속 기도하십시오. 성령님이 진리 가운데로 인도하실 것입니다. 기도할 때 어떤 일이 일어날까요? 첫째, 무엇보다도 하나님과 연결됩니다. 하나님은 나를 항상 바라보고 계십니다. 따라서 내가 하나님을 바라보면 하나님과 지속해서 독대하게 됩니다. 둘째, 마음에 열정이 일어납니다. 뜨거운 마음 없이 행하는 것은 지루하고 따분할 뿐입니다. 셋째, 기도하면 성령님이 지혜를 주십니다. 기도하는 사람이 될 때 성령님이 주시는 통찰력을 소유합니다. 따라서 가르침이 내 능력을 초월하는 기적이 됩니다.

제2원리: 연구자가 돼라

교사의 가장 기본적인 태도는 먼저 배우고 연구하는 것입니다. 알지 못하는 것을 가르치거나 알도록 이끌어 줄 수는 없습니다. 교사는 무엇을 알아야 할까요? 첫째, 무엇보다도 자기 자신을 알아야 합니다. 자신의 수준을 파악하는 자기 평가가 선행되어야 합니다. 이것을 교육학에서는 메타인지metacognition라고 합니다. 자기가 아는 것과 안다고 착각하는 것을 구분할 수 있어야 합니다. 자신이 모른다는 것을 모르면 절대로 훌륭한 교사가 될 수 없습니다. 둘째, 가르칠 내용을 알아야 합니다. 수학 문제를 풀 줄 모르면서 풀어 주거나 풀도록 도울 수는 없습니다. 셋째, 가장 중요한 것은 학생을 알아야 합니다. 교사는 종종 학생들이 스스로 밥을 먹을 수 있는데도 불구하고 떠먹여 주려고 합니다. 심지어 젖병을 물리려고 하는 경우도 있습니다. 이런 교사일수록 자신이 대단한 줄로 착각합니다.

탁월한 교사는 학생들이 스스로 깨닫고 습득할 수 있도록 돕습니다. 학생들을 통제하려는 욕망을 내려놓으십시오. 사람들은 학습의 객체가 아닌 주체가 될 때 더 많이 배우고 더 많이 깨달으며 싫증을 내지 않습니다. 학생을 통제하는 고삐를 놓으십시오.

고삐를 놓는다는 것은 무엇을 의미할까요? 귀납적이거나 연역적으로 정답을 주려고 하지 말고 질문을 던지십시오. 정답보다는 좋은 질문을 만드는 데 공을 들여야 합니다. '예스'와 '노'로 대답할 수 있는 '폐쇄형 질문'보다는 자기 생각을 말하는 '오픈형 질문' 즉 육하원칙에 따른 질문이 좋습니다. 특히 이유를 묻는 '왜'라는 질문 형태가 가장 유익합니다. 질문을 통해 스스로 답을 찾고 결론을 내리면 거부감을 갖지 않고 당연하게 받아들입니다. 이 과정에서 교사가 생각하거나 상상한 것보다 훨씬 훌륭한 답이 나오는 경우도 많습니다.

제3원리: 촉진자가 돼라

교사는 지식 전달자가 아니라 진리 가운데로 수월하게 이를 수 있도록 돕는 기폭제 역할을 하는 사람입니다. 이를 위해서는 먼저 수직적 관계가 아니라 수평적 관계에 있어야 합니다. 수직적 관계에 있으면 학생은 수동적일 수밖에 없습니다. 진리로 향하는 여정의 동반자가 되어서 함께 웃고 함께 공감하며 함께 답을 찾아가는 존재가 되어야 합니다. 이때 놓치지 말아야 할 중요한 포인트는 반응입니다.

좋은 교사는 학생들이 질문하게끔 이끕니다. 그리고 학생들의 대답에 좋은 반응을 보입니다. 질문을 받고서 답을 주려고 하기보다는 더 깊이 생각해서 답을 찾도록 도와줘야 합니다. 특별히 학생들이 잘못된 길로 가지 않도록 유도하고 포기하려고 할 때 용기를 주며 스스로 답을 찾거나 깨달음을 얻었을 때 기쁨으로 반응해야 합니다.

제4원리: 동기부여자가 돼라

필요를 느끼도록 유도하는 질문을 던지거나 경험 가능한 실제 사례를 제시하여 배워야만 하는 이유를 찾게 하십시오. 갈증이 나지 않으면 물을 마시지 않습니다. 간절하지 않으면 도전하지 않습니다. 요즘처럼 엔터테인먼트가 풍성하고 OTT 서비스와 오감을 만족시키는 식당과 카페가 즐비한 시대에 동기부여가 되지 않으면 자발적으로 성경공부에 참석하려 하지 않습니다. 상황에 이끌려 잠시 참석할 수는 있지만 지속적이지 않고 효과적이지도 않습니다. 동기부여를 하려고 노력하지 않으면 성경공부 시간은 지루하고 구태의연한 자리가 됩니다. 광고와 홍보 시점 그리고 성경공부 시작 시 문제나 필요를 정확히 짚어 주고 그 대안을 기대하게 만드십시오. 동기부여가 되지 않으면 좋은 결과를 기대하기 어렵습니다.

제5원리: 들러리가 돼라

성경공부 참석자들은 성경공부라는 무대 위의 주인공이 되어야지 들러리나 관객이 되어서는 안 됩니다. 상황에 이끌려 억지로 참석했어도 어느 순간 자신이 주인공이 되어 있다면 그 시간을 즐길 수밖에 없습니다. 무대의 주인공은 객석의 안락한 의자를 동경하지 않습니다. 무대의 소품을 탐하지 않습니다. 들러리 역할을 부러워하지 않습니다.

한마디로 말해서, 참석자가 성경공부의 주체가 되어야 합니다. 리더가 아니라 참석자를 위한 자리이며 그곳의 주인이고 그 시간의 지배자라는 분위기를 형성하는 것이 바람직합니다. 학생의 위치에서 주인의 위치로 올라가면 성경공부를 통해 자신만의 사상과 목표를 형성할 수 있습니다. 이러한 분위기를 만들어 내려면 무엇보다도 성경공부 인도자가 들러리 역할을 자처해야 합니다.

교역자나 성경공부 인도자는 스스로를 연출자로 착각하기 쉽습니다. 제작자는 하나님이시고 연출자는 오직 성령님이십니다. 따라서 성경공부 인도자는 아예 관객이 되어 구경하는 자리에 있을 수도 있습니다. 들러리는 주인공에게 모든 초점을 맞추며 리액션과 추임새로 흥을 돋우고 질문이나 안내 멘트를 던져서 다음 대사나 다음 장면으로 넘어가도록 돕습니다.

제6원리: 자료 활용 능력자가 돼라

오늘날에는 소그룹에 활용할 수 있는 자료들이 대단히 많습니다. 동영상, 역할극, 인터뷰, 설문, 드라마, 음악, 미술, 리서치, 테스트, 글쓰기 등 활용 가능한 테크닉이나 자료가 많고 이런 것을 활용하는 데 대한 거부감이 없습니다. 이것들은 가만히 앉아서 받아먹는 병아리가 아니라 창공을 날며 사냥하는 독수리로 만들어 줍니다. 이러한 자료와 테크닉은 하늘로 비상하는 날개이고 사냥감을 포착하는 눈이며 먹잇감을 움켜쥐는 발톱이기 때문입니다.

성경공부의 새로운 국면을 열어 가십시오. 기존의 방식에서 벗어나지 않으면 희망이 없습니다. 교사나 리더의 역량에 따라 좌지우지되고 가르치는 사람의 원맨쇼에 불과하던 성경공부가 이제는 설렘과 즐거움 그리고 기쁨과 환희의 시간이 되려면 기존의 콘셉트에서 벗어나서 새로운 개념으로 판을 짜고 다양한 장치를 활용할 수 있어야 합니다.

기존의 성경공부 방식에 다양한 자료를 끼워 맞추려고 하지 말고, 다양한 자료를 활용해 새로운 방식을 시도하십시오. 예를 들어 잘 만들어진 성경이나 교리를 동영상이나 파워포인트로 만들어 보는 것도 좋은 방법입니다. 글로벌 시대에 맞춰서 성경 스토리를 영어 연극 대사로 만들고 그것으로 실연實演해 보는 것도 대단히 효과적입니다.

인공지능 이전 시대에는 이런 것들이 어려웠습니다. 그러나 지금은 AI 기반의 번역 프로그램이나 동영상 툴 혹은 감마 같은 프로그램을 사용하면 쉽게 파워포인트를 만들 수 있습니다. 리더는 이 과정에서 어려운 부분을 도울 수 있어야 합니다. 그리고 만든 동영상을 자신의 SNS에 올리는 과제나 직접 만든 파워포인트를 가지고 발표하는 시간을 갖게 하면 대단히 유익하고 효율적인 과정이 될 것입니다. 이러한 방식의 새로운 성경공부 과정은 가성비와 가심비를 따지는 MZ세대에게 적절하며 매력적으로 다가갈 수밖에 없습니다.

제7원리: 적용 도우미가 돼라

싱글들이 성경의 원리를 실제 삶에 자연스럽고 정확하게 적용하기는 매우 어렵습니다. 적용은 과제 형식으로 진행할 수 있습니다. 적용을 도울 때도 질문은 대단히 유용한 방식입니다. "사도 바울의 겸손에 대하여 생각해 보았습니다. 사도 바울처럼 겸손하다면 헤어진 배우자와 어떤 관계를 형성하게 될까요?" "이번 주에 각자의 자리에서 겸손을 어떻게 실천하시겠습니까? 겸손 리스트를 작성해 볼까요?" 성경공부를 통해 깨달은 만큼 인격적인 성장이 있어야 합니다.

제8원리: 평가 효율을 극대화하라

지금까지의 성경공부에서 평가는 제외되었습니다. 서로에게 부담되기 때문입니다. 그러나 복습과 내재화 그리고 상태를 점검하려면 평가는 필수 요소입니다. 평가는 무엇보다도 가르치거나 인도하는 사람이 자기 자신에게 행해야 합니다. 가르침의 경험에서 배우고 가르치는 기술을 향상시켜야 합니다. 부족하거나 잘못된 부분을 찾아서 보완하고 장점은 더욱 살릴 수 있도록 자기 성찰이 있어야 합니다. 그다음에 성경공부 참여자들이 목표에 얼마나 가까이 다가갔으며 어떤 결과를 낳았는지 확인하도록 도와서 성취감을 느끼게 해야 합니다. 평가는 채점하고 등급을 나누는 과정이 아니라 성장과 성취의 기쁨을 만끽하도록 돕는 축제입니다.

9
싱글 소그룹 성장의 원리

소그룹은 이미 오래전부터 존재하던 형태입니다. 소그룹은 진부하거나 폐기해야 할 유물이 아니고 오히려 더 활성화해야 하며 공동체와 사역이 생기 있고 풍성하게 성장하기 위한 전제조건에 해당합니다. 일반적으로 교회와 그밖의 단체들은 소그룹에 집중할 때 긍정적인 결과가 나타납니다. 싱글 미니스트리 역시 이 원칙에서 벗어날 수 없습니다.

싱글 소그룹이란 무엇인가?

싱글 소그룹의 적정 인원을 규정하기는 어렵지만 일단 두 명은 아닙니다. 일반적으로 4명에서 12명까지가 바람직하다고 말합니다. 4명 이하는 다양성과 생동감이 떨어져서 분위기가 많이 가라앉습니다. 반면에 12명이 넘어가면 소통과 돌봄이 어렵고 소외되는 구성원이 생기기 쉽습니다.

기능적으로 소그룹의 유익은 한마디로 상호작용에 의한 시너지입니다. 소그룹에서 긍정적인 상호작용이 일어나면 개인의 문제가 해결되며 기쁨은 배가 됩니다. 더 나아가 개인 간에 관계가 돈독해지며 그룹을 가족으로 여기므로 바람직한 사회생활과 인생의 기본 토대가 됩니다. 구성원이 자신이 속한 소그룹을 '우리'라고 생각하며 표현한다면 그 그룹 내에서 자연스럽게 희생과 헌신이 일어나고 또 즐거움이 흐르기 시작합니다.

왜 싱글 소그룹이 필요한가?

싱글을 위한 소그룹은 관계적 상호작용 측면에서 대단히 중요합니다. 왜냐하면 커플 공동체와는 달리 싱글 공동체는 그 구성원들이 유일한 가족이고 도움이며 힘이고 에너지일 수 있기 때문입니다. 또한 소그룹을 통해 정서적 지원을 받고 지혜를 얻으며 인격적으로 성숙해지기 때문입니다. 사람은 누구나 살아가면서 필요한 것들이 있고 그것을 혼자서 충족시킬 수 없습니다. 누군가의 도움이 반드시 필요합니다. 소그룹 자체가 개인을 돌보기 위해 존재하는 것이므로 그러한 필요에 주의를 기울이게 되고 따라서 가족처럼 편안한 안식처가 될 수 있습니다.

더 나아가 소그룹은 구성원의 필요를 채워 줄 뿐만 아니라 각 구성원에 내재해 있는 잠재력을 일깨우는 역할을 합니다. 실제로 싱글들과 사역을 하면서 정서적, 물리적, 재정적, 영적으로 서로를 지원하는 모습을 목격합니다. 이러한 구조가 형성되려면 시간이 많이 소요되며 누군가가 많이 헌신해야 합니다. 그러나 이로 인해서 삶이 변화되고 성장하게 되므로 그 이상의 가치가 있습니다.

더 나아가 소그룹은 구성원의 참여율을 높입니다. 그룹 인원이 많으면 개인적인 친밀함은 사라지고 비즈니스 관계가 되기 쉽습니다. 강의자와 참석자의 관계로 전락합니다. 그러나 구성원이 적으면 사역에 모두가 참여할 수 있고 개인이 그룹에 묻히는 상황이 거의 일어나지 않습니다. 소그룹이 주는 가장 짜릿하고 설레는 측면은 기도하는 만남이 가능하다는 사실입니다. 만일 소그룹에 속한 누군가를 위해 기도하고 있다면 그 사실을 알려 주십시오. 그 자체만으로도 큰 힘과 위안이 됩니다.

소그룹 리더십은 어떻게 세워야 하는가?

싱글 사역에서 리더십은 전부라고 해도 과언이 아닐 정도로 중요합니다. 리더에 의해 시작되고 유지되며 열매가 결정되기 때문입니다.

리더십 성장

리더십은 선천적으로 타고나는 것이 아닙니다. 오히려 후천적으로 훈련과 교육을 통해 발달합니다. 리더가 되는 법을 배운다는 것은 다른 어떤 방법을 배우는 것과 그리 다르지 않습니다. 인내와 끈기가 있으면 리더십은 성장하게 마련입니다. 따라서 모두에게는 리더십 역량이 잠재되어 있으며, 미래에는 날개를 달고 리더십으로 섬길 기회를 가져야 합니다. 리더십을 공유하는 것은 싱글 사역에서 절대적인 요소입니다. 리더십을 개발하지 않으면 소그룹은 존재할 수 없고 싱글 사역에 미래는 없습니다.

리더 선택

잠재력 있는 소그룹 리더를 어떻게 찾아내야 할까요? 먼저 기도해야 합니다. 하나님이 우리에게 싱글 사역을 원하시면 반드시 적절한 사람을 예비해 놓으셨을 것입니다. 그런데 그 예비하심을 파악할 능력은 있어야 합니다. 하나님이 인도해 주시길 기도하는 것은 첫 번째 단계일 뿐입니다. 리더십 자질을 가진 사람들의 전형적인 특징이 있습니다. 그것을 살펴보는 것이 두 번째 단계입니다.

리더의 잠재력을 가진 사람은 비전을 품고 있습니다. 소그룹이 어느 방향으로 나아가야 하며 소그룹의 목적이 무엇인지에 대한 생각이 없으면 리더 역할을 감당할 수 없습니다. 리더로서 자질이 있는 사람만 비전을 가집니다. 그리고 하나님을 향한 사랑, 영적 성숙, 다른 사람들과의 친화력, 필수 자질은 아니지만 쾌활한 성격, 부지런함, 팀 사역에 대한 애정도 필요합니다.

리더의 역할

소그룹에서 중심인물은 무엇보다도 도우미 역할을 감당해야 합니다. 소그룹의 주요 기능은 구성원 간의 상호작용입니다. 만일 리더가 독재자처럼 군림하려 든다면 상호작용은 일어나지 않고 소그룹이라는 장점도 사라집니다. 그러나 리더가 도우미로 존재하면 소통이 원활해지며 더욱 강력해지고 다른 리더들이 배출될 것입니다.

리더십 양육

리더는 구성원에게 리더다운 모습을 보여야 합니다. 명심해야 할 몇 가지 사실이 있습니다. 첫째, 미래의 잠재적 리더에게 시간과 노력을 쏟아부어야 합니다. 한 명의 리더가 다른 사람들을 훈련시키고 더 나아가 서로가 서로를 훈련시키는 과정이 반드시 필요합니다. 둘째, 리더를 양육할 때 가르치는 태도의 본을 보여 주는 것은 매우 중요합니다. 리더다운 리더가 없는 상태에서 그런 리더가 되라고 가르친다면 누구도 신뢰하지 않을 것입니다.

소그룹을 어떻게 시작하고 유지해야 하는가?

소그룹의 시작과 진행 그리고 종료는 피하지 말고 오히려 적극적으로 준비하며 대처해야 할 과제입니다. 저절로 생기고 저절로 사라질 때까지 놓아두는 것은 방치입니다.

시작

소그룹을 시작하려고 할 때 가장 먼저 해야 할 것은 하나님의 인도하심을 구하는 기도입니다. 기도하지 않는다는 것은 소그룹이 하나님의 역사하심을 필요로 하지 않는다는 무서운 영적 교만입니다. 기도하지 않는다는 것은 소그룹이 하나님과 상관 없다는 끔찍한 착각입니다. 둘째, 소그룹 구성원을 누구로 해야 할지 결정할 때 사람들의 관심사나 배경을 먼저 파악해야 합니다. 이 부분이 선결되어야 소그룹이 안정적이며 효과적일 수 있습니다. 셋째, 주어진 상황 안에서 구성원의 가장 효율적인 숫자를 결정하고 그것을 고수하십시오. 그리고 구성원이 수적으로 성장하여 최대 인원에 도달하면 분가해야 합니다. 수적 성장을 목표로 삼고 있다면 12명으로 구성된 한 개 그룹보다는 6명으로 구성된 두 개 그룹의 성장 잠재력이 훨씬 더 강력합니다. 마지막으로 구성원의 필요가 무엇인지를 파악하여 소그룹의 존재 목적을 명확히 부각시키십시오. 그림을 그리는 사람이 무엇을 그릴지 결정하지 않으면 좋은 결과가 나올 수 없습니다. 목적이 명확하지 않으면 구성원들은 무엇을 위해 모이고 무엇을 위해 함께 시간을 보내는지 알 수 없으므로 결국 좌절감과 허탈함만 남을 것입니다. 리더와 구성원은 그룹의 목적과 계획을 명확히 세우고 확실하게 공유해야 합니다.

실제 그룹 모임을 진행할 때 두 가지 방식을 사용할 수 있습니다. 지속성 혹은 유동성입니다. 지속성은 일주일 단위로 모이는 그룹에 연속성을 가져다줍니다. 구성원들은 모임에 한두 번 결석해도 소외감을 느끼지 않고 어색하지 않을 수 있습니다. 반면에 모임에는 유동성도 필요합니다. 새로운 어떤 것이 없으면 모임은 지루하거나 따분해지기 쉽기 때문입니다. 소그룹 모임에는 이 두 가지 방식의 균형이 필요하며, 리더는 그 균형을 유지해야 할 책임이 있습니다.

성장

소그룹은 현실 안주에 만족하지 말아야 합니다. 항상 방향 감각을 갖고 목표를 향해 함께 전진해야 합니다. 소그룹의 비전과 공동체 의식은 이 부분에 결정적인 도움이 됩니다. 소그룹이 현실에 안주하지 않고 성장하려면 첫째, 존재 목적을 명확하게 공유해야 합니다. 구성원들이 목표를 명확하게 이해하지 못하면 아무리 많이 모이고 시간을 함께 보내도 방황하게 됩니다. 선장과 선원이 목적지를 모르면 아무리 오랜 시간 항해를 해도 표류합니다. 배 안에서 파도와 싸우느라 고생했어도, 때로는 파티를 즐기며 신나게 시간을 보냈어도 여전히 표류하는 중입니다.

소그룹이 성장하려면 둘째, 구성원의 헌신이 있어야 합니다. 함께 노를 젓고 돛을 올리며 음식을 하고 청소를 해야 합니다. 모임이 어느 정도 진행되었으면 자원하여 헌신할 구성원이 있는지 물어보는 것이 좋습니다. 리더나 한두 사람이 일방적으로 계속 헌신하면 소그룹이 성장할 수 없고 공동체 의식도 형성되지 않습니다. 헌신은 그냥 고생이 아니라 소그룹이 공동체가 되기 위한 과정입니다.

종료

의아할 수 있지만 소그룹을 영원히 지속할 수는 없습니다. 종종 간과할 수 있지만 소그룹 재구성은 반드시 필요합니다. 그렇다면 언제 소그룹을 해체해야 할까요? 우선 목표를 이뤘을 때입니다. 특히 구성원이 12명에 이르고 모두가 정착하게 되었으며 부리더가 리더의 역할을 감당할 수 있겠다는 판단이 서면 분가해야 합니다. 둘째, 소그룹이 제대로 진행되지 않을 때입니다. 부끄러움이나 민망함은 중요하지 않습니다. 수조에 물을 갈아 주듯이 재편성이 필요할 때가 있습니다. 리더와 구성원 혹은 구성원 간에 호흡이 안 맞을 때도 재편성이 필요합니다. 셋째, 변화가 필요할 때입니다. 사실상 소그룹에는 반드시 변화가 필요합니다. 그대로 놓아두면 너무 굳어져서 역동성이 사라지기 때문입니다. 거의 모든 교회가 소그룹을 1년에 한 번 정도 재편합니다. 그러나 맹목적으로 1년을 버티는 것보다는 어떤 뚜렷한 사역적 목적을 가지고 한 세션을 보내고 다시 구성하는 것이 바람직합니다.

소그룹에 존재할 수 있는 잠재적 위험

소그룹을 망칠 수 있는 위험 요인이 항상 존재합니다. 그것을 인식하고 처리하면 별 문제가 아니지만 그냥 놓아두면 심각한 골칫거리가 됩니다.

개인의 독점

소그룹의 강점은 지속적인 상호작용에 있습니다. 그런데 한 사람이 혼자서 끊임없이 말을 하며 모임 시간을 장악한다면 상호작용에 막대한 지장을 초래합니다. 심지어 리더가 그렇게 한다면 리더는 방해꾼에 불과합니다. 한 사람이 계속 말을 해서 상호작용을 방해한다면 이를 통제하는 몇 가지 방법이 있습니다. 한 예로 "아 그러셨군요. 다른 분은 어떻게 생각하세요?"라고 그룹 전체나 다른 사람들에게 질문을 던져서 분위기를 전환할 수 있습니다.

초점의 결여

소그룹은 분명한 목적과 목표가 없으면 방향을 잡지 못합니다. 함께 모였을 때 지속적으로 그룹의 목적을 강조해야 합니다. 초점을 엉뚱한 곳에 맞추는 것도 심각한 문제를 야기합니다. 아무리 좋은 카메라도 초점을 맞추지 않으면 무의미합니다. 심지어 사랑도 그 대상이 잘못되면 악이 될 수 있습니다. 따라서 모임마다 막연하게 모이지 말고 무엇에 초점을 맞춰야 할지를 분명히 하십시오.

피상적 인간관계

소그룹이 성장하려면 위험을 감수하더라도 속마음을 털어놓을 수 있어야 합니다. 그러나 구성원 간의 관계가 깊어지고 신뢰가 형성되지 않으면 정작 중요한 내면은 드러내지 못합니다. 이러한 위험을 감수하지 않으면 의미 있는 관계가 형성되지 않고 소그룹 모임도 속이 빈 강정이나 제자리걸음만 하게 될 수 있습니다.

강요

소그룹에서 속마음을 드러내는 위험을 감수하는 것이 바람직하다고 해서 그것을 강요하는 일은 없어야 합니다. 만난 지 얼마 되지도 않았는데 자신의 내면 가장 깊숙한 곳까지 공유하려는 사람은 흔하지 않습니다. 신뢰와 수용의 수준이 친밀함에 이를 때까지 기다리는 것이 옳습니다.

당 짓는 것

성경은 당 짓는 것을 이단, 투기, 술 취함, 방탕 같은 죄악들과 동일선상에 놓고 언급합니다_{갈라디아서 5:19-21}. 그룹을 만드는 것 자체를 당 짓는 것이라고 하지 않습니다. 이 두 가지는 같은 행위라도 그 목적과 의도에 따라서 구분됩니다. 개인의 사사로운 감정이나 악의를 품고 의기투합하여 분열이나 다툼 혹은 갈등을 조장한다면 당 짓는 것에 해당합니다. 소그룹에 파벌이 형성되면 상호작용이 일어나지 않습니다. 또한 소그룹 자체가 당 짓는 것으로 전락하면 교회 전체의 문젯거리가 됩니다. 당 짓는 소그룹은 하나님의 말씀을 듣고 깨닫거나 성장하는 것이 불가능합니다.

싱글 미니스트리

빅마우스

소그룹에서 공유한 이야기들을 외부로 유출하는 행위는 공동체와 개인에게 심각한 위해가 됩니다. 모임에서 누군가의 이야기를 들었다고 해서 그것을 퍼트려도 되는 것은 아닙니다. 그것은 여전히 화자의 이야기이지 들은 사람의 이야기가 아닙니다.

유명무실

소그룹이 형식적으로 모이고 있으면 효과적이지 않은 상태일 수 있습니다. 쉽게 말해서 특별히 문제는 없어도 하나님의 역사와 감동이 없고 하나님의 은혜가 아닌 시스템이나 누군가의 일방적인 희생에 의해서만 유지될 수 있습니다. 이런 소그룹을 지속시키면 구성원은 좌절에 이르게 됩니다. 이러한 상태는 뿌리를 잘라 내고 화병에 꽂아 놓은 꽃과 같습니다. 죽어 가는 그룹은 죽게 놓아두고 구성원을 옮기는 것이 바람직합니다.

소그룹은 싱글 사역에 중요한 수단입니다. 싱글들은 소그룹에서 일어나는 지원, 교제, 상호작용을 통해 많은 필요가 채워지고 만족과 기쁨을 얻습니다.

Single
Ministry

Part 2

싱글을 위한
프로그램

1

싱글 수련회

싱글 사역 프로그램의 하이라이트는 단연 수련회입니다. 수련회를 통해 모든 것에서 벗어나 재충전할 수 있기 때문입니다. 그리고 마음과 정신은 물론 목적을 새롭게 하고 열정에 다시 불을 붙이며, 지적, 신앙적, 인격적으로 성장하고 새로운 관계를 맺을 수 있습니다.

목표 설정

다양한 유형의 수련회가 있습니다. 각 유형은 구성과 조직, 콘텐츠가 상이합니다. 그룹의 규모에 따라 수련회 유형을 특정하려는 경우가 많습니다. 그러나 우선 수련회의 목적을 정해야 모든 영역의 방향과 그에 맞는 계획을 수립할 수 있습니다. 수련회를 계획할 때 설정할 수 있는 목표는 다음과 같은 것들이 있습니다.

싱글 미니스트리

영적 성장

수련회의 가장 우선적이고 중요한 목표입니다. 싱글 각 개인은 스스로 영적 성장을 이루기가 어렵습니다. 심지어 자신의 실제 상태조차 파악하지 못합니다. 따라서 싱글 공동체는 싱글 각 개인이 수련회를 통해 영적으로 성장할 기회를 마련해야 합니다.

실질적인 교육

싱글들의 생활과 관련된 문제들을 심도 있게 다룰 수 있습니다. 특별히 이성 교제, 경제, 자녀 양육, 인간관계 등 중요한 주제를 선택하여 계획하면 싱글들에게 큰 유익이 됩니다.

개인적인 교제

싱글들은 함께 웃고 울며 기도하고 나누고 성장할 수 있는 배우자가 없습니다. 이를 위해 건강하고 진정성 있는 관계를 형성하고 발전시켜야 합니다. 친밀한 분위기에서 마음과 마음이 교류할 수 있는 여건을 제공하는 수련회는 단기간에 이런 목적을 이룰 수 있는 최적의 환경입니다. 새로운 교제권은 싱글의 답답하고 우울한 상황에 한 줄기 빛이 될 수 있습니다.

싱글 사역 확산

싱글 사역은 교회나 지역에서 새롭고 생소한 사역이기 때문에 싱글을 위한 수련회는 아예 없다시피 합니다. 따라서 홍보에 집중하면 많은 인원이 참석할 수 있고 싱글 사역을 알릴 수 있는 계기가 됩니다. 특히 참석한 싱글들이 각자의 자리로 돌아가서 싱글 사역을 시작하도록 도전을 주는 것도 중요한 목적이 될 수 있습니다.

리더십 훈련

리더에게는 훈련, 동기부여, 친교, 팀워크가 필요합니다. 일상적인 스케줄에서는 리더십을 기르고 부족한 부분을 보완하는 시간을 확보하기가 어렵습니다. 따라서 수련회를 통해 리더십의 기본 자질을 교육하고 재충전하며 새롭게 도전하도록 동기부여를 하는 시간이 주어져야 합니다. 리더 수련회에 예비 리더도 참여시키면 선배 리더들에게서 많은 노하우와 정신을 전수받을 수 있습니다.

수련회를 계획하면서 이러한 목적 중 하나 혹은 두어 가지를 조합하여 진행할 수 있습니다. 그러나 너무 다양한 목적과 필요를 충족시키려고 하면 효율성이 떨어지고 피로감이 쌓일 수 있습니다. 무엇을 기대하고 수련회에 참석해야 하는지를 명확히 해야 참석자들을 목적지로 인도하기가 수월합니다.

위치와 시설

수련회 장소는 긴급 상황이 발생했을 때 돌아가기 쉬운 곳으로 정하는 것이 좋습니다. 그러나 친구, 가족, 자녀 혹은 개인의 사소한 일로 집에 가고 싶은 유혹이나 충동을 느끼지 못할 정도의 거리는 되어야 합니다. 한 시간에서 두 시간 정도의 거리가 일상에서 멀어지는 적절한 위치입니다. 다음과 같은 다양한 장소를 고려해 볼 수 있습니다.

호텔

일반적으로 편안한 객실과 함께 전체 모임 장소와 오디오 시스템을 갖추고 있습니다. 식당이나 레크리에이션 시설이 있는 경우도 많습니다. 가격이 부담스러울 수 있지만 대체로 협상이 가능합니다. 접근성이 좋고 종교적인 색채가 없기 때문에 교회에 거부감이 있거나 부담스러워하는 싱글들도 참석을 권유하거나 유도하기가 쉽습니다.

수련원

교회나 정부, 지자체 혹은 회사나 개인 소유의 수련관이 전국 각지에 많습니다. 호텔보다는 넓고 쾌적하며 가격도 저렴하고 주위에 야외 레크리에이션 활동이 가능한 장소가 있습니다. 거리가 대체로 멀어서 접근성이 떨어진다는 단점이 있습니다.

캠프장

캠프장은 다른 장소에 비해 불편한 부분이 많고 집중이 어려울 수 있지만 가격이 저렴하고 의외로 낭만적이어서 감성을 자극합니다. 자연이라는 천혜의 조건을 무료로 나눌 수 있다는 장점도 무시할 수 없습니다.

교회

교회를 수련회 장소로 사용하면 접근성이 용이하고 시설이 완벽하며 비용 역시 저렴합니다. 그러나 숙소로는 적절하지 않을 수 있습니다.

수련회를 진행하려면 최소한 6개월에서 12개월 전부터 준비해야 합니다. 그렇지 않으면 강사 섭외와 장소 선정이 어렵고 참가 인원도 채우기 어렵습니다. 수련회를 위해서는 가장 먼저 수련회 준비와 진행을 전담할 총무를 임명해야 합니다. 코디네이터 역할을 하는 총무의 능력에 따라 수련회의 수준과 성공 여부가 달라집니다. 총무는 영적으로 성숙하고 행정 능력이 탁월하며 리더십이 뛰어나고 존경받는 인물이어야 합니다. 그런데 아무리 적절한 인물이라도 시간을 할애할 수 없으면 무의미합니다. 시간과 공을 들여 세심하게 준비할 것이 너무 많기 때문입니다.

수련회 전담 총무는 가장 먼저 수련회의 각 부분을 담당할 리더를 모집해야 합니다. 다음과 같은 분야별 리더가 필요합니다. 홍보, 등록, 진행, 교통, 음악, 드라마, 레크리에이션, 사진 촬영, 음향, 숙소, 환영 및 안내, 식사 및 간식…. 이런 부분을 담당하는 리더들은 수련회를 효율적으로 진행해야 하기에 이 과정에서 수련회의 중요성과 책임감을 인식하고 주인의식을 갖게 됩니다.

강사 섭외

싱글 수련회에 강사가 미치는 영향력은 막대합니다. 사실상 여기에 성패가 달렸다고 해도 과언이 아닙니다. 특별히 강사는 영성뿐만 아니라 싱글라이프와 싱글 미니스트리에 대한 이해와 전문성이 있어야 합니다. 단순히 재미있다거나 은혜스럽다는 정도의 막연한 기준으로 섭외하면 안 되고 종합적으로 판단해야 합니다. 강사를 정하면서 고려해야 할 사항은 다음과 같습니다.

- 만혼, 이혼, 사별, 한부모 등 모든 유형의 싱글에 대하여 이해하고 있는가? 싱글에 대한 성경적 개념과 현실적 상황, 유교 사상에 근거한 편견 등을 점검해야 합니다.
- 지역 교회에 대하여 이해하고 있는가? 수련회에 참석하는 대부분의 싱글들은 특정 교회에 속하거나 그 지역에 거주하기 때문에 지역적 특수성을 이해하고 있어야 합니다.
- 전달 능력이 탁월한가? 주의를 집중시키고 논리적이며 사려 깊은 방식으로 자료를 제시하며 청중과 아이 콘택트가 뛰어나야 합니다. 아무리 좋은 내용이라도 전달 능력이 없으면 무의미합니다.
- 다뤄야 하는 주제에 대한 전문성이 있는가? 해당 분야에 대하여 충분한 지식과 경험, 관심이 있어야 하며, 그 내용이 성경과 부합하는지를 살펴야 합니다.
- 예수 그리스도와 생명력 있고 성장하는 인격적 관계를 맺고 있는가? 소유하지 않은 것은 줄 수 없습니다. 결국 싱글 수련회에서도 지속적인 영적 성장을 이끄는 것이 목표입니다. 예수 그리스도에 붙어 있지 않으면 열매를 맺을 수 없습니다.

이 같은 체크리스트는 추천자를 통해 확인하는 것이 가장 좋습니다. 강사에 대하여 알아보려면 저서나 강연 동영상 혹은 신문 기사나 논문 등을 살펴볼 수 있지만, 신뢰할 만한 사람의 추천이 가장 확실합니다. 강사를 찾기가 어려우면 동일한 사역에 참여하고 있는 분들에게 연락하여 자문을 구하거나 추천을 부탁하십시오.

주제 선정

무엇보다도 수련회 참가자들의 필요를 파악하십시오. 다양한 연령층의 싱글이 참여하면 전체론적인 접근법을 토대로 강의해 달라고 요청하십시오. 해당 사항이 없거나 관심이 없는 분야에 맞춰 강의가 진행되면 소외 계층이 생길 수밖에 없습니다. 특정 연령층이나 특정 부류의 싱글이 참여하면 당연히 구체적인 접근법을 토대로 강의하는 것이 유익합니다. 이러한 부분을 고려하지 않고 알아서 해달라고 하면 강의하고 싶은 것을 하기 때문에 힘겹게 준비한 수련회의 효과가 떨어지기 쉽습니다. 그리고 이것은 수련회 참여자의 필요를 파악하지 못했으며, 목적조차 설정하지 않았다는 의미입니다. 연례행사가 아닌 유익하고 실용적이며 행복한 싱글 수련회가 되려면 주제를 정할 때 기본적으로 다음 사항을 고려해야 합니다.

- □ 수련회 참가자의 필요에 부합한가?
- □ 문제 해결과 더불어 미래를 위한 준비에 유익한가?
- □ 사회적 필요와 요구에 부합한가?
- □ 성경과 상충되지 않는가?
- □ 적절한 강사를 섭외할 수 있는가?
- □ 현재 구조와 인력으로 감당할 만한 주제인가?
- □ 구태의연하거나 진부하지 않은가?

싱글 미니스트리

□ 수련회에 관한 관심을 촉발하는가?
　　□ 수련회 후 평가에 적절한 주제인가?

　각 항목을 체크해 주제의 적절성을 점검하십시오. 책 제목을 잘못 정하면 사장되듯이 수련회 주제도 그 영향력이 생각 이상으로 지대합니다.

수련회 일정

　수련회 기간은 다양하게 정할 수 있지만 너무 길면 참여와 진행이 어려울 수 있습니다. 대체로 당일, 1박 2일, 2박 3일 정도가 적당합니다. 물론 4일 이상 진행할 수도 있지만 방학이 있는 학생과 달리 직장생활을 하는 싱글이 며칠씩 휴가를 내기는 어렵습니다. 따라서 휴일을 포함하여 일정을 잡는 것이 바람직합니다. 휴일이 여의치 않다면 금요일 저녁에 시작해 주일 아침까지 진행하는 것도 가능합니다. 수련회를 기간에 따라 다양하게 구성할 수 있지만 기본적으로 다음과 같은 것이 일정에 포함되어야 합니다.

　　□ 메인 세션　　　　＿＿＿＿＿＿＿＿＿＿＿＿＿
　　□ 레크리에이션　　＿＿＿＿＿＿＿＿＿＿＿＿＿
　　□ 휴식　　　　　　＿＿＿＿＿＿＿＿＿＿＿＿＿
　　□ 브레이크 타임　＿＿＿＿＿＿＿＿＿＿＿＿＿
　　□ 선택 강의　　　＿＿＿＿＿＿＿＿＿＿＿＿＿
　　□ 자유 시간　　　＿＿＿＿＿＿＿＿＿＿＿＿＿

□ 특별 이벤트   _____

□ 결단의 시간   _____

□ 식사   _____

오른쪽 빈칸에 구체적인 내용을 기입하고 왼쪽 네모 칸에 준비 여부를 표시하십시오. 이 아홉 가지는 수련회의 주요 구성 요소입니다. 각 항목 간에 균형을 맞춰서 준비하는 것은 코디네이터 역할을 하는 총무와 강사의 책임입니다. 준비한 정도에 따라 결과가 달라지며 노력은 절대로 헛되지 않습니다.

특별 이벤트를 잘 활용하면 수련회의 하이라이트가 될 수 있습니다. 선호도, 가용성 그리고 비용 여부에 따라 활용할 수 있는 아이디어는 무궁무진합니다. 특별 이벤트로는 다음과 같은 것들이 가능합니다. 영화 상영, 콘서트, 신앙의 성지 투어, 드라마, 코미디, 달란트 시상-성인 버전, 텔런트 쇼, 놀이공원, 체육대회, 쇼츠나 릴스 챌린지 등.

이러한 아이디어는 수련회의 필수 요소인 강의, 예배, 성경공부, 헌신의 시간 등을 살리는 촉매제 역할을 합니다. 성공적인 수련회가 되려면 이러한 요소들의 균형을 놓치지 말아야 합니다.

수련회 홍보

수련회 홍보는 3~5개월 전에 시작해야 합니다. 그래야 계획을 하고 조율하며 준비할 시간을 확보할 수 있습니다. 수련회 공지는 2~3개월 전에 해야 열정과 추진력이 유지되며, 직장에 휴가를 내거나 자녀를 맡길 계획을 세울 수 있습니다. 만일 수련회가 교회나 교회 내 다른 부서의 후원을 받는다면 홍보를 두 가지 영역으로 나눠서 진행해야 합니다.

교회 내부 홍보

□ 브로슈어 _____

□ 포스터 _____

□ 예배 광고 시간 _____

□ 짧은 연극 _____

□ 사진 _____

□ 파워포인트 _____

□ 동영상 _____

□ 기타 _____

교회 외부 홍보

□ 브로슈어 배포 _____

□ 포스터 부착 _____

□ 이메일 홍보 _____

□ 라디오 _____

□ 신문 _____

□ SNS 홍보 _____

□ 기타 _____

광고는 가능하면 구체적이고 명확해야 합니다. 육하원칙에 따라서 정확하게 명시할 뿐만 아니라 수련회를 전혀 모르거나 관심이 없는 사람도 충분히 정보를 얻으며 관심을 가질 수 있도록 제작해야 합니다.

메인 세션

주 강사의 강의를 듣기 위해 모두 한자리에 모이는 시간을 말합니다. 이 모임은 그룹 전체가 소통하며 영감을 얻고 깨달음에 이르는 시간이므로 철저히 계획하고 준비해야 합니다. 이 시간에는 준비해야 할 것들이 많지만 기본적으로 필수 항목 다섯 가지와 선택 항목 다섯 가지로 분류할 수 있습니다.

필수 항목

1. *음악* 모임 전 사람들이 모이기 시작할 때 찬양을 재생해 놓는 것이 좋습니다. 적절한 배경음악은 영적인 분위기를 조성하고 마음을 가라앉히며 회복에 유익합니다. 이때 찬양팀이 있다면 함께 모여 합심 기도로 준비하고 참여자는 개인 기도로 준비하십시오.

2. *아이스 브레이크* 사람들이 분위기에 적응하도록 돕는 짧은 활동입니다. 서로에게 인사를 하고 구호를 외치며 성경 구절을 함께 암송하는 것도 큰 도움이 됩니다. 이 과정을 통해 편안한 분위기가 조성되고 더 많이 수용하고 적절히 반응하는 상태에 이르게 됩니다.

3. *공지사항* 그룹 전체에 전달해야 할 공지사항이 있을 수밖에 없습니다. 일정, 주의사항, 본부 위치, 식사 및 간식 등 다양한 정보를 공지해야 합니다. 핸드북에 기록되어 있더라도 되짚어 주고 강조하며 변동사항이 있으면 알려 주어야 합니다.

싱글 미니스트리

4. *기도* 기도 시간은 수련회가 수련회다울 수 있는 근본 토대이며 동력입니다. 전체가 모여 함께 기도할 때 하나님의 임재와 역사하심을 강하게 느낄 수 있습니다. 기도는 수단이 아니라 목적입니다. 기도로 문제를 해결하려고 하지 마십시오. 그냥 기도하는 사람이 되십시오. 수련회에서 마음껏 부르짖고 기도함으로써 기도하는 사람이 되는 것이 얼마나 놀랍고 큰 은혜인지 체험하십시오. 합심해서 기도할 때 하나님의 임재를 체험하고 그 역사하심을 경험합니다^{다니엘 2:17-18}.

5. *강사* 수련회 강사는 모든 싱글에게 깨달음과 도전을 주어야 할 책임이 있습니다. 단순히 지식 전달이나 시간 때우기 식이 아니라 청중들의 마음과 상황에 깊이 공감하며 하나님의 안타까운 심정을 파악하여 간절함으로 메시지를 전해야 합니다. 영적인 책임을 저버리면 하나님 앞에 반드시 책망받을 날이 올 것입니다. 땅만 허비하며 하나님의 한탄을 불러일으키는 일꾼이 되지 말아야 합니다^{누가복음 13:7}.

선택 항목

1. *그룹 찬양* 요즘은 찬양팀이 필수 불가결하다고 해도 과언이 아닙니다. 싱글 수련회의 규모나 상황에 따라 찬양팀을 구성하기 어려울 수 있어서 선택 항목으로 분류했지만 필수 항목이라고 봐도 무방합니다. 찬양은 모든 시름과 근심을 내려놓고 오직 기도와 말씀에 집중하게 하는 힘이 있습니다. 그런데 찬양팀은 콘서트 연주자가 아니라 청중이 찬양하도록 돕는 반주자 즉 도우미란 사실을 잊지 말아야 합니다. 찬양팀의 찬양과 연주가 청중의 목소리를 덮어 버리면 주객이 전도되어 찬양 시간이 아닌 찬양팀 리사이틀이 됩니다.

2. *특송* 한 사람이나 몇 사람이 찬양하거나 악기를 연주하는 시간입니

다. 이 시간은 달란트가 있는 사람이 재능 기부로 그룹 전체에 은혜를 끼치고 축복의 통로가 되는 기회입니다.

3. *드라마* 스토리보다 더 기억에 남고 효과적이며 시의적절한 전달 도구는 없다고 해도 과언이 아닙니다. 더욱이 극적으로 연출한 드라마를 통해 스토리를 전달하면 가장 먼저 배역을 맡은 이들에게 각인이 되고 그다음에는 청중에게 잊히지 않는 메시지가 됩니다. 더 나아가 동영상으로 촬영하여 SNS에 올리면 그 효과는 더 강력해집니다. 강사의 강의나 메시지 포인트를 강조하거나, 중요한 광고 전달 혹은 즐거움을 주기 위하여 사용할 수 있습니다.

4. *간증* 비슷한 상황과 처지에 있는 사람의 개인 경험과 받은 은혜를 공유하면 수련회 참가자 모두에게 동기를 부여하고 새로운 도전을 줄 수 있습니다. 그리고 간증은 공유하는 사람이 자신의 신앙과 삶을 공고히 하고 방향을 설정하도록 도와줍니다.

5. *북 리뷰* 수련회 주제나 주 강사의 강의와 관련된 책을 읽고 리뷰하는 시간을 가지면 더 깊이 있는 정보를 제공할 수 있습니다. 특별히 강사의 저서가 있으면 강의의 권위와 신뢰를 높이는 데 큰 도움이 됩니다.

기타 아이디어

장학금

간혹 수련회 비용을 부담하기 어려운 싱글이 있을 수 있습니다. 이러한 사람들을 위한 기금을 마련할 필요가 있습니다. 헌금과 기부 그리고 모금하는 방식으로 재원 마련이 가능합니다. 그러나 전액보다는 일부를 보조해 주는 형태가 바람직합니다. 개인이 부담하는 부분이 있어야 자존감도 떨어지지 않고 수련회의 소중함을 놓치지 않기 때문입니다.

자녀 돌봄

싱글 미니스트리의 가장 큰 사역 중 하나는 한부모 가정의 자녀들을 함께 돌보며 양육하는 것입니다. 상당히 많은 경우에 한부모는 자녀를 맡길 유아원을 찾지 못하거나 경제적 여유가 없어서 돌봄 서비스를 받지 못합니다. 교회 주보와 예배 시간 광고를 통해 자녀 돌봄 서비스를 제공할 자원봉사자를 찾거나 경제적으로 지원할 후원자를 찾으면 한부모 가정을 도울 수 있을 뿐만 아니라 교인들이 한부모 가정 사역의 필요성과 중요성을 이해하는 계기가 됩니다.

평가회

평가표를 만들어 좋은 점과 아쉬운 점을 종합적으로 파악하면 다음 수련회 준비에 큰 도움이 됩니다. 특히 수련회 후기를 글로 남기고 그것을 발표하면 또 하나의 수련회가 될 수 있습니다. 받은 은혜를 나누는 평가회에 참여하는 것만으로도 수련회의 진한 여운을 더 깊이 새길 수 있습니다. 그리고 평가회 중에 나온 간증과 후기를 정기 모임이나 교우 전체와 공유하면 싱글 수련회의 은혜가 교회 전체로 확산될 수 있습니다.

수련회는 개인뿐만 아니라 공동체 전체를 성장시키는 이벤트입니다. 이러한 효과를 기대하며 처음부터 의도하고 기획하는 것이 바람직합니다. 소설이나 영화의 클라이맥스가 될 수 있도록 1년간 준비하고 빌드업하십시오. 수련회는 물론 그 준비 과정, 평가회 등에서 얻은 지식과 영감, 우정은 삶에 풍성하고 의미 있는 열매를 맺도록 이끌 것입니다.

2
싱글 콘퍼런스

싱글 콘퍼런스는 단기간의 기독교적 경험을 통해 신앙적 성장을 이루기 위한 싱글 모임입니다. 콘퍼런스를 통해 삶이 변화될 가능성은 대단히 높습니다. 1990년대까지는 부흥회나 사경회라는 타이틀로 진행되는 경우가 많았고, 주로 부흥강사의 메시지와 통성기도 그리고 찬양 위주로 진행되었습니다. 그러나 콘퍼런스는 한국에서 유행하던 아버지학교처럼 특별한 목적을 가지고 특정 계층을 대상으로 진행하는 맞춤형 회복 및 성장 프로그램입니다. 강의나 질문 혹은 토론 위주의 세미나와는 달리 콘퍼런스는 다양한 포맷과 콘텐츠로 구성됩니다. 그리고 수련회와는 달리 콘텐츠와 포맷이 거의 동일하며 참가 대상이 계속 달라집니다.

쉽게 말해서 콘퍼런스는 싱글 모두가 거쳐야 하는 단기간 학교short term school라고 생각하면 됩니다. 실제로 하나님은 이러한 단기간의 가르침과 훈련 그리고 만남을 통해 우리를 예수께로 더 가까이 이끄시며 삶에서 중요한 결단을 내릴 수 있도록 동기를 부여하십니다.

목적

다른 모든 사역처럼 콘퍼런스에도 목적이 있어야 합니다. 콘퍼런스를 개최하는 이유가 무엇이며 싱글들의 어떤 필요를 채워 줄 것인지를 명확히 해야 합니다. 영적 성장, 제자화 훈련, 전도, 리더십, 사역 훈련, 이혼 회복, 내적 치유, 관계 형성 등이 있습니다. 목적은 당연히 해당 싱글들의 필요를 기반으로 정해야 합니다. 콘퍼런스를 기획하는 리더 그룹은 이 부분을 정확히 파악하고 목적 선언문을 만들어 통일성을 유지하고 반복하여 복기하므로 참여자 모두가 마음에 새기도록 인도하십시오.

주제

콘퍼런스의 주제는 목적 선언문에서 출발해야 합니다. 예를 들어, 싱글의 개인적인 신앙 성장을 돕는 것이 목적이라면 '더 나은 신앙, 더 나은 인생 – 싱글의 영적 성장을 위한 콘퍼런스'를 주제로 정할 수 있습니다. 목적은 상당히 구체적이며 특정 필요를 충족시킨다는 의도가 포함되어야 합니다. 그러나 주제는 다양하고 독창적이며, 신선하고 궁금증을 불러일으킬 만큼 선택의 여지와 자유가 있어야 합니다.

참여 대상

이제는 콘퍼런스에 참여할 사람들은 누구이며 어디에서 만날 수 있고 어떻게 참여하게 할 것인지를 결정해야 합니다. 싱글 중에 콘퍼런스에 참여하고 싶어 하는 사람들은 한정적입니다. 물론 노력 여하에 따라 늘어날 수는 있지만 참여 대상을 찾아다니는 것이 기본 구조입니다. 규모가 큰 교회라면 그 교회만을 대상으로 할 수 있고, 규모가 작은 교회라면 지역 연합으로 진행할 수 있습니다. 해당 지역이나 교회의 필요에 따라 목적과 주제를 정하고 장소와 참가비용도 산정해야 합니다. 그리고 동일한 콘텐츠로 강의할 강사가 필요합니다. 사실상 주제와 목적이 같은 경우 동일한 강사가 계속 담당하는 것이 좋습니다. 새로운 강사 섭외도 어려울뿐더러 같은 내용을 효과적으로 전달하려면 동일한 강사가 강의를 맡는 것이 바람직합니다. 결국 콘퍼런스에 참여하는 사람들은 지역과 교회, 나이와 성별이 달라도 같은 생각과 가치관, 신앙관을 갖는 사람들로 구성해야 합니다.

콘퍼런스 행정팀

스태프staff 구성은 콘퍼런스 계획과 진행에서 가장 중요하면서도 어려운 부분입니다. 대부분이 자원봉사자여야 하는데 여기에 신앙과 인격을 갖추고 지적으로도 탁월해야 합니다. 콘퍼런스를 처음 시작할 때는 지역 교회 내 리더들을 중심으로 스태프를 구성할 수밖에 없습니다. 스태프가 모이면 콘퍼런스의 진행과 포맷, 역할을 배분하고 예비 콘퍼런스를 진행하는 것이 좋습니다. 이때 보완하거나 수정할 부분을 파악하고 지역사회나 상황 혹은 현실에 맞는 더 좋은 아이디어를 수집하십시오. 그리고 콘퍼런스 1기를 시작할 때는 가능하면 예비 리더와 스태프들을 참석시켜서 다음 기수를 준비하십시오. 기수마다 이러한 의도를 가지고 진행해야 싱글 콘퍼런스가 차질없이 진행되고 계속 활성화될 수 있습니다.

스태프를 모집했으면 목적에 부합한 콘퍼런스 전략을 수립하는 단계에 들어갑니다. 이때 가장 먼저 '어떻게 하면 특정 숫자의 싱글들이 콘퍼런스 내용을 현실에 적용할 수 있을까?'라는 질문을 던지십시오. 그리고 이 질문에 근거하여 육하원칙에 따라 전략을 수립하고 모집한 스태프를 적재적소에 배정하며 역할 분담을 하십시오. 콘퍼런스는 매 기수 같은 포맷과 내용으로 이뤄지기 때문에 팀이 한 번 구성되면 그다음부터는 진행이 수월합니다.

콘퍼런스는 한 교회에서 구성하여 진행할 수 없으면 지역 연합으로도 가능합니다. 이때 팀은 대상 그룹과 그 그룹의 필요를 파악해야 합니다. 연합 콘퍼런스팀은 더 많은 싱글에게 다가가기 위한 열쇠입니다. 교회 자체에서 콘퍼런스팀을 구성하기는 어려우므로 연합팀이 지역을 옮겨 다니며 진행하는 방식이 바람직합니다. 더 나아가 콘퍼런스에 관여하는 사람이 많을수록 그 확장성은 더 강력해집니다. 콘퍼런스팀에는 기본적으로 다음과 같은 팀장이 있어야 합니다.

□ 총괄 코디네이터: 스태프들의 역할 수행 상황을 점검하고 전체적으로 진두지휘합니다.

□ 행정 관리팀장: 모든 문서 작업을 비롯해 물품과 음식의 입고와 재고 상태를 파악합니다.

□ 시설 관리팀장: 이용 시설을 확인하고 배정하며 필요한 가구와 의자의 설치 및 해체를 담당합니다.

□ 프로그램팀장: 강사, 찬양팀, 각 프로그램 담당자 등을 모집하고

콘퍼런스 일정을 세우고 조율합니다.

□ 안내팀장: 콘퍼런스 등록, 안내, 간판, 사역 테이블 담당자를 모집하고 배치합니다.

□ 홍보팀장: 참가 대상자들에게 콘퍼런스를 알리고 홍보할 스태프를 모집하고 책임집니다.

□ 기도팀장: 콘퍼런스를 위하여 합심해서 기도하며 스태프나 참가 예정자들을 위해 중보기도하는 팀을 구성하고 이끌어 갑니다.

□ 후원팀장: 콘퍼런스를 물심양면으로 돕는 후원자들을 모집하고 소식을 전하며 후원이 유지 및 확장할 수 있도록 계획을 세우고 책임집니다.

콘퍼런스 사역팀

사역팀은 콘퍼런스에 활력을 불어넣고 매끄럽게 진행되도록 돕는 도우미입니다. 이들은 가장 눈에 띄며 회의 시간을 통해 실제 상황을 파악하고 현장 상황을 전하며 일정에 따라 진행하는 역할을 담당합니다.

콘퍼런스의 주인공은 싱글 참가자들이고 다른 사람들은 모두 들러리이고 도우미입니다. 주제별 강사뿐만 아니라 팀장과 리더들 모두가 들러리이지만 그 역할은 정말 중요합니다. 싱글 참가자가 주인공이 될 수 있도록 돕는 존재이기 때문입니다. 들러리가 없으면 주인공도 없습니다. 실제 각 부분을 담당하는 사역팀은 그 역할이나 위치가 중첩되지 않도록 세분하여 구성해야 합니다. 사역팀에는 일반적으로 다음과 같은 역할이 포함됩니다.

싱글 미니스트리

□ 주제별 강사

□ 진행자 -사회자

□ 워크숍/세미나 리더

□ 찬양팀

□ 현장 등록

□ 안내 및 정보

□ 음식 및 간식

□ 소그룹 리더

□ 교재 및 자료

□ 촬영

□ 음향, 녹화 및 조명 엔지니어

□ 사역 부스 담당

□ 자녀 돌보미

□ 상담

□ 데코 및 표식판

사역팀 역시 행정팀과 마찬가지로 주인공은 아니지만 주인의식ownership
을 가지고 사역에 임해야 합니다. 따라서 모두가 콘퍼런스의 목적과 주제
를 명확히 알고 이해해야 하며, 콘퍼런스의 분위기와 좋은 결과를 끌어낼
책임이 있습니다.

콘퍼런스 강사

콘퍼런스는 일반적으로 다양한 소주제 아래 진행되므로 여러 명의 강사가 필요합니다. 이때 한 사람에게 모든 강의를 의뢰하기보다는 주제별로 다른 강사에게 할당하는 것이 좋습니다. 왜냐하면 강사의 일정에 따라 콘퍼런스 일정이 흔들릴 수 있기 때문입니다. 어차피 콘퍼런스 강좌 내용은 정해져 있으므로 다른 강사가 와도 차질이 없지만 한 강사가 모두 맡고 있으면 일정이 겹칠 경우 진행이 어려워집니다.

콘퍼런스 리더와 싱글 사역 리더는 콘퍼런스 참석자들과의 관계 형성에 집중해야 합니다. 강사는 담당 강의만 마치면 떠나고 싱글 참석자들을 끝까지 책임지지 않기 때문입니다. 리더들이 강의 시간 외에 주제별 강사와 만남의 시간을 갖는 것도 상당히 유익합니다. 강의 시간에 다루지 못한 부분을 보완하며 감사 인사를 전할 수 있고, 리더들은 그 과정에서 기대 이상으로 성장할 수 있습니다. 그리고 강사는 스쳐 지나가는 사람이 아니라 함께 동역하고 있다는 의식과 느낌을 가질 수 있습니다.

콘퍼런스 강사 섭외 요령은 수련회의 경우와 대동소이하지만 팀을 이뤄야 한다는 점에서 결정적인 차이가 있습니다.

콘퍼런스 콘텐츠

강사는 반드시 성경에 근거해 강의 주제를 다뤄야 하며, 참석자의 동반 성장을 이끌 수 있어야 합니다. 특히 정보나 지식 전달에 그치지 말고 하나님과 자기 자신 그리고 타인과 물질과의 관계에서 새로운 깨달음을 얻고 확고한 결단을 내릴 수 있도록 도전을 주어야 합니다. 이 과정에서 주입식 전달은 가능하면 배제하고 능동적으로 참여할 수 있도록 최대한 유도하십시오.

콘퍼런스에는 주제별 강의뿐만 아니라 워크숍, 세미나, 소그룹 모임이 포함됩니다. 모든 시간을 주제별 강의로 채우지 않도록 주의하십시오. 뉴젠아카데미에서 진행하는 싱글 콘퍼런스가 좋은 예시가 될 것입니다[표 2-1 참조]. 일반적으로 4회에 걸쳐 토요일 오전 10시~오후 4시까지 7~8시간 진행되며, 콘텐츠는 기수마다 동일합니다. 아니면 수련회 형태로 3박 4일 진행하는 것도 가능합니다. 이름표에는 서로에게 참고가 되도록 MBTI를 표기하며 모든 순서는 소그룹별로 배정된 테이블에 둘러앉아 진행합니다.

소그룹 모임 교재는《싱글의 잠재력과 가능성》이며, 인도자 가이드는 큐티 강해 앱인 '큐티어플뉴젠www.qtnewgen.org'에 실려 있습니다. 매회 콘퍼런스가 끝난 후에는 자유롭게 장소를 옮겨서 조별 혹은 조 연합으로 교제 시간을 갖는 것을 권장합니다.

싱글 크리스천 아카데미

	1일 차	2일 차	3일 차	4일 차
예배	싱글을 위한 메시지1	싱글을 위한 메시지2	싱글을 위한 메시지3	싱글을 위한 메시지4
강의	싱글의 신앙	싱글의 능력	싱글의 인격	싱글의 사명
점심	섬김이 1조	섬김이 2조	섬김이 3조	섬김이 4조
소그룹	싱글의 잠재력과 가능성	2과 그리스도 안에서의 온전함	4과 인생은 선택과 집중이다	6과 비전을 발견하라
나눔	조별 나눔	조별 나눔	조별 나눔	조별 나눔
워크숍& 세미나	인생 나무 그리기	사람들은 어떻게 부자가 되는가?	매력 있는 사람이 되는 법	MBTI와 은사 배치
나눔	전체 나눔	전체 나눔	전체 나눔	전체 나눔
소그룹	1과 싱글은 반쪽 인생이 아니다	3과 하나님의 궁극적인 뜻	5과 섬김의 은사	7과 하나님 나라의 군사로 살라

표 2-1 콘퍼런스 예시

3
싱글의 교회 적응 원리

교회의 태도

미국의 어느 두 교회에서 싱글 담당 교역자를 청빙했습니다. 한 교회에서는 싱글과 기혼자 사이의 간극을 좁히고 서로에 대한 이해를 도와서 싱글이 교회의 기둥 역할을 할 수 있도록 한다고 직무 설명에 명시되어 있었습니다. 규모가 좀 더 큰 다른 한 교회는 교회와는 거의 분리된 위성교회를 책임지는 것이며, 본 교회에 영향을 끼치지 말아야 한다고 했습니다. 명시하든 아니든 교회는 싱글과 싱글 사역에 대한 태도가 있으며, 리더들은 그 태도를 견지할 수밖에 없습니다. 싱글을 교회에 통합하는 사역은 교회의 태도에서 시작하고 끝이 납니다. 모든 프로그램은 교회가 설정한 경계를 넘어설 수 없으며 싱글 사역 역시 예외가 아닙니다.

싱글 사역에 대한 방향성은 두 교회의 경우에서 볼 수 있듯이 두 가지 중 하나로 설정할 수 있습니다. 싱글 그룹을 별도의 독립된 공동체로 보거나, 전체에 포함된 필수 부서로 보거나입니다. 만일 교회가 전자의 관점을 가지고 있다면 무엇보다 먼저 후자의 관점으로 인식의 전환이 이뤄져야 합니다. 싱글 공동체는 '별동부대'가 아닙니다. 이런 관점을 유지하는 교회는 비성경적이고 시대에 역행하는 것입니다.

문젯거리인가, 자산인가?

대화를 하다 보면 싱글이란 말에는 '자유, 독립, 솔로 라이프'라는 긍정의 말과 함께 '외로움, 우울, 불안정' 같은 부정적 단어도 따라 나옵니다. 대부분의 싱글은 긍정보다 부정적인 이미지에 신경이 쓰여서 싱글이란 타이틀을 좋아하지 않습니다. 한국교회는 급격히 증가하는 싱글의 숫자 때문에 무시할 수 없지만 끌어들이려고 하지 않고 계속 거리를 두고 있습니다. 교회는 종종 싱글을 결혼만이 유일한 희망인 사람들로 간주하는 우를 범합니다.

이제 교회는 싱글을 하나님 나라와 교회를 위해 섬김의 은사를 받은 일꾼으로 인식해야 합니다. 싱글들은 종종 솔직한 질문을 던지고 기존의 틀을 벗어나는 대안을 제시합니다. 싱글은 시간이나 재정에 여유가 있어서 교회의 일꾼이 되는 것이 아니라, 교회에 새로운 관점을 제시함으로써 교회가 새로운 일을 할 수 있도록 역동시키기 때문에 하나님 나라와 교회의 자산입니다. 고아 후원 사역, 학대받는 여성 지원 사역, 조손가정 자녀 입양 브런치, 남성 싱글 조찬 기도회, 선교 후원 달리기, 전 교우 CCM 콘서트 같은 아이디어는 미국 교회의 싱글 사역에서 시작되어 지속적으로 활성화되고 성장하는 프로그램입니다. 한국교회가 전대미문의 쇠락일변도를 걷는 가장 큰 원인은 이렇게 충성되고 신선한 일꾼인 싱글을 포용해서 일꾼으로 세우지 않기 때문입니다.

싱글의 태도

'교회가 왜, 어떻게 해야 싱글을 수용할 수 있을까?'라는 과제에는 한 가지 중차대한 전제가 깔려 있습니다. 싱글이 가고 싶어 하는 교회가 되어야 한다는 사실입니다. 교회에 오지 않는 싱글을 향해 신앙이 잘못되었다든가 기본이 안 되었다든가, 심지어 세속화되었다고 지적하는 것은 아무 의미가 없습니다. 그것은 철저히 교회 책임이기 때문입니다. 싱글이 합류하고 싶은 교회가 되려면 몇 가지 요소가 충족되어야 합니다.

예배가 생명력 있고 열정적이어야 합니다. 설교는 싱글이 직면하고 있는 문제나 경험을 포괄적으로 다뤄야 합니다. 더 나아가 상처받고 자존감이 바닥을 친 사람들 특히 이혼자들을 향해 마음을 열고 환영해야 합니다. 주일학교는 한부모 가정의 자녀를 차별하지 않고 양육 문제에 민감하게 대응하며 필요를 채워 주어야 합니다. 교회 전체가 전도에 대한 열망이 뜨거워야 하고 믿지 않는 사람들을 인도하려는 의지가 강력해야 합니다.

교회는 여러 가지 미묘한 방식으로 싱글에게 이렇게 말할 수 있습니다. "당신은 여기에 속해 있지 않습니다." 교회의 리더십, 각종 프로그램, 사용하는 언어, 메시지 등이 "여기는 가족 중심의 교회입니다"라고 말하며 싱글을 소외시킬 수 있습니다. 그리고 결혼할 때까지 어디에도 속할 수 없는 연옥에 가둬 놓습니다. 그러나 싱글들은 절대로 그곳에 머물지 않고 자신들을 인정해 주고 환영해 주는 곳으로 갈 것입니다.

섬김의 자세

싱글은 교회에서 사역의 자리에 들어가기 전에 먼저 섬기려는 열망과 의지가 있어야 합니다. 이러한 자세는 제자훈련을 통해 자라나며, 그 과정에서 자신이 예수께 속한 사람이고 그분의 가족이라는 깨달음이 일어나야 합니다. 이러한 깨달음은 저절로 일어나지 않습니다. 성경공부, 제자화 훈련, 리더십 교육 등을 통해 학문적으로뿐만 아니라 경험적으로 학습되어야 가능합니다. 그래서 싱글을 위한 콘퍼런스가 필요합니다.

예수님은 섬김에 대해 가르치면서 몸소 제자들의 발을 씻어 주셨습니다. 만일 가난한 사람들을 섬기는 것에 대해 배웠다면 지역 무료 급식소에서 자원봉사부터 하는 게 좋습니다. 주는 것이 받는 것보다 복되다는 것을 배웠다면 선교지에 가서 그 진리를 실천할 때 진정한 깨달음을 얻습니다. 영적 체험은 산에 올라가서 소나무 붙들고 기도해서 경험하는 것이 아닙니다. 성경의 진리를 삶에서 직접 실천할 때 하나님의 역사하심과 은혜를 체험할 수 있습니다.

싱글이 교회를 향하게 하라

싱글 공동체에 속해 신앙생활 하는 싱글들은 대체로 교회 활동에 대해서는 잘 모릅니다. 관심이 없는 것이 아니라 알지 못합니다. 싱글들은 교회에서 출석 정도가 아니라 봉사를 해야 더 깊은 수준으로 나아갈 수 있습니다. 여러 종류의 봉사가 있고 그 봉사들은 헌신의 수준이 다릅니다. 낮은 수준의 헌신에는 안내, 헌금위원, 주차위원, 서빙 등이 해당됩니다. 그러나 이러한 봉사를 통해 교회의 구성원이라는 정체성과 소속감이 생깁니다. 높은 수준의 헌신에는 주일학교 교사, 찬양대원, 찬양팀 싱어나 연주자, 소그룹 리더 등이 해당됩니다. 이러한 헌신을 통해 하나님의 사랑과 은혜 그리고 받은 복을 깨닫게 됩니다. 싱글 사역자와 리더는 헌신의 수준과 MBTI 검사를 통해서 적절한 섬김의 자리를 찾을 수 있도록 도와야 합니다.

싱글들은 지속적인 헌신보다는 단기간에 많은 에너지와 열정을 쏟아부어야 하는 사역에 잘 적응하는 성향을 보입니다. 이벤트를 위한 친교, 바자회, 어버이주일 봉사, 성탄전야 행사, 교인 전체 부흥회나 세미나 주관 및 안내, 교회 친교실 리모델링, 교회 외벽 페인트, 행사 실내 장식, 크리스마스트리처럼 단기간에 끝나고 봉사에 가시적인 인정이 뒤따르는 역할에 탁월한 성과를 보입니다. 또한 여름성경학교에서 주일학교 교사나 보조교사 혹은 선교지 탐방 준비 같은 분야도 적절합니다.

높은 수준의 헌신에는 많은 훈련과 준비 그리고 격려가 필요합니다. 싱글에게 필요한 우선적 헌신은 정식 교인 등록 절차입니다. 교회마다 자체 요건이 있으며 일부 교회는 매우 엄격합니다. 요구사항이 어떻든지 간에 먼저 어느 특정 교회를 자신이 섬길 교회로 정하고 받아들여야 합니다. 교회에서 하는 모든 헌신은 바로 여기서부터 출발합니다. 싱글에게 새가족교육이 언제 있으며, 교회 구성원이 되려면 어떤 것이 필요한지를 자세히 알려 주십시오. 싱글 리더들이 먼저 교회의 정식 구성원이 되어야 합니다. 싱글 공동체에만 속해서 신앙생활을 하는 것은 절대로 바람직하지 않습니다. 싱글 공동체의 목적은 교회 구성원이 되는 것이지 별동부대를 만드는 것이 아니기 때문입니다. 그리고 싱글들이 높은 수준의 헌신에 이를 수 있도록 낮은 수준의 봉사에 많이 참여하게 하십시오.

교회가 싱글을 향하게 하라

싱글들이 교회에 대하여 잘 모르듯이 교회도 싱글에 대해 거의 모릅니다. 마찬가지로 싱글과 싱글 사역에 관심이 없는 것이 아니라 알지 못합니다. 따라서 싱글들과 싱글 사역이 다양한 방식으로 교회에서 두드러지게 하십시오. 가장 확실한 홍보 수단인 주보에 싱글 개인의 활동과 봉사 그리고 싱글 공동체 자체 행사나 주관 행사를 올리십시오. 그리고 교회의 모든 게시판과 홍보지에도 부착하십시오. 사실상 요즘에는 교회 홈페이지의 메인 화면에 띄우는 것과 단톡방을 통한 홍보가 가장 효율적이며 지속적입니다.

이외에도 창의적인 아이디어가 필요합니다. 미국 캘리포니아주 사우전드오크스Thousand Oaks에 있는 갈보리교회에서는 매년 싱글의 날에 전 교우가 즐기는 대규모 축제를 진행합니다. 표적을 맞히면 의자에 앉아 있던 담임목회자가 물탱크로 떨어지는 덩크 부스dunk booth, 요리대회, 라이브 음악 공연 등을 하는 것입니다. 싱글 공동체가 교회 전체를 위한 행사를 후원하는 것도 효과적입니다. 그리고 싱글 사역을 소개하는 리셉션을 여는 것도 좋습니다. 이러한 행사를 진행하면 노골적으로 광고하지 않아도 자연스럽게 홍보가 됩니다.

또 다른 중요한 홍보 영역은 교회 지도자와 교역자 그룹입니다. 싱글 리더는 재능과 섬김의 은사가 있는 싱글들이 많다는 사실을 적극적으로 알리는 한편, 교회 내 지도자 그룹이 싱글 사역에 관심을 갖고 물심양면으로 후원과 지원을 아끼지 않도록 최선을 다해야 합니다. 정확히 말하면, 싱글을 싱글 공동체에만 묶어 두지 말고 교회의 다른 부서에서도 봉사할 수 있도록 날개를 달아 주고 필드를 마련해 주어야 합니다. 싱글이 어떻게 살아가며 싱글 사역이 어떻게 진행되고 있는지에 대한 정보를 계속 제공하지 않으면 결국 소외되고 격리됩니다. 싱글 사역 홍보지를 제작하여 배포하고 당회 같은 지도자 모임에서 시간을 할애받아 소개하는 시간을 가지십시오. 그리고 교회의 모든 집회와 모임에서 비전선언문을 만들어 함께 읽고 암송하며 선포하십시오. 분명히 가슴 떨리는 하나님의 역사와 은혜가 나타날 것입니다. 다음은 비전선언문의 예시입니다.

예수 그리스도 안에서 한 몸인 우리는
한 아버지를 모시는 한 가족입니다.
우리의 아버지이신 하나님은 모든 족속을 하나로 모으기 위해
친히 삼위일체 하나님으로 하나 됨의 본을 보여 주셨습니다.
우리도 서로 하나 되어 응원하고 격려하며 각 지체가 자기 역할을
감당할 수 있도록 도우며 사랑 안에서 함께 섬기므로 그리스도의
장성한 분량에 이르기까지 자라 갈 것입니다.
이것이 바로 우리의 비전입니다.
이것이 바로 싱글 공동체가 고대하는 갈망입니다에베소서 1:9-10; 4:13, 16.

4
중소형 교회에서의 싱글 사역

대형 교회는 점점 더 커지고 소형 교회는 현상 유지조차 어려운 게 최근의 현실입니다. 중형 교회도 점점 더 소형 교회의 상황으로 치닫고 있습니다. 싱글 사역 역시 이러한 형국을 피할 수 없습니다. 대형 교회에서는 어떤 프로그램을 진행해도 수월합니다. 그러나 소형 교회에서는 어떤 프로그램을 진행해도 어렵습니다. 싱글 사역에서 가장 많이 받는 질문은 '소형 교회에서 싱글 사역이 성공할 수 있습니까?'입니다. 15년 이상 싱글 사역 연구와 강의 그리고 목회에 전념하다시피한 저는 '그렇다'라고 대답합니다. 하나님이 기뻐하시는 사역이며 철저히 성경적이기 때문입니다. 그리고 미국교회에서 이미 많은 임상 과정을 거쳐서 풍성한 열매를 맺었기 때문입니다.

그러나 작은 교회에서의 싱글 사역은 큰 교회에서의 싱글 사역과 상당히 다릅니다. 싱글은 싱글이 많은 곳에 가고 싶어 하기 때문입니다. 싱글이 많으면 많을수록 더 많은 싱글이 모입니다. 대부분의 싱글들은 새로운 인간관계를 형성하고 싶어 하기 때문에 선택지가 많은 더 큰 그룹에 모

싱글 미니스트리

여듭니다. 이러한 성향이 옳다거나 그르다는 논쟁은 무의미하며 그것이 현실입니다. 네다섯 명이 있는 모임에 참석하기 위해 많은 시간을 할애하는 사람은 별로 없습니다. 어떻게 하면 10명 이하의 작은 싱글 그룹을 성장시킬 수 있을까요? 한국은 전례가 거의 없지만 미국의 실제 사례를 살펴보면 상당히 유익한 답을 얻을 수 있습니다.

교회 내 싱글을 찾아라

사실상 대형 교회를 제외하고 중소형 규모의 교회에는 싱글이 거의 없습니다. 싱글을 품고 양육하는 부서가 없기 때문입니다. 한국 사회에서 성인 중 싱글의 비율이 40%에 육박하는 상황에서 교회 내 싱글이 없다는 것은 무엇을 의미할까요? 교회가 의도하지는 않았어도 싱글을 배척하고 있다는 방증입니다.

싱글 사역을 하고 싶어도 싱글이 없으니 막막하기만 합니다. 그렇다면 첫째, 전 교우를 대상으로 싱글의 성경적 개념과 싱글 미니스트리의 필요성을 알리는 세미나를 진행하십시오. 싱글에 대한 부정적 시각이나 유교적 개념이 팽배해 있는 상태에서는 싱글 사역이 불가능합니다. 둘째, 싱글 미니스트리를 위한 기도 모임을 구성하십시오. 기도 모임을 통해 싱글 사역의 개념과 비전을 나누고 싱글을 위해 기도하고 응원하기 위한 만남을 가지십시오. 셋째, 싱글 초청잔치를 마련하십시오. 현재 출석 교인 가족 중에 반드시 싱글이 있을 것입니다. 그 인원을 일일이 파악하고 주보 광고란에 싱글 초청잔치를 올리고 예배 시간에도 알리십시오. 넷째, 싱글 소그룹 모임을 구성하십시오. 목회학에서는 속마음을 털어놓을 수 있는 사람 4~5명만 있으면 그 교회에 완전히 정착한다고 말합니다. 실제로 이 정도 인원만 모여도 싱글 사역을 시작할 수 있습니다. 싱글 소그룹이 안정될 때까지 기도 모임에서 지속적으로 독려하며 후원해야 합니다.

싱글 소그룹에 리더 역할을 감당할 만한 사람이 없으면 목회자 부부나 기도 모임에서 그 역할을 해야 합니다. 이때 싱글 소그룹은 가능하면 같은 성끼리 구성하는 것이 수월합니다. 남녀가 섞이면 신앙적인 모임이 되기 전에 커플 매칭 모임이 되기 쉽습니다. 하나님을 향하는 마음이 굳어지기 전에 이성을 향해 굳어지면 신앙의 성장이 어렵습니다. 계속 모임을 유지하다가 10여 명 모여서 분리해야 될 상황이 되면 교회 주변의 싱글들에게 다가가십시오.

교회 주변의 싱글들에게 다가가라

싱글 그룹이 교회 울타리 안에만 있으면 성장하기 어렵습니다. 교회 내 마음에 맞는 몇몇 싱글들이 자기들끼리 모여 성경공부 하고 수련회를 빙자한 여행을 하며 지속적으로 카페나 식당 순례를 하는 것이 사명이라고 생각할지도 모릅니다. 하지만 교회 주변에는 수많은 미전도 싱글이 있습니다. 그들이 갈망하는 것들을 교회가 제공한다면, 교회 주변의 싱글들이 알코올이나 등산 모임이 아닌 교회 모임에 참석할 것입니다. 교회 내 싱글 그룹은 지역사회에 거의 알려져 있지 않습니다. 그렇다면 교회의 싱글 모임을 어떻게 알려야 할까요?

일차적으로는 크리스천이지만 교회에 출석하지 않는 가나안 싱글 성도에 초점을 맞추십시오. 교회로 돌아가고 싶지만 열린 교회가 없어서 가지 못하는 싱글들이 정말 많습니다. 가장 효과적인 방법은 싱글 콘퍼런스 팀을 초청하여 토요일마다 4회에 걸쳐 싱글 크리스천 아카데미를 진행하는 것입니다. 콘퍼런스를 통해 신앙과 인생에 실제적이며 중요한 도움을 주고 교회 내 싱글 소그룹 모임에 초대하면 자연스럽게 합류하여 강력한 일꾼이 될 것입니다.

이차적으로는 미전도 싱글에게 초점을 맞추십시오. 우선 전도보다는 필요를 채워 주는 사역을 목표로 삼아야 합니다. 싱글, 특히 일인가구는 끼니 해결에 민감합니다. 따라서 일인가구를 위한 공유 주방 운영, 혼밥족을 위한 주말 디너 모임, 일인가구를 위한 요리 강습 등을 진행하면 실제적인 도움이 되며, 자연스럽게 복음 안에서 교제권을 형성할 수 있습니다.

교회 주변의 싱글들에게 다가가기 위한 이벤트나 프로그램 혹은 모임을 진행하면서 가장 중요한 것은 무엇일까요? 단연코 홍보입니다. 아무리 좋은 것이라도 알리지 못하면 소용이 없습니다. 요즘에는 당연히 SNS를 통한 홍보가 가장 효과적입니다. 조금 비용이 들더라도 당근마켓이나 인스타그램 혹은 페이스북을 통해 홍보하면 반드시 기대 이상의 결과가 나올 것입니다. 그리고 이러한 사역 홍보를 위한 인스타그램이나 유튜브 혹은 페이스북 계정을 만드십시오. 프로그램이나 이벤트 전후에 홍보 영상이나 사진, 후기를 서로 올리면 자연스럽게 공동체가 형성되며 팔로워가 늘어 감에 따라 홍보 효과는 더욱 커집니다.

교회 간의 교류를 추구하라

사역을 할 때 겪게 되는 어려움 중 하나는 모든 교회가 한결같이 독립된 개체가 되길 원한다는 점입니다. 그러나 규모가 작은 교회가 단독으로 이벤트나 프로그램을 진행하기는 거의 불가능합니다. 중소형 교회는 욕심을 내려놓고 연합 사역을 추진하는 것이 바람직합니다. 작은 교회가 모이면 싱글 콘퍼런스, 싱글 수련회, 싱글 집회, 선교 여행 등 모든 것이 가능합니다. 교회가 협력하면 싱글 멤버들이 다른 교회로 떠날까 두려워서 교착 상태에 빠지는 경우가 있습니다. 그러나 소속 교회와 강한 연대감이 형성되어 있고 개인의 삶과 신앙적 토대가 소속 교회라면 그런 일은 거의 일어나지 않습니다. 그런 경우가 생기더라도 더 풍성한 열매를 위한 과정이라고 여겨야 합니다. 그냥 놓아두면 아무 일도 일어나지 않습니다. 싱글 공동체의 자연 감소율이 1년에 40퍼센트를 상회하고 있어서 한 해가 지나면 열 명 중에 세 명은 떠납니다. 조금 넓게 생각하고 멀리 보면 연합 사역이 비교할 수 없을 정도로 유익하다는 사실을 깨닫게 됩니다.

차별화 전략을 세우라

사람마다 교회에 출석하는 이유가 다르고 싱글 역시 다양한 이유로 싱글 공동체에 참여합니다. 하지만 싱글들은 특유의 공통점이 있으므로 가고 싶어 하는 교회도 비슷합니다. 싱글이 등록하고 싶은 교회는 어떤 특징을 지녔을까요? 싱글이 교회 내의 싱글 공동체에 속하고 싶은 이유는 공동체 자체를 넘어 교회의 특징이어야 합니다. 싱글 공동체를 구성할 때 매력 있는 교회로 부각시키는 방법을 모색할 필요가 있습니다. 싱글 공동체에 속한다는 것은 곧 교회에 속한다는 것을 의미하기 때문입니다. 교회 문턱은 싱글 공동체를 통해 넘을 수 있지만 그 후에 교회의 장벽에 부딪히면 싱글 사역 자체가 수포로 돌아갑니다.

싱글이 매력을 느낄 수밖에 없는 교회는 어떤 특징이 있을까요? 첫째, 싱글에 대한 이해도가 높습니다. 담임목회자나 전문 사역자가 전 교인 싱글 세미나를 통해서 이 부분을 반드시 해결해야 합니다. 둘째, 싱글의 장점을 살려 줍니다. 결혼생활을 하는 교우들과 달리 싱글들만의 유리한 부분이 있습니다. 셋째, 수직 문화보다는 수평 문화가 일반화된 교회입니다. 이런 교회의 전형적인 특징은 소통이 원활하고 소외계층이 거의 없습니다. 넷째, 유교 문화가 아닌 성경적인 문화가 형성되어 있습니다. 항상 모든 질문은 '익숙한가가 아니라 성경적인가'여야 합니다. 다섯째, 차별이 없고 공평이 자리 잡은 교회입니다. 재산이나 학력 혹은 교회 출석 연수 같은 것이 계급이 되지 말아야 합니다. 일인가구도 하나의 가정으로 인정하고 가정의 달에 일인가구 주일을 포함시켜야 합니다. 이런 특징을 가진 교회는 다른 교회들과 차별화될 수밖에 없습니다.

프로그램이나 이벤트를 넘어 사역을 하라

대부분의 싱글 공동체는 캘린더를 프로그램이나 이벤트로 가득 채우고는 싱글 미니스트리를 하고 있다고 생각합니다. 그러나 그것은 사역이 아니라 행사입니다. 프로그램이나 이벤트가 당연히 필요하지만 싱글 공동체가 추구해야 할 사역은 아닙니다. 사역이란 무엇입니까? '섬기고 양육한다'라는 뜻입니다. 우선 다른 부서와 교회 그리고 지역사회와 현시대를 섬겨야 합니다. 이것이 재미를 넘어 행복을 가져다주며 존재 가치와 존재 의미를 느끼게 해줍니다. 결국 싱글이 교회에 적응하고 자리를 잡게 이끌려면 이 부분을 명확히 해야 합니다. 처음에는 섬김을 받지만 시간이 지나면서 섬기는 자리로 나아가야 합니다.

섬김의 사역은 사람들의 필요를 파악하는 데서 시작됩니다. 교회와 싱글 공동체의 규모가 작아서 어렵거나 불가능하다고 생각할 수 있습니다. 사역은 대단하거나 엄청난 일을 해내는 것이 아닙니다. 작은 영혼을 섬기는 것, 한 영혼을 돌보는 것입니다.

그리고 교육이 있어야 진정한 사역입니다. 하나님의 말씀은 하나님의 사람을 온전케 합니다. 그리스도의 장성한 분량에 이르기까지 자라게 합니다. 사람은 자신의 인격이나 능력이 한껏 성장했다는 것을 깨달을 때 진정한 행복을 느낍니다. 작은 교회는 이벤트나 프로그램은 못해도 봉사는 할 수 있습니다. 그리고 교육도 가능합니다. 크리스천은 배우고 확신한 일에 거해야 진정 행복합니다_{디모데후서 3:14-15}.

팀을 구성하라

세상에 혼자서 되는 것은 아무것도 없다고 해도 과언이 아닙니다. 싱글 미니스트리는 팀으로 일해야 바람직한 결과가 나옵니다. 작은 교회에는 누가 리더이고 누가 팀원인지 모호한 경우가 많습니다. 한국교회 전역에 퍼져 있는 싱글 문제는 좋은 리더의 부재라고 봐도 무리가 아닙니다. 이 부분을 해결하지 못하면 앞으로도 동일한 어려움이 계속될 것입니다.

리더십은 선천적이냐 후천적이냐에 대한 논란이 끊임없습니다. 사실상 명확히 정의하기 어렵습니다. 선천적 요인과 후천적 요인 두 가지 다 리더십 형성에 영향을 주기 때문입니다. 후천적으로 훈련되지 않으면 리더 역할을 할 수가 없는 것은 분명합니다. 작은 교회는 싱글 교역자를 청빙할 수 없기 때문에 반드시 평신도 리더를 발굴하고 양성해야 합니다. 평신도 리더를 세우려면 어떻게 해야 할까요? 보통 성실하게 교회 활동에 참석하면 리더감으로 여깁니다. 그러나 리더로서 좋은 자질이 있지만 교회에 마음을 붙이지 않아 불성실해 보이는 사람도 있습니다. 리더십을 발휘할 리더를 어떻게 찾을 수 있을까요?

첫째, 하나님 나라를 향한 비전을 품어야 합니다. 함께 만나서 이야기하고 성경공부 하며 삶을 나눌 때 그 비전을 품는지가 중요합니다. 그리고 그 비전을 가진 사람을 교회가 품을 때 풍성한 열매를 맺습니다. 수정체가 없는 무정란은 품으면 썩기만 할 뿐 부화하지 않습니다. 씨가 없으면 열매가 나지 않습니다.

둘째, 말씀을 듣고 깨달아야 합니다. 믿음은 들음에서 나옵니다. 하나님의 말씀에 관심이 없으면 리더로 성장할 수가 없습니다. 리더는 말씀대로 살아가고 그 말씀을 삶으로 가르치는 사람입니다.

셋째, 영혼 사랑의 마음이 있어야 합니다. 영혼을 사랑한다는 것은 그 사람의 겉모습이나 조건 혹은 상황에 현혹되지 않고 있는 그대로 사랑하는 것을 의미합니다. 사랑은 관심에서부터 시작합니다.

넷째, 헌신을 기쁨으로 여겨야 합니다. 지나치게 계산적이고 결과만 추구해선 곤란합니다. 리더는 한없이 주며 그 과정에서 행복을 누리는 사람입니다.

마지막으로 좋은 팔로워가 좋은 리더가 됩니다. 교회의 리더는 교회에 속해 있습니다. 이것은 곧 교회의 권위를 인정하고 사랑하며 자랑스럽게 여긴다는 의미입니다. 최고의 2인자가 결국 1인자가 되듯이 팔로워로서 그 역할을 감당하지 못하면 리더로서도 그 역할을 감당하지 못합니다.

싱글 소그룹에 줄 수 있는 것을 고려하라

싱글 공동체는 그냥 놓아두어도 저절로 자라는 잡초가 아닙니다. 관심과 사랑으로 정성껏 키워야 하는 알곡입니다. 새싹이 나고 성장하여 열매를 맺을 때까지 오랜 시간 해충 같은 방해꾼을 제거하고 영양분을 제공하는 공을 들여야 합니다. 적절한 토양과 양분이 제공되면 자라게 마련입니다. 따라서 교회의 규모나 건물 혹은 재정 상태 때문에 낙심하거나 부정적인 생각에 빠질 필요가 없습니다.

일단 주일 모임 시간과 장소를 결정하십시오. 이때 성경공부, 친교, 중보기도 등 여러 가지를 진행할 수 있지만 놓치지 말아야 하는 것이 있습니다. 큰 교회가 지닐 수 없는 작은 교회만의 장점을 살려야 합니다. 바로 친밀감입니다. 가족 같은 분위기입니다.

싱글은 대체로 많이 외롭습니다. 이 부분을 채우는 일은 작은 교회가 오히려 더 유리합니다. 무조건 쏟아붓는 게 아니라 많이 공감해 주고 최선을 다해 경청하십시오. 그래서 무엇이 정말 필요한지를 파악하십시오. 싱글들이 소그룹 모임에서 힐링과 만족, 행복을 얻었다면 반드시 다른 싱글들을 초대하려고 할 것입니다.

외적 조건 때문에 주눅 들지 마십시오. 낙심하거나 낙담할 필요도 없습니다. 오히려 자신감을 가지고 담대하십시오. 하나님은 약한 자를 들어서 강한 자를 부끄럽게 하십니다. 하나님의 기준에는 숫자가 중요하지 않습니다. 마음에 무엇을 담아 두고 있느냐가 중요합니다. 우리가 가진 것이 20이고 그 20을 모두 드리면 하나님은 100으로 계산해서 받으십니다.

싱글 미니스트리

5
대형 교회에서의 싱글 사역

한국교회 동향을 살펴보면 상당히 오랫동안 대형 교회로의 쏠림 현상
이 지속되었습니다. 그러나 최근에는 이 현상에 급제동이 걸렸습니다. 소
형 교회에서 중형 교회로, 중형 교회에서 대형 교회로의 이동이 일반적이
었지만, 개척교회가 거의 사라지자 중형 교회가 거의 직격탄을 맞고 대형
교회 역시 현상 유지가 쉽지 않게 되었습니다. 그러다 최근 싱글들이 대
형 교회로 몰리면서 쏠림 현상이 다시 나타나고 있습니다. 팽창하는 싱글
그룹을 어떻게 해야 할지 고민해야 할 때입니다. 특별히 대형 교회는 그
책임이 막중합니다. 싱글 사역이라는 난제를 해결하려면 다음과 같은 책
임론을 장착해야 합니다.

- 늘어나는 싱글과 일인가구를 지역사회와 정부가 책임지지 못하는
  상황에서 교회와 싱글 미니스트리가 해답을 내놓아야 한다.
- 분명한 비전, 확고한 목표, 감당해야 할 사명에 대한 구체적인 계획
  을 지닌 싱글 리더를 양성해야 한다.

- 체계화된 싱글 사역 기술, 싱글을 위한 교육 콘텐츠, 집약된 후원 관리 노하우 등으로 싱글을 섬기는 일꾼을 양성해야 한다.
- 교회 전체가 싱글 미니스트리의 중요성을 인식하고 싱글을 품고 응원하며 지지하고 하나님 나라의 군사로 성장하도록 도와야 한다.

대형 교회는 소형 교회와 달리 친밀함으로 사명을 감당하기 어렵습니다. 따라서 사명의 결이 소형 교회와 다르다는 것을 인지하고 체계적이며 조직적이고 세련된 대규모 팀을 구성하여 강력하고 영향력 있는 사역을 감당해야 합니다. 다음은 유급 사역자가 많은 대형 교회에서 싱글 관련 프로그램과 이벤트를 개발하고 진행할 때 따라야 할 원칙과 지침입니다.

시대적 소명을 명확히 하라

세상에는 수많은 교회가 있습니다. 그 많은 교회들이 자신이 존재해야 하는 이유를 명확히 하지 않으면 사역 자체가 흔들리고 방향성을 갖기 어려우며 추진력이 생기지 않습니다. 현시대에 대형 교회로 존재해야 하는 이유를 명확히 하고 교회 전체에 그 정신이 흐르도록 해야 합니다.

싱글이라는 신인류가 나타나고 확산일로에 있다는 것은 크리스천에게 무엇을 의미할까요? 교회의 사회적 책임이며 시대적 소명으로 받아들여야 하지 않을까요? 따라서 사역 선언문을 작성하고 그에 따른 목표를 설정해야 합니다. 이것이 주변의 다른 이슈들 때문에 흔들려선 안 됩니다. 교회의 정체성과 사역에 관해 계속 언급하고 곳곳에 명시하여 열정과 시간을 끊임없이 쏟아부을 수 있도록 하십시오. 다음은 성경에 근거한 사명 선언문의 예시입니다.

- 우리를 존재하게 하신 분은 하나님이시며, 그 하나님이 우리의 존재 이유도 정해 주셨습니다^{이사야 43:7}.
- 우리를 구원하신 분은 예수님이시며 우리가 이 땅에서 어떻게 살아가야 할지를 명확히 보여 주셨습니다^{마가복음 10:45}.
- 우리의 모든 힘과 능력은 성령님으로부터 말미암으며 세상의 어떤 것도 우리를 무너뜨리거나 쓰러뜨리지 못합니다^{로마서 8:35}.
- 하나님은 우리를 이 시대에 바로 이곳에 존재하게 하셔서 이 시대와 이 세상을 책임지게 하셨다는 것을 믿습니다^{마태복음 28:19-20}.
- 우리가 하나님이 맡기신 사명을 품으면 그것을 감당할 수 있는 지혜와 능력 그리고 상황과 여건도 허락해 주실 줄 믿습니다^{출애굽기 31:6}.

차이를 이해하라

싱글 그룹과 교회의 다른 구성원들 간에 차이를 이해하십시오. 싱글은 기복이 심하며 이동이 잦은 경향이 있습니다. 그리고 새로운 관계 형성의 기회가 많은 큰 그룹을 좋아하지만 동시에 친밀한 관계와 교제가 있는 소그룹도 좋아합니다. 싱글 모임에서 구성원이 6개월마다 50% 정도 바뀐다는 사실은 정설에 가깝습니다. 따라서 싱글 그룹이 현상 유지라도 하려면 빠른 성장세가 필요합니다. 특별히 성장에 적절한 조직을 구성하고 운영 역시 조직적으로 이뤄져야, 하며 그렇지 않으면 급격히 무너집니다. 그렇다면 싱글 그룹에는 어떤 차별화 전략이 필요할까요? 두 가지입니다.

하나는 여성 리더를 많이 세울 필요가 있습니다. 35세 이상의 그룹에는 여성이 남성보다 많고 활동도 적극적이며 헌신적입니다. 그리고 근본적으로 여성이 남성보다 종교적 성향이 강하고 신앙이 빠르게 성장합니다. 따라서 여성 리더십을 세우는 구조적 성향에 따라 성장 결과는 확연히 달라집니다.

다른 하나는 신입 교우 환영 및 양육 시스템을 철저하게 갖추는 것입니다. 새 가족 팀장과 팀원은 표정과 인사말까지 방문자를 환영하며 소중히 여긴다는 느낌을 줄 수 있도록 노력할 필요가 있습니다. 특별히 기존 구성원과 방문자를 구분하는 눈썰미는 필수이고, 방문자의 성향을 파악하여 적절한 자리로 안내하며 예배나 모임 후에도 새가족실로 책임지고 인도해야 합니다. 새가족 교육 콘텐츠 또한 기존 내용과 차이가 있습니다. 특별히 이성 교제 지침과 콘퍼런스 소개를 추가하고, 싱글 공동체 졸업과 기존의 장년부 연계 프로그램과 이벤트를 알려 주므로 기대감을 갖도록 이끌어야 합니다.

교회 연합 모임을 추진하라

대형 교회가 싱글 사역의 교회 연합을 추구해야 할 필요가 있습니다. 대표적인 몇 가지 이유가 있습니다. 첫째, 시대적 책임이기 때문입니다. 싱글은 교회가 방치하면 방황할 수밖에 없고 개인적 성향과 시스템 때문에 작은 교회에는 거의 머물지 못합니다. 따라서 대형 교회는 싱글을 품고 양육하여 인생을 책임지며 더 나아가 하나님 나라의 일꾼으로 양성하여 파송할 의무가 있습니다.

둘째, 가정을 이루는 것이 성경적이기 때문입니다. 싱글 중에 평생 독신으로 살려는 비혼주의는 많지 않습니다. 대부분 끊임없이 짝을 갈망합니다. 사실상 독처하는 것이 보기에 좋을 수는 없습니다. 심지어 안쓰럽기까지 합니다. 싱글 미니스트리는 싱글 기간에 온전한 사람으로 성장해서 좋은 사람을 만나 가정을 이루도록 돕는 사역입니다. 가정을 이루게 하려면 교회를 초월하여 만남의 장을 열어 주어야 합니다. 이때 섬기는 교회가 다르면 어느 한쪽 교회를 선택해야 합니다.

셋째, 싱글 간의 교류는 혈류와 같기 때문입니다. 한국교회 부흥기인 1970~1980년대에는 교회 간의 교류가 활발했습니다. 한 교회에서 부흥회를 하면 주변 교회들도 참석하여 함께 은혜를 받았습니다. 함께 모일 때 더 큰 은혜가 있고 부흥의 불길이 일어납니다. 모이지 않으면 결국 사그라집니다. 이동이 잦은 싱글의 특징을 부정적으로만 보지 말고 한국교회의 막힌 혈을 뚫어 주는 활력소로 여기는 것이 바람직합니다. 가정이 있고 자녀가 있는 경우에는 이동이 어렵습니다. 고려해야 할 것들이 너무 많기 때문입니다. 그러나 싱글은 한국교회의 적재적소에 흘러들어 가서 생기를 불어넣을 수 있습니다.

넷째, 작은 교회에 도움을 줄 수 있기 때문입니다. 모든 교회에는 예외 없이 잠재적 싱글이 있습니다. 출석하거나 봉사하지는 않아도 교회 구성원 가족 중에 싱글이 있습니다. 작은 교회에서는 채워 주지 못하는 싱글들의 필요가 큰 교회의 싱글 사역을 통해 충족될 수 있습니다. 자녀들은 부모님이 섬기는 작은 교회와 거리를 두고 싶어 하는 성향이 강하지만,

무의식 속에는 어렸을 때부터 자라 온 교회와 강한 유대감이 형성되어 있고 회귀본능까지 존재합니다. 이러한 싱글을 양육하고 가정을 이루도록 도와서 돌려보내면 작은 교회에 큰 도움이 됩니다. 사실상 두 교회를 섬기면서 필요를 채우는 싱글도 비일비재합니다.

싱글을 교회 생활에 편입시키라

싱글을 싱글 공동체에만 묶어 두거나 고립시키지 말고 교회 활동을 하도록 유도하는 것이 바람직합니다. 싱글 사역은 근본적으로 교회 구성원이 되게 하는 것이지 별동부대를 만드는 것이 아닙니다. 따라서 싱글 담당 목회자나 리더는 싱글이 더 넓은 교회 생활과 활동에 참여하도록 끊임없이 지원해야 합니다. 이 부분이 해결되지 않으면 싱글 사역은 지속될 수 없으며 유지되더라도 부정적인 여론이 형성될 것입니다.

더 나아가 싱글을 전도하고 품으며 싱글이 적응하도록 돕는 싱글 예배가 필요합니다. 그러나 싱글 예배는 하나의 매개체에 불과합니다. 싱글이 교회에 편입되도록 다른 부서와 함께 협력 사역이나 행사를 진행하고 교인으로서 정체성을 가질 수 있는 활동을 하지 않으면 결혼하여 가정을 이루고서도 싱글 공동체에 머물려고 합니다. 싱글이 짝을 만나서 가정을 이루고 장년부에 편입되는 것은 싱글 사역의 전형적인 열매이며 목표입니다.

교회 시설을 적극 활용하라

싱글과 일인가구에게 교회 공간은 대단히 중요합니다. 거주 공간의 답답함을 해소하는 숨구멍이며 틀에 박힌 일상에서 벗어나는 해방구이고 희망을 일궈 가는 만남의 장이기 때문입니다. 싱글들에게 장소는 이처럼 중요하기 때문에 주요 행사는 가능하면 교회 시설을 이용하는 것이 좋습니다. 대형 교회는 교회 시설이 넓고 편리하며 유용하다는 장점이 있습니다. 따라서 교회에서 여러 가지 행사와 프로그램을 진행하면 많은 유익이 있습니다.

교회 시설을 적극 활용하면, 첫째, 교회 출입이 편안해집니다. 익숙하지 않다는 것은 어색하다는 의미입니다. 교회 공간이 어색하면 모든 것이 불편하게 마련입니다. 그러나 주일 외에 평일에도 교회 공간에 발을 들여놓기 시작하면 점점 더 자기 집처럼 편안하고 익숙해집니다.

둘째, 소속감이 생깁니다. 교회가 홈그라운드처럼 느껴지면 교회 공간을 자기 삶의 일부로 받아들입니다. 사람이 행복감을 느끼려면 세 가지 욕구가 채워져야 합니다. 소속감의 욕구, 안정감의 욕구, 성취감의 욕구입니다. 이 세 가지 중에 가장 우선적인 요소가 소속감입니다. 이 부분이 해결되지 않으면 나머지 두 부분이 채워지지 않습니다.

셋째, 교회를 아끼며 사랑하게 됩니다. 사람은 자기 것이라고 여기면 본능적으로 소중히 여깁니다. 이때부터는 교회를 위한 희생과 헌신이 즐거워집니다. 타산적이던 사고방식도 어느새 사라집니다.

넷째, 교회를 자랑스러워하기 시작합니다. 자연스럽게 다른 사람들에게 교회 이야기를 많이 하고 대화나 생각의 비중이 높아집니다. 바로 여기서부터 전도가 시작됩니다. 전도는 억지로가 아니라 자연스러운 현상이 되어야 합니다.

다섯째, 자존감이 높아집니다. 좋은 교회에 속해 있다는 사실만으로도 당당해지고 자신을 자랑스럽게 여기게 됩니다. 주눅 들거나 우울하던 증세도 점차 사라집니다.

교회 내에 싱글들이 평일에도 마음껏 모일 수 있도록 전용 공간을 마련해 주는 것이 좋습니다. 인테리어나 내부 장식도 일임하면 더욱 애정을 가질 것입니다. 오늘날 많은 싱글이 세속적인 곳에서 방황하고 있습니다. 교회가 안식처가 된다면 싱글 사역이 매끄럽고 강력하게 진행될 것입니다. 교회는 싱글에게 부담이 아니고 행복이어야 합니다.

소그룹 구성 방식을 다각화하라

대형 교회에서 싱글 공동체를 하나의 그룹으로 묶어서 프로그램이나 교육을 진행하기는 어렵습니다. 결국 소그룹이 필요합니다. 기존의 방식처럼 나이나 지역별로 그룹을 묶고 1년 동안 유지하지 마십시오. 이런 아날로그적 방식은 디지털 세대에게 구태의연하고 적응하기도 힘듭니다. 1년 동안 버티기도 힘들고 새로 구성하려면 여러 가지 진통이 따릅니다. 유기체적 공동체가 되려면 모든 싱글이 두세 가지 소그룹에 속하도록 체계화하십시오.

소그룹을 구성하는 방식은 크게 두 가지입니다. 하나는 사역 중심 소그룹입니다. 싱글이 지원하고 후원하는 선교지나 후원 대상을 정하고 그것을 소그룹 이름으로 명명합니다. 예를 들어, 중국 선교, 방글라데시 선교, 입양아 선교, 다문화가정 선교, 한부모 가정 선교 등입니다. 싱글들은 본인이 참여하고 싶은 소그룹을 정해서 들어가면 됩니다. 혹은 교회 봉사 영역을 소그룹 이름으로 정할 수도 있습니다. 찬양팀, 안내팀, 친교팀, 전도팀, 새가족팀, 데코팀, 홍보팀, K-워십 댄스팀, 촬영팀, SNS 운영팀 등 개인의 능력과 선호도에 따라 다양한 구성이 가능하며 대단히 실용적이고 유용할 수밖에 없습니다.

다른 하나는 동호회 형식의 소그룹입니다. 사람마다 좋아하는 것이 다릅니다. 스트레스 푸는 방식도 다양합니다. 교회가 단순히 신앙교육에만 집착하지 말고 생활 전반에 관여하고 책임지는 단계로 나아가야 합니다. 요즘은 가성비를 넘어 가심비를 따지는 시대입니다. 신앙생활과 더불어 동호회 활동을 할 수 있다면 MZ 세대의 취향에 맞을 수밖에 없습니다. 예를 들어 탁구, 배드민턴, 축구 같은 스포츠 동호회, 합창이나 중창 혹은 악기 연주 같은 음악 동호회, 영어 회화나 독서 같은 자기 계발 동호회 등 다양한 구성이 가능합니다. 그리고 성경이나 교의학 혹은 믿음의 위인 연구 같은 신앙 동호회도 유익합니다.

새 포도주는 새 부대에 담아야 합니다. 시대와 문화 그리고 사람 자체가 변했지만 교회는 여전히 예전의 아날로그 방식을 고수하고 있습니다. 개혁은 익숙한 것과의 결별입니다. 신인류라고 해도 과언이 아닌 싱글 세대를 새 부대에 담는 지혜와 용기, 결단이 필요합니다.

가족의 진정한 의미를 이해하라

싱글 사역을 진행하려면 무엇보다 먼저 '가족'이란 용어를 재정의해야 합니다. 대부분의 교인들은 의식적이든 무의식적이든 자신이 섬기는 교회를 일인가구를 제외한 '가족 중심 교회'로 이해합니다. 따라서 싱글은 정상적인 교회 구성원이 될 수 없다는 생각이 마음 깊이 자리 잡고 있습니다. 일인가구가 40%를 상회하는 상황에서 싱글을 배제하는 사고구조로는 교회의 성장과 부흥 그리고 사역이 제한될 수밖에 없습니다. 하나님이 아담이 혼자 있는 것을 보고 안쓰럽게 여겨 돕는 배필을 주셨다는 것은 사실이지만, 이것을 정상과 비정상이라는 흑백논리로 해석한다면, 예수님과 사도들 그리고 수많은 믿음의 싱글들의 삶을 어떤 관점으로 바라봐야 할까요? 크리스천은 예수 안에서 모두가 한 가족입니다. 결혼제도 안에서 모두가 한 가족이 아니란 말입니다. 사역의 기본 단위는 한 사람 싱글이며, 결혼한 가정은 사역의 대상입니다.

싱글이 주는 유익을 누리라

일반적으로 싱글은 어느 정도 성장 과정을 거치면 도움이 필요한 대상이 아니라 도움을 줄 수 있는 능력자들입니다. 따라서 싱글로부터 얼마나 많은 도움을 받을 수 있는지를 이해해야 합니다. 싱글은 어떤 면에서 교회에 유익이 될까요?

첫째, 살아 있는 교육 예시가 됩니다. 싱글을 통해 혼자 살아 내는 법, 배우자가 없는 삶, 고통을 다루는 법, 외로움을 내적 힘을 기르는 기회로 삼는 법 등을 배울 수 있습니다. 심지어 싱글을 통해 예수님과 제자들의 어려움, 사도 바울의 고통과 열정, 짝을 찾지 못한 삼손의 방황, 잘못도 없이 아내에게 버림당한 욥의 처지 등을 실질적으로 이해할 수 있습니다.

둘째, 영적 부흥의 은혜를 목도할 수 있습니다. 한국교회는 끝없는 침

체기에 접어들었습니다. 대부분의 젊은 세대는 부흥을 경험해 보지 못했습니다. 그런데 대형 교회의 싱글 그룹은 급격하게 부흥하고 있습니다. 아울러 신앙적으로 성장할 뿐 아니라 상처를 치유받고 회복되는 역사가 일어나고 있습니다. 따라서 싱글 사역을 전개하면 무서운 성장세를 보일 수밖에 없습니다. 싱글은 많고 경쟁은 없기 때문입니다. 그리고 싱글 특유의 성향과 현실 때문에 신앙적으로 급성장합니다.

셋째, 한국교회의 가장 큰 문제가 해결됩니다. 교회마다 일꾼이 없어서 아무것도 못한다는 고충을 토로합니다. 실제로 결혼한 부부들은 자녀 양육과 육아, 각종 대출금 상환 때문에 물질은 물론 정신적으로도 여유가 없습니다. 시간에도 항상 쫓깁니다. 그런 상황에서 교회를 섬기고 봉사하기가 쉽지 않습니다. 하지만 싱글들은 기혼자들에 비해 상대적으로 경제적, 시간적 여유가 있습니다. 또한 상의해야 하는 대상이 없어서 어떤 결정을 내리기가 편하고 사회 경험이 있어서 교회 사역에도 상당한 능력을 발휘합니다.

지역사회를 섬기라

대형 교회는 지역사회를 책임질 의무가 있습니다. 작은 교회는 절대로 감당할 수 없는 대형 프로젝트를 진행하여 강력한 영향을 끼칠 수 있습니다. 정부나 지자체가 메우지 못하는 복지 사각지대를 해결할 수 있습니다. 지역사회를 향한 비전을 품고 전략적으로 다가가기 원합니까? 싱글은 대단히 소중한 자산입니다. 섬김과 봉사는 돈으로만 해결되지 않습니다. 돈으로 처리할 수 없는 문제들이 많습니다. 예를 들어, 한부모 가정 자녀에게 필요한 물품을 지원할 수는 있지만 정서적 지원까지 해줄 수는 없습니다. 이 정서적 지원을 싱글들이 해줄 수 있습니다. 아이들과 의형제나 양부모 관계를 맺고 고민을 들어주고 진로상담도 해주며 가족의 공백을 채워 줄 수 있습니다.

싱글은 공감대 형성이 수월합니다. 혼자서 살아가다 보면 고독하거나 외로운 시간이 많습니다. 정서적으로 민감하고 동행할 가족을 갈망합니다. 이것은 단점일 수도 있지만 다른 면에서 보면 대단히 큰 장점입니다. 특별히 독거노인 봉사에도 형식적이 아니라 진심으로 매진할 가능성이 큽니다. 본인들의 미래가 중첩될 수 있기 때문입니다. 남의 이야기가 아니고 자신의 처지와 같다고 느끼기 때문입니다.

이같이 싱글을 중심으로 지역사회에 양질의 봉사와 필요를 제공하고 지역 신문이나 방송 같은 미디어를 통해 알려지면, 교회에 대한 좋은 이미지가 상승하고 교회 문턱을 넘을 생각이 없던 많은 사람이 교회 문을 두드릴 것입니다. 싱글 사역은 새롭고 신선하며 기존 교회가 경험하지 못한 방식으로 다가가도록 결정적인 역할을 할 것입니다.

사역을 지속적으로 개선하고 보완하라

진행 결과가 좋은 프로그램일수록 더 많은 준비와 집중이 필요합니다. 많은 교우가 참여하고 더 많은 사역이 이뤄지려면 새롭게 추가하거나 보완할 부분이 더 많아지게 마련입니다. 그리고 일을 하면 할수록 더 많은 일을 해야 한다는 사실을 깨닫습니다. 하나의 사역을 성공적으로 이뤄 내면 반드시 후속 조치가 필요합니다. 예를 들어 이혼 회복 사역 프로그램을 진행하고 성황리에 마쳤다면, 그 가운데 나오는 재혼 커플을 돕는 사역이 진행되어야 합니다. 한부모 가정이나 조손 가정 사역을 하다 보면 십대 청소년을 위한 성 상담이나 진로상담도 필요합니다.

사역을 시작하면 비전과 에너지를 가지고 헌신적인 자세로 도와줄 일꾼들이 반드시 나타날 것입니다. 하나님이 예비하시기 때문입니다. 일하지 않으면 아무 일도 일어나지 않습니다. 기존의 것들만 고수하면 다람쥐 쳇바퀴 돌듯이 제자리걸음만 할 뿐입니다. 대형 교회가 계속해서 영향력 있고 강력한 교회로 존재하려면 무엇보다도 버릴 것을 버려야 합니다. 기존 관념, 유교적 사고방식, 시대에 뒤떨어진 프로그램, 현시대에 맞지 않는 구조와 시스템 같은 것들을 버려야 합니다.

Single
Ministry

Part 3

싱글의
사역

1
새가족팀 사역 - 방문자 & 졸업자

싱글 공동체에서 새가족팀은 가장 중요하다고 해도 과언이 아닙니다. 공동체를 대표하는 얼굴이고 앞장서는 전위대 역할을 하기 때문입니다. 새로운 그룹에 끼어든다는 것은 아마도 가장 어려운 일 중 하나일 것입니다. 그리고 정들었던 공동체를 떠나는 것 역시 겪고 싶지 않은 어려움입니다. 새가족팀은 한 사람의 인생에서 가장 중요한 시기의 시작과 끝을 최고로 만들어 주는 사역을 감당합니다.

사람들은 종종 두 가지 두려움 때문에 새가족 등록을 미룹니다. 하나는 누군지 모르는 사람들에 대한 두려움이고, 다른 하나는 거절에 대한 두려움입니다. 이별과 거절의 아픔을 겪은 싱글들은 과거의 트라우마 때문에 더 예민하고 과민하게 반응하기 쉽습니다. 따라서 새가족팀은 방문자가 편안하게 느끼도록 해주며 그들이 원하는 방식으로 환영해야 합니다.

싱글 미니스트리

방문자 유형

싱글들은 여러 가지 이유로 싱글 공동체를 방문합니다. 싱글 사역을 할 때 다른 공동체와 달리 극도로 다양하며 평범하지 않은 사람들이 존재한다는 것을 명심해야 합니다. 싱글 공동체를 방문한 싱글들은 대체로 다음의 세 가지 유형으로 나눌 수 있습니다.

윈도 쇼핑형

첫 번째 유형은 공동체가 자신의 사회적 욕구에 맞는지 알아보기 위해 방문한 싱글들입니다. 이들은 대체로 '윈도쇼핑'window shopping이 주요 목적이며, 공동체 구성원이 되기보다는 주말에 데이트할 짝을 찾는 데 더 관심이 많습니다. 이들은 공동체 구성원 전체를 둘러보고 관심 가는 사람을 찾지 못하면 다음 주에는 다른 공동체를 살펴보러 갑니다. 이러한 유형은 공동체의 이성 교제 지침을 명확히 알려 주지 않으면 공동체 전체에 혼란과 혼선을 초래하기 쉬우며, 싱글 사역의 근간을 흔들 수도 있습니다. 심지어 이성 교제 지침을 알고 있으면서도 무시하고 자기 목적에만 집중하는 싱글도 있습니다. 따라서 새가족팀은 이 유형의 방문자들을 예의주시하며 잘못된 길로 가거나 공동체에 해가 되지 않도록 도와야 합니다.

관계 추구형

두 번째 유형은 새로운 친구를 사귀고 공동체 활동에 관심이 많은 경우입니다. 아무래도 깊이 있는 인간관계를 맺으며 더 헌신적입니다. 싱글들은 대체로 주변에 어울릴 만한 사람이 많지 않습니다. 따라서 그 같은 역할을 해줄 공동체를 찾습니다. 이 유형의 경우, 실제로 가족과 같은 관계를 형성하고 싶어하므로 모든 활동과 만남, 교육이나 훈련에 진심입니다. 신앙적으로 성장하고 단단한 구성원으로 자리매김할 가능성이 큽니다. 한편, 필요한 것만 취하고 떠나려는 유형이 아니다 보니 좀 까다로울 수 있습니다. 새가족팀은 불편함이나 심지어 거부감까지 들더라도 인내하면서 반응해야 합니다. 그 과정이 지나가면 가장 좋은 협력자이자 친구가 될 것입니다.

위로 추구형

이 유형은 최근에 삶에서 큰 상실이나 상처를 겪은 경우입니다. 이혼했거나 이혼 진행 중일 수 있고 최근에 사별했을 수도 있습니다. 이들은 전쟁터에서 치열한 전투를 겪은 부상병이나 마찬가지입니다. 현재 무기력하고 절망적이며 충격을 받은 상태입니다. 이러한 방문자는 싱글 그룹에서 '중환자'에 해당하므로 더 많은 관심과 지원을 집중해야 합니다.

세 유형을 구별하는 법

이 세 종류의 방문자를 구분하려면 공동체 모임에 오기 전에 전화나 문자 혹은 SNS로 던지는 질문을 주의 깊게 살펴보아야 합니다. 윈도쇼핑형은 주로 몇 명이 참석하며 어떤 사람들이 오고 연령층이 어떻게 되는지를 물어봅니다. 관계 추구형은 주로 어떤 프로그램이 진행되며 자녀 돌봄 서비스가 있는지를 궁금해합니다. 위로 추구형은 주로 교역자나 리더의 성향이나 스타일을 꼼꼼히 묻는 경우가 많습니다.

행동 유형을 보면 어느 정도 분별이 가능합니다. 윈도쇼핑형은 항상 그룹에서 자신이 원하는 것을 취하기만 합니다. 관계 추구형은 자기 시간을 할애하고 섬기므로 받은 것 이상으로 갚습니다.

따라서 첫 번째 유형은 그룹을 위해 헌신할 가능성은 현저히 낮으며, 두 번째 유형은 리더감이라고 봐도 무방합니다. 세 번째 유형은 프로그램이나 이벤트 혹은 활동보다는 자신의 아픔과 슬픔을 나누고 싶은 방문자입니다. 때로 이야기가 너무 길어져서 들어주기가 버거울 수 있습니다. 이들이 전보다 자신의 아픔을 덜 말하게 되었다면 아픔에서 회복되기 시작했다고 보면 됩니다. 이들은 자신의 마음을 알아주고 공감하며 경청해 주면 모든 것을 내어줄 것처럼 행동하지만, 대체로 마음이 평안해지면 원래의 본성으로 돌아갑니다. 싱글 공동체와 교회에 헌신하는 구성원이 될 가능성은 절반 정도라고 보면 됩니다. 무언가를 기대하기보다는 순수한 마음으로 계속 도와야 하지만, 지나칠 때는 어느 정도 선을 긋는 지혜도 필요합니다.

아픔을 겪은 사람은 처음에는 받기만 하지만 치유되고 나면 많은 경우에 주는 사람이 됩니다. 어려움에 처한 사람에게 더 집중하고 신경 쓰는 것은 싱글 공동체의 당연한 의무이며 존재 가치입니다.

싱글 그룹에 방문하는 이유는 다양하지만 그것을 알아주고 이해하며 돕는 것이 바람직합니다. 함부로 판단하거나 정죄하지 말고 있는 그대로 받아들이고 포용해야 합니다. 그러나 어떤 유형의 방문자인지는 분별해야 합니다. 코드를 맞추지 못하면 아무 일도 일어나지 않기 때문입니다. 공동체가 싱글들의 필요를 채워 줄 때 존재 이유가 생깁니다. 계산하지 않고 필요를 채워 주면 결국은 프로그램이나 활동에 참여하게 되고, 더 나아가 싱글 공동체와 구성원 자체를 좋아하게 됩니다. 방문자가 다시 오지 않는다고 낙심하지 마십시오. 다시 올 가능성은 기껏해야 50%이고 그 중에 싱글 그룹의 중요한 구성원이 될 가능성도 절반 정도입니다.

방문자를 환영하고 포용하는 법

싱글이 공동체를 방문했을 때 어떤 느낌이 들게 해야 할까요? 당연히 환영받고 응원받으며 편안한 느낌이 들어야 합니다. 이러한 느낌은 빨리 느끼게 할수록 좋습니다. 이것이 기존 구성원의 입장에서는 '포용'이며, 방문자의 입장에서는 '편안함'입니다. 첫 만남의 결과가 '불편함'이면 재방문율은 현격히 떨어질 수밖에 없습니다.

그렇다면 방문자를 어떻게 환영하면 좋을까요? 먼저 반가운 인사와 함께 세련된 기념품과 싱글 공동체의 정보가 담겨 있는 웰컴 패키지welcome package를 건네십시오. 패키지는 비싸지 않더라도 소장하고 싶은 욕구가 들도록 디자인에 신경 쓰고 관심이 갈 만한 정보가 담겨 있어야 합니다.

예배나 모임 시간에는 매주 모두가 좋아하고 공동체의 정체성을 상징하는 찬양을 불러서 방문자에게 각인이 되도록 하십시오. 모임 후에는 이 패키지를 들고 나오는 사람이 첫 방문자라는 것을 인식하고 새가족팀뿐만 아니라 마주치는 구성원 모두 "어서 오세요. 주 안에서 환영합니다"라고 인사를 건네는 것이 좋습니다. 환대하는 공동체를 싫어할 사람은 아무도 없습니다. 그러나 부담스러워하는 경우도 있으니 가벼운 인사가 적당합니다. 이때 소그룹 리더와 임원진은 의도적으로 다가가서 인사를 건네야 합니다.

싱글 미니스트리

둘째, 새가족팀은 새가족실로 안내해 목에 걸고 있는 이름표를 보여 주며 자기소개를 합니다. 이때 어떤 사람이라는 것을 한 줄로 표현해 주면 더 효과적입니다. 이어서 담당 교역자나 새가족팀 리더는 미리 준비한 간식을 권하고, 웰컴 패키지에 있는 안내서를 보여 주며, 교회와 싱글 공동체를 소개하고, 방문자가 관심 가질 만한 부분을 부각시킵니다. 그리고 궁금한 것이나 상담하고 싶은 것이 있으면 언제든 연락을 달라고 하면서 패키지에 교역자 명함이 있는 이유를 알려 줍니다. 이때 방문자에게 가능하면 자기소개를 부탁하고 아울러 궁금한 것이 있으면 묻도록 합니다.

셋째, 간단한 정보만 기록하는 환영카드를 적게 합니다. 처음부터 새가족 등록카드를 주면 부담스러울 수 있으니 환영카드에 이름과 연락처, 방문 이유를 적도록 권유합니다. 담당자 배정과 연락을 위해서 필요하며 샘플을 참조하여 교회나 공동체 상황에 맞게 만들면 됩니다.

주님의 이름으로 환영합니다			
이름		날짜	
연락처			
거주지			
SNS 주소			
방문 이유			
인도자			

넷째, 새가족팀은 팀원 중 방문자와 비슷한 연령층의 구성원을 소개하여 친구 관계를 형성할 수 있도록 돕고, 모임이 끝난 후 전화나 문자 혹은 카톡이나 DM으로 환영 메시지를 보냅니다. 다음은 환영 문자 예문입니다.

환영 예문 1

지난주에 함께 예배드려서 기쁘고 감사했습니다.

우리는 당신을 맞이할 준비가 되어 있습니다.

항상 응원하고 반가워하며 동행할 준비가 되어 있습니다.

바로 이곳에서 원하시는 소망을 찾으시고

행복한 인생을 살아가시기 바랍니다.

주님의 이름으로 환영합니다.

환영 예문 2

참 잘 오셨습니다.

많은 만남이 있지만

이번 만남은 특별했으면 좋겠습니다.

많은 사람이 있지만

당신은 꼭 기억에 남는

분이 되시길 원합니다.

많은 곳이 있지만

이곳에서 참된 행복과

기쁨을 누리시기 원합니다.

우리는 준비되어 있습니다.
당신을 사랑할 마음이 있습니다.
그분이 함께하시기 때문입니다.

주님의 이름으로 환영합니다.

전화도 받지 않고 문자를 보내도 아무 반응이 없을 수 있습니다. 심지어 부정적인 반응이 올 수도 있습니다. 그러나 낙심하거나 기분 상할 필요가 전혀 없습니다. 우리는 뿌리는 사람이고 거두시는 분은 하나님이십니다. 하나님 앞에 충성하고 모두를 진심으로 대했다면 충분하며, 행복해도 됩니다.

방문자 후속 조치

방문자를 맞이한 주일이 지난 후 반드시 놓쳐선 안 되는 후속 조치가 있습니다. 첫째, 주일 지나고 며칠 안에 연락을 해야 합니다. 주일에 보낸 환영 문자에 대한 답문이 왔다면 그것에 맞춰서 문자를 보내고 돌아오는 주일에 만날 수 있기를 기대한다고 표현하십시오. 답문이 오지 않았으면 주일에 반가웠고 환영 문자는 잘 받았는지 인사 차원에서 물어보십시오. 그리고 주일 모임 시간에 만날 수 있기를 기대한다고 문자를 보내십시오. 가능하다면 다음 모임에 진행될 내용이나 프로그램을 알려 주어 관심을 끌고 기대감을 갖게 하십시오.

둘째, 미리 만든 싱글 공동체와 개인 관심사에 대한 구글 폼 설문 조사 링크를 보내십시오. 공동체의 성장과 개인 성향 파악에 결정적인 자료가 되고, 자신의 견해가 반영된다는 것을 인식하면 마음을 열고 구성원이 될 가능성이 커집니다. 설문지를 작성하여 보내 주면 '커피 쿠폰' 같은 것을 선물로 주는 것도 좋습니다. 이러한 과정에서 몇 번의 소통이 오가기 때문에 주일에 만나면 더 반갑고 편안하게 느낍니다.

셋째, 한 달에 한 번 방문자를 초대하여 저녁식사와 디저트 시간을 가지십시오. 이러한 이벤트가 있다는 것을 첫 방문 때 알려 주어야 합니다. 이 시간에 교회와 공동체의 프로그램과 시스템을 소개하고 비전을 제시하는 한편, 방문자의 관심사와 성향을 파악할 수 있습니다. 임원진과 리더들을 초대해 함께 공동체 활동 동영상을 보고 당시의 소감이나 받은 은혜를 나누면 더 효과적이고 유익한 시간을 보낼 수 있습니다. 특히 보육원 방문이나 그 지역 소방관과 경찰관 초대 같은 외부 봉사 활동을 보여 주면 더 깊은 감명을 받습니다. 서로 친해지고 에너지를 주고받는 시간을 충분히 갖는 것이 좋습니다. 이러한 후속 절차를 충실히 가지면 방문자들은 싱글 사역의 적극적인 활동 멤버가 될 것입니다.

넷째, 결석자들을 위한 후속 조치를 취하십시오. 공동체 구성원이 되었거나 거의 되었다고 여겨지는 사람이 갑자기 출석하지 않더라도 포기하지 마십시오. 사실 결석자를 다시 돌아오게 하는 일은 정말 어렵습니다. 하지만 적절한 후속 조치를 취하면 충분히 효과가 있습니다.

가장 먼저 참석하지 않는 이유를 파악할 필요가 있습니다. 원인을 모르면 해결책도 없습니다. 가장 많은 원인은 개인적인 열정입니다. 나이가 들수록 귀찮아지고 피곤하게 느껴집니다. 의욕이 없으면 회피할 수밖에 없습니다. 그러나 목적의식을 일깨워 주면 극복할 수 있습니다. 그다음 많은 이유는 바빠서 출석하지 못하는 경우입니다. 간단한 문자로라도 계속 연락을 유지하면서 기다리면 됩니다. 셋째는 원하는 목표물이 포착되지 않아서 결석자가 될 수도 있습니다. 이런 경우는 사실상 내려놓는 것이 나을 수 있습니다. 넷째는 공동체가 자신과 맞지 않는다고 느끼기 때문입니다. 이러한 느낌은 시간이 지날수록 더 커지기 때문에 해결하기가 어렵습니다. 다섯째는 공동체에서 상처를 받았을 수 있습니다. 그 이유만 찾으면 대체로 쉽게 해결할 수 있습니다.

결론적으로 결석자를 쉽게 포기하지 마십시오. 계속 연락하며 관심을 보여 주는 인내가 필요합니다. 미국교회성장연구소American Institute of Church Growth의 설립자 윈 안Win Arn에 따르면, 새신자가 교회 내에서 5~7명과 내적 친밀함을 형성하면 정착하지만 그렇지 않으면 수동적이 됩니다. 그는 자신의 책《뒷문을 닫을 수 있는가?》Can We Close the Back Door에서 "우정은 새 구성원을 공동체와 묶어 주는 가장 강력한 결속이다"라고 말했습니다.

싱글 공동체에서는 이 원칙이 더 강력하게 들어맞습니다. 싱글은 친구가 절실히 필요하기 때문입니다. 그들은 친구 관계를 짧은 시간 내에 형성하지 못하면 따뜻함과 환대가 느껴지는 싱글 그룹을 찾아서 떠납니다. 3~6개월 사이가 중요합니다. 이 기간 안에 친구를 찾지 못하면 아무런 갈등이나 문제가 없었어도 하루아침에 문자 하나 남기지 않고 뒷문으로 나갑니다. 사실상 3개월도 못 견디는 경우도 허다합니다.

따라서 방문자들을 조속히 싱글 사역팀에 배정해 의미 있는 친구 관계를 형성하도록 도와야 합니다. 적극적으로 환영하는 새가족팀과 리더들, 적절한 팔로업, 친근한 분위기, 상호교류를 극대화하는 활동은 싱글 공동체 성장의 기본 요소입니다.

졸업자-결혼 커플

모든 싱글 그룹이 직면하는 가장 중요한 질문 중 하나는 결혼 후에도 싱글 그룹에 남아 있을 수 있느냐입니다. 대부분의 싱글들은 갓 결혼한 커플의 경우 남아 있어도 된다고 생각합니다. 그러나 싱글 공동체가 새로 탄생한 커플을 사랑하고 공동체에 남아 있기를 원할지라도 그중에 누군가는 부정적인 견해를 갖고 있습니다. 커플 중 한 명에게 이성적으로 좋아하던 사람이 있을 수도 있습니다. 또한 결혼 후에도 싱글 공동체에 남아 있는 커플이 점점 늘어난다면 싱글 사역의 본질이 흔들릴 수 있습니다. 새로운 싱글의 유입에 장벽이 될 수밖에 없습니다. 교회로서도 싱글 그룹에 고인 물이 늘어난다면 바람직하지 않습니다.

심지어 새로 탄생한 커플에게도 유익하지 않습니다. 커플 그룹이나 공동체로 이동하여 다른 커플과 친구 관계를 형성하는 것이 바람직합니다. 결혼한 커플이 싱글 공동체에 남아 있으려는 가장 큰 이유는 아마도 익숙함 때문일 것입니다. 그래서 평소에 연합 행사를 진행해 다른 그룹과도 친숙하게 지낼 수 있도록 해야 합니다. 장년부의 배우자 선택법, 성공적인 연애와 가정생활 이야기는 싱글 그룹에 도움이 될 수 있습니다. 연합으로 인문학이나 신앙 특강 혹은 토론 배틀 같은 행사를 진행하면 좋습니다.

결혼한 커플은 파송식을 해주십시오. 싱글 공동체에서 희노애락을 함께하다가 결혼한 커플은 떠나는 것이 아니라 장년부로 파송하는 것이란 개념이 명확해야 합니다. 그리고 싱글 그룹과 커플 그룹이 연합하여 졸업 및 입학 파티를 개최하십시오. 양측 그룹에서 준비한 선물과 기념품을 전달하고, 커플은 받은 은혜와 감사한 마음을 나누며 옮겨 가는 커플 그룹에 대한 기대감을 간증하며 나눕니다. 한마음이 되어 축복하고 환영해 주면 다른 싱글들도 도전을 받으며 아름다운 미래를 꿈꿀 수 있습니다.

입학자-청년 그룹 졸업자

청년부에 속해 있다가 일반적으로 만 35세가 되면 싱글 공동체로 옮겨 가는 것이 통례입니다. 이들은 마음은 여전히 청년이지만 현실적으로 고등학교를 갓 졸업하고 올라온 청년들과 어울리기가 쉽지 않습니다. 더욱이 결혼 경험이 있는 경우는 청년부에 머물기가 더 어렵습니다. 청년부에서 만혼과 돌싱이 모이는 싱글 그룹으로 옮기게 될 때 많은 사람들이 혼란스러워합니다. 심지어 자기 삶과 신앙에 대해 회의감을 갖기도 합니다. 싱글 그룹은 이러한 어려움을 어떻게 해결해야 할까요?

무엇보다도 먼저 싱글 그룹이 교회 내에서 강력하고 영향력 있는 공동체로 자리매김해야 합니다. 이것은 싱글 공동체의 중차대한 과제입니다. 싱글은 사회에서는 인정받을지 모르나 집이나 교회에서는 걱정거리 취급을 받는 경우가 많습니다. 따라서 싱글들이 교회에서 가장 먼저 해야 할 숙제는 공동체의 입지를 다지고 이미지를 쇄신하며 교회와 크리스천을 이끌어 가는 전사이며 능력자가 되는 것입니다. 이때 담임목회자를 비롯해 교회 지도자 그룹의 도움이 필요합니다. 싱글 공동체가 교회에서 이벤트나 봉사활동을 하려고 할 때 이들의 적극적인 격려와 협력을 받으면 큰 힘이 됩니다. 행사 후에도 예배 광고 시간에 전 교우에게 활동 내역과 결과를 알려 주며 교회의 자랑거리로 부각시킬 필요가 있습니다.

둘째, 정기적으로 청년부와 함께 멘토링 축제 같은 연합 행사를 진행하십시오. 먼저 사회에 발을 들인 싱글 공동체가 청년들에게 직장생활 노하우나 직업에 대한 조언을 해줄 수 있습니다. 분야별로 나눠서 멘토와 멘티로서 진로 상담을 해주어 진학과 취업에 실제적인 도움을 주면 더욱 좋습니다.

셋째, 연합수련회를 진행하십시오. 청년부와 싱글 공동체는 가정을 이루고 있지 않다는 공통점이 있습니다. 사실상 관심사나 생활 패턴이 비슷하기 때문에 연합수련회 진행이 가능합니다. 특별히 서로에게 세대별 문화를 배우면 실제 사회생활에 많은 도움이 됩니다. 이때 싱글 진입 예정자와 함께 팀을 이뤄 밈 챌린지meme challenge를 시도해 보는 것도 가능합니다.

새가족팀을 중심으로 시행해야 할 사역은 이같이 다양합니다. 정리하면, 임원진은 행정을 담당하고, 소그룹 리더는 목양을 담당하며, 새가족팀은 싱글 공동체로의 진입과 적응 그리고 커플 공동체로의 파송까지 전 과정을 염두에 두고 감당해야 합니다.

싱글 미니스트리

2
싱글이 싱글을 돕는 법

주일이면 싱글들은 어디에 있습니까? 대체로 식당, 카페, 클럽, 각종 동호회 같은 곳에 가면 만날 수 있습니다. 교회에서는 거의 볼 수 없습니다. 하나님은 싱글과 싱글의 라이프스타일에 대하여 뭐라고 말씀하셨습니까? 예수님은 싱글이 독특하고 특별한 은사를 받았다고 말씀하셨습니다^{마태복음 19:11-12}. 자녀가 없는 싱글의 삶이란 가족을 부양할 책임이 없어서 나타나는 단순함, 자유로운 시간이 있어야 흘러나오는 에너지, 매이지 않는 삶에서 말미암는 가능성으로 요약할 수 있습니다.

이러한 싱글들에게는 은은하게 비추는 반딧불이 아니라 불을 지펴 줄 부싯돌이 필요합니다. 부싯돌끼리 부딪칠 때 불꽃이 일어나듯이 싱글과 싱글이 만날 때 놀라운 역사가 일어납니다. 싱글은 다음과 같은 잠재력과 가능성을 제공할 수 있습니다.

  □ 상처와 그것의 치유 과정에서 형성된 긍휼과 감수성
  □ 구속과 회복을 통해 새롭게 하시는 하나님의 은혜에 대한 깊은 감사

□ 현실감과 재치로 인생을 바라보는 능력

□ 사역을 감당할 수 있는 다양한 영적 은사와 능력

□ 유연함과 창조적인 에너지

□ 지역의 교회에 다니지 않는 싱글들을 전도하고 제자화하려는
　열망

□ 가정을 책임져야 하는 장년부와 달리 교회와 리더십에 집중하여
　발휘할 수 있는 충성과 헌신

□ 오랜 사회 경험을 통해 형성된 행정과 실무 능력

□ 기타 _____

싱글 사역자는 이중에서 개인이 가지고 있는 부분에 체크하고 그 외에 어떤 능력이 있는지 기술해 보십시오. 싱글이 자신의 능력과 재능을 모르면 사장될 수밖에 없습니다.

다음은 싱글이 싱글을 위해 자신의 능력을 사용할 수 있는 실제적인 방법입니다. 사실상 도움을 주는 사람에게도 큰 유익이 있습니다. 해당 영역에 체크해 보십시오.

함께하는 교회 사역

□ 많은 어려움을 겪은 뒤 치유되는 과정에서 단련된 경험이 있기 때문에 회복 사역에 적절하다.

□ 아픔을 해결한 싱글은 기본적 소양을 갖추면 싱글 형제자매들의 필요를 채워 주는 상담 사역이 가능하다.

□ 교사와 강사 그리고 성경공부 인도자로서 탁월한 재능을 발휘할 수 있다. 가정, 교회, 일반 사무실, 카페, 식당에서 싱글이 이끄는

소그룹 사역을 지속할 수 있으며, 공동체로의 성장까지 기대할 수 있다.

함께하는 후원과 치유

- 한부모 역할을 성공적으로 감당했기 때문에 동일한 상황에 있는 싱글 그룹의 이상적인 리더다.
- 섭식 장애, 성적 학대, 강박 장애가 있는 사람들을 위한 지원 그룹에서 도움을 주고 토론을 이끌 능력이 있다.
- 요리, 집수리, 차량 관리, 이사 등 다양한 분야에서 재능이 있는 사람들을 모아서 서로에게 도움을 주는 리더 역할을 할 수 있다.

함께하는 전도

- 개인 전도에 관심이 많다. 훈련을 받은 후 조직적으로 또래 싱글 전도에 집중해서 능력을 발휘하고 싶다.
- 외부 봉사와 섬김에 관심이 많다. 대인기피증이나 입원으로 외출이 불가능한 싱글의 필요를 채워 주고 싶다.
- 다른 싱글과 의형제를 맺어서 친구와 롤모델 역할을 하고 싶다.

함께 즐거운 시간 보내기

- 다른 싱글과 취미 활동이나 동호회를 통해 즐거운 시간을 보내고 싶다. 특히 사교적인 성격이어서 이러한 활동을 통해 에너지를 얻고 에너지를 나눠 준다.
- 계획과 연락에 특화되어 있고 추진력이 있어서 캠프, 콘퍼런스, 하이킹, 래프팅, 투어, 여행 등을 이끄는 리더 역할을 할 수 있다.

- □ 신실한 기도 파트너가 될 수 있다. 그리고 중보 기도팀의 일원으로 최선을 다하고 싶다.
- □ 성경적인 십일조와 헌금 생활로 교회의 선교와 후원 사역에 보탬이 되고 싶다.
- □ 비즈니스와 행정 전문가여서 계획과 추진에 적합하다.
- □ 교회 사역을 다방면으로 조율하고 조정할 수 있다.

싱글의 사역적 잠재력과 가능성은 무궁무진합니다. 유일한 장애는 잠들어 있는 재능을 일깨워 능력을 발휘하려는 의지와 비전의 결핍입니다. 싱글은 골칫거리가 아니고 교회와 싱글 서로에게 엄청난 자산입니다. 교회가 이 사실을 명확하게 인식하고 싱글 공동체에 힘을 실어 주면 하나님의 놀라운 역사가 일어날 것입니다.

3
기혼자가 싱글을 돕는 법

기독교 사역에서 싱글과 부부 사이에는 상당한 격차가 있습니다. 나이가 아니고 결혼 자체가 양측의 경계선으로 작용합니다. 싱글이었다가 결혼하여 가정을 이루면 관심사와 생활방식이 달라집니다. 서로 다른 세상에 살고 있다고 봐도 과언이 아닙니다. 여기에 자녀가 생기면 그 차이는 더 심해집니다. 자녀로 인해 부부는 삶이 복잡해져서 혼자 있고 싶은 욕구가 강해지지만 충족하기가 어렵습니다. 어떻게 해야 두 그룹이 분리되지 않고 의미 있는 사역을 진행할 수 있을까요?

이 장에서는 교회에서 부부가 싱글에게 끼칠 수 있는 영향력을 다루려고 합니다.

왜 도와야 하는가?

성경적으로 결혼한 사람들은 모든 크리스천과 마찬가지로 '서로 사랑하라'라는 명령 아래 살아갑니다. 그런데 결혼 이후에는 둘만의 관계에만 집중하는 경향이 있습니다. 사랑은 양적으로 모든 것을 내주는 것이라는 개념 아래 부부생활에만 애정과 관심을 쏟아붓습니다. 이로 인해 관계가 더 악화되고 있다는 것은 인지하지 못합니다. 청년 공동체에서 사랑이 넘치는 두 사람이 만나면 더 큰 사랑으로 나타나야 합니다. 하지만 많은 부부가 가족 단위의 사랑으로 축소됩니다. 사랑은 근본적으로 안이 아니라 밖으로 향해야 합니다. 흐르지 않는 사랑은 곪고 썩게 마련입니다. 정체된 사랑이 부패하기 시작하면 결혼생활은 냄새가 나고 부정한 곳으로 흘러갑니다. 반면에 섬김과 봉사, 희생과 헌신은 가정을 풍요롭게 하고 단단하게 묶어 주는 보호막입니다.

사람을 성별이나 나이 혹은 빈부나 학력으로 나누는 것이 옳지 않듯이, 결혼 여부로 교류하지 않는 것도 바람직하지 않습니다. 단절과 분리는 하나님의 은혜로 구원받은 신앙 공동체의 경이로운 모습에서 벗어난 상태입니다. 사도 바울은 에베소서에서 하나님의 백성을 그리스도의 몸에 비유하여 하나 됨과 상호 의존성을 반복해서 강조했습니다^{에베소서 2:11-22; 3:6, 18-19; 4:3-6}. 복음은 하나가 되게 하는 능력입니다. 복음을 받아들인 사람들은 하나가 됩니다. 복음을 받아들였다는 가장 강력한 증거는 이질적인 집단이나 사람이 그리스도로 인해 집단 장벽을 무너뜨리고 연합하며 하나가 되는 것입니다. 기혼 그룹과 싱글 그룹이 서로의 차이를 인정하면서도 상호 소통하고 교류하며 섬긴다면 하나님의 역사하심이 강력하게 나타나고 있다는 방증입니다.

많은 싱글이 결국 결혼을 합니다. 두 집단의 상호교류가 지속되면 싱글은 기독교적 결혼생활을 학습할 기회를 가질 수 있습니다. 오늘날 결손 가정과 성경적인 토대가 없는 가정 출신의 싱글들이 급격히 늘어나고 있습니다. 싱글에게 본을 보인다는 것은 완전한 가정이 되어야 한다는 것을 의미하지 않습니다. 삶을 공유하고 부족함을 인정하며 서로를 격려하고 성장한다는 것을 의미합니다.

무엇을 도와야 하는가

오늘날 싱글의 전형적인 특징은 유동성transience입니다. 고용주들은 직원을 다른 도시로 파견해야 하는 경우 주저하지 않고 싱글을 보냅니다. 기혼자보다 이주 비용이 적게 들고 가족이 없어서 쉽게 적응하기 때문입니다. 야간이나 주말 근무의 경우도 기혼자보다는 싱글이 우선순위입니다. 싱글이 부양이나 책임에서 자유롭기 때문입니다. 이런 이유로 비즈니스 업계는 싱글에 대한 의존도가 점점 더 높아지고 있으며, 따라서 싱글이 경쟁력을 가질 수밖에 없습니다. 하지만 이 때문에 치러야 할 대가가 반드시 따릅니다.

싱글들은 가족과 친구, 교회에서 뿌리내리지 못합니다. 이성 교제할 시간도 없습니다. 이러한 상황이 계속될 때 싱글이 겪는 외로움과 가정을 이루지 못한 아쉬움, 신앙생활과의 단절은 개인적으로뿐만 아니라 사회적으로도 문젯거리가 됩니다. 뿌리내리지 못하고 부평초처럼 떠도는 삶은 시간이 지날수록 불안함과 우울함을 동반합니다. 그러면 노년의 삶이 비참해지고 사회적 기회 비용도 늘어납니다. 행복의 가장 근본적인 조건은 소속감입니다. 소속감이 없으면 행복과 만족을 느낄 수 없고 자연스럽게 쾌락과 자극을 추구합니다. 혼술족이 급격하게 늘어나는 현상이 전형적인 증거입니다.

싱글의 또 다른 특징은 주거 형태입니다. 대부분 혼자 살거나 일정 때문에 거의 마주치지 않는 다른 싱글과 거주합니다. 독립은 이 시대의 일반적인 욕구에 부합하지만 고립은 인간의 사회적 본능과 상충합니다. 사람은 본질적으로 고립되어 살 수가 없고 외로움은 아무리 시간이 흘러도 해소되지 못하고 오히려 더 힘들어집니다. 처음에는 본가나 가족과의 분리가 편안함과 안도감으로 다가올 수 있습니다. 하지만 결국에는 대부분이 가족의 구성원이 되길 원합니다. 이러한 욕구 때문에 싱글 공동체의 구성원이 될 수 있습니다. 그러나 교제의 범위가 다른 싱글에 국한된다면 생각과 사고가 굳어질 수 있습니다.

결혼한 부부도 마찬가지입니다. 결혼생활을 하다 보면 서로에 대한 생각이 고착되고, 장점이 단점이 되며, 감사와 만족이 사라질 수 있습니다. 더욱이 결혼생활 중 느끼는 외로움은 더 고통스럽고 눈물겹습니다. 싱글이 가져다주는 신선함과 섬김의 시작은 결혼생활에 새로운 활력과 감사를 줄 수 있습니다.

부부가 돕는 방법

처음에는 '프로그램'이 아니라 삶의 방식을 나누며 우정을 쌓아야 합니다. 첫 단계는 간단합니다. 싱글들에게 집을 오픈하십시오. 싱글에게는 자기만의 세계에서 벗어나 쉴 수 있는 공간과 따뜻한 만남이 필요합니다. 가정의 온기와 환대는 싱글의 삭막하고 우울한 일상에 활력소가 됩니다.

둘째 단계는 복잡할 수 있습니다. 현실적인 교훈을 주십시오. 결혼생활의 장단점과 어떻게 하면 성공적인 결혼생활을 이어 갈 수 있는지를 알려 주십시오. 중요한 것은 사랑하는 사람을 만나서 결혼하는 것이 아니라 만나는 사람을 사랑하는 것입니다. 싱글이 연애를 시작하면 연애 코칭도 필요합니다.

셋째, 신앙 간증을 나누십시오. 간증할 것이 없다는 것은 삶에서 하나님의 역사하심을 경험해 보지 못했다는 의미이기도 합니다. 기도하는 인생을 살지 않았다는 뜻입니다. 싱글의 일상생활과 신앙에 도전과 교훈을 주고 본보기가 되는 신앙생활을 나누십시오.

넷째, 흔들리지 않는 우정을 쌓으십시오. 가벼운 친분으로 시작된 부부와 싱글의 관계가 의미 있는 우정으로 발전할 가능성은 얼마든지 있습니다. 이 우정은 싱글이 결혼하면 더 돈독해지고 유익할 것입니다. 싱글 공동체를 졸업하고 장년부로 들어갈 때 큰 도움이 됩니다.

다섯째, 자녀 양육에 도움을 줄 수 있습니다. 자녀가 없는 싱글은 부부의 자녀들과 친분을 쌓고 돈독한 관계를 형성할 수 있습니다. 아이들은 시간을 내어주는 사람에게 사랑과 애정을 갖게 마련입니다. 싱글들은 아이들과 시간을 보내면서 부모의 사랑과 자녀의 사랑을 느끼고 미래에 대한 청사진을 그려 갈 수 있습니다. 외로운 싱글에게는 생명을 살리는 약을 투여하는 것과 같으며, 삶의 의미와 희망을 찾게 해줍니다. 자녀가 있는 싱글일 경우에는 부부의 자녀들과 어울리며 친구가 된다면 더할 나위 없이 큰 도움이 됩니다. 또한 부부에게 자녀가 없는 경우, 부부가 싱글의 자녀를 가족처럼 여기고 사랑과 애정을 쏟는다면, 그 아이는 더욱 행복하고 풍성한 인생을 살 수 있습니다.

이러한 일들이 현실이 되려면 서로 더욱 신뢰하고 소통하며 하나님의 역사하심을 간구해야 합니다. 불편함이나 실망감 혹은 갈등을 인내하며 지혜롭게 해결한다면 무엇과도 비교할 수 없는 선물로 보상받을 것입니다. 싱글과 부부 사이에 형성된 인간관계는 모두에게 온전한 사랑의 표본이며 하나님의 사랑과 은혜가 얼마나 크고 놀라운지를 보여 주는 증거입니다.

여섯째, 부부는 싱글을 더 큰 세상으로 이끌어 줄 수 있습니다. 결혼생활의 현실은 결혼에 대한 이상주의적 개념과 환상을 바로잡고 결혼 경험이나 결손 가정에서 자라면서 생긴 트라우마를 치료해 줄 수 있습니다. 싱글은 이러한 과정을 통해 자기의 틀을 깨고 더 큰 영역으로 진일보하며, 싱글 공동체에만 머물지 않고 교회의 다른 그룹이나 공동체와 새로운 관계를 형성할 수 있습니다. 다가오는 교회 행사를 소개하며 진행요원으로 봉사하도록 이끌어 주면 교회에 적응하기 어려워하는 싱글에게 큰 도움이 될 것입니다.

고려해야 할 주의사항

기혼자와 싱글의 교류가 현실이 되려면 반드시 잊지 말아야 할 몇 가지 사실이 있습니다. 첫째, 싱글도 동일한 교인이며 예수 그리스도 안에서 한 가족이라는 태도와 관점을 견지해야 합니다. 교회 지도자의 태도는 교인들의 삶에 지대한 영향을 미칩니다. 싱글 공동체에서 행사나 교회 사역이 진행될 때 그들의 태도가 드러납니다. 만일 은연중에 교회 지도자들이 싱글은 교회의 정식 구성원이 아니라고 생각한다면 어떤 상황이 벌어질까요? 교회가 싱글을 일종의 노동력으로만 간주하고 교회의 리더나 이사회 구성원으로는 고려하지 않을 것입니다. 결국 싱글 공동체는 별동부대로 남을 수밖에 없습니다. 교회와 목회자가 현명하다면 싱글을 염두에

싱글 미니스트리

두고 교회의 미래를 구상하며 기혼자와 싱글의 교류를 촉진할 것입니다.

둘째, 양측의 건강한 관계를 구축하려면 노력과 헌신이 있어야 합니다. 절대로 저절로 이뤄지지 않습니다. 한 커플이 건강한 관계를 유지할 수 있는 싱글은 기껏해야 두세 명입니다. 그 이상이 되면 피상적인 관계를 넘어서지 못합니다. 두세 명과도 바람직한 관계를 놓치지 않으려면 소통과 신뢰, 배려와 헌신이 중요합니다. 이를 위해서는 부담이 될 정도의 요구나 약속은 피해야 하고, 미처 인식하지 못할 때는 솔직하게 이야기하며 정중하게 거절하는 것이 우정을 유지하는 방법입니다. 거절할 때는 너무 사무적으로 들리지 않도록 하며 그럴 수밖에 없는 이유를 상세하게 설명하십시오. 예를 들어, 자녀 하원 때문에 저녁 약속 장소에 가기 어렵다면 무조건 시간이 안 된다고 하지 말고 이유를 설명하십시오.

셋째, 부부는 특히 자녀가 있는 경우 자신들의 일정에 맞춰서 싱글을 만나고 싶어 합니다. 물론 싱글이 시간을 맞추는 것이 수월할 수도 있지만 아닌 경우도 얼마든지 있습니다. 그리고 더욱 중요한 사실이 있습니다. 그것을 당연시하지 말아야 합니다. 근본적인 태도는 평등과 상호성입니다. 마찬가지로 부부가 의식적이든 무의식적이든 불쌍한 싱글을 돕는다는 식의 태도는 지양해야 합니다. 양쪽 다 서로를 동일선상에 놓고 서로를 이해하고 사랑으로 섬기려는 자세를 명확히 해야 합니다.

넷째, 싱글과의 우정이 부부관계를 대체하는 상황이 되지 않도록 주의해야 합니다. 싱글과 우정을 나누는 데 에너지와 시간을 할애하느라 부부관계가 뒷전이 되면 모든 것이 수포로 돌아갑니다. 균형과 조화가 깨지면 모든 관계가 무너집니다.

다섯째, 균형과 조화가 깨지면 불륜의 시작이나 계기가 될 수 있습니다. 무엇보다도 하나님 앞에서 서로에게 예의를 지키며 말과 행동에서 상식선을 넘지 말아야 합니다. 남편이 여성 싱글과 가까워지는 것이나 아내가 남성 싱글과 가까워지는 것에 대하여 충분히 논의하고 적정선을 지켜야 합니다.

여섯째, 부부와 싱글들이 우정을 쌓는 것은 무료 베이비시터나 세탁 서비스 혹은 무료 식당을 이용하는 것이 아닙니다. 서로에게 해줄 수 있지만 당연시하거나 무리하게 부탁하는 일은 삼가야 합니다.

장기적이고 신실한 우정을 쌓는 능력과 그것을 위한 헌신은 당사자들뿐만 아니라 교회 전체에 유익합니다. 하나님은 우리가 한계에 도달했다고 생각할 때에도 그 한계를 뛰어넘을 만한 능력과 은혜를 주십니다. 독신자와 기혼자 간에 이러한 돌봄을 서로 제공하면 건강과 도전, 주 안에서의 순종, 성장을 이루며 인생과 결혼에 대한 귀중한 관점을 얻게 됩니다.

싱글 미니스트리

4

한부모 가정 사역

한국 사회에 이혼율과 미혼모가 급증함에 따라 한부모 가정이나 조손 가정에서 자라는 아이들이 급격히 증가하고 있습니다. 이 아이들은 일반적으로 정서적 결핍을 겪고 있으며, 경제적으로도 어려움 가운데 있습니다. 2022년 통계청 조사에 따르면, 한부모 가정은 150만 가구입니다. 한국여성정책연구원에 따르면, 2021년 기준 한부모 가정 빈곤율은 47.7%입니다. 양부모 가정 빈곤율 10.7% 대비 약 4배에 달합니다. 경제협력개발기구^{OECD} 평균인 31.9%보다 15.8% 높고, 한부모 가정 아동빈곤율이 가장 낮은 덴마크 9.7%보다 38% 높은 수치입니다.

한편, 정부의 지원을 받는 한부모 가정 비율은 54.4%입니다. 2018년 46%보다 8.4% 증가했고 조사가 시작된 2012년의 30.4%와 비교하면 20% 이상 증가했습니다. 한부모 가정의 아이들을 만나 보면 한결같이 열정이 넘치고 밝으며 구김살조차 없습니다.

〈한국공공사회학회〉^{기고자 문은영}에 실린 서울시 거주 한부모 가족 실태를 살펴보면 몇 가지 두드러진 특징을 발견할 수 있습니다.

첫째, 자녀가 있는 한부모 가족, 특히 부자father-child 가족이 가장 어려운 점으로 꼽는 것은 자녀 양육입니다. 특히 친인척의 도움을 받지 못하는 경우, 자녀 양육과 가사 부담이라는 이중고에 직면합니다.

둘째, 한부모 가족이 겪는 가장 큰 어려움은 경제적 열악함입니다. 경제적 지원에 대한 정책 수요가 가장 높게 나타나고 있습니다. 한부모 가족의 필요도가 가장 높게 나타나는 지원은 1순위가 생계비 지원, 2순위는 양육 및 학비 보조, 3순위는 주거 지원으로 나타났습니다. 경제적으로 취약한 남성 한부모의 경우 취업 상태가 불안정하여 무엇보다 자립 기반 조성이 필요합니다.

셋째, 한부모 가족의 한부모뿐만 아니라 자녀도 정서적 어려움을 겪습니다. 특히 사회적 편견으로 인해 심리적으로 위축되어 있으며 그 정도에 따라 상담이나 전문 치료가 필요합니다. 모자 가족의 경우 시설이용자나 관계기관 등을 통해 상담 치료 서비스를 이용하고 있으나, 부자 가족의 경우에는 인식 부족 등으로 이용률이 저조한 것으로 나타납니다.

정부가 한부모 가정을 경제적으로 지원한다지만 여전히 역부족이고, 정서적 결핍에 대한 지원은 사실상 전무한 상태입니다. 기껏해야 일상생활에 어려움을 겪고 있는 아이들에게 상담 치료 서비스를 제공하는 정도입니다.

어떻게 다른가?

한부모 가정의 자녀는 다른 아이들과 무엇이 다를까요? 이 아이들에 대해 무엇을 알아야 할까요? 기존의 주일학교 사역으로 충분할까요, 아

싱글 미니스트리

니면 그 아이들의 필요에 따라 어떤 변화를 주어야 할까요? 당연히 차이가 있고 변화가 필요합니다. 심지어 성경을 살펴봐도 한부모 가정 사역이 필요하다는 것을 알 수 있습니다.

아브라함의 아들 이스마엘과 사도 바울의 믿음의 아들 디모데는 한부모 가정 자녀였습니다. 이스마엘은 크고 강력한 국가의 지도자로 성장했습니다. 디모데는 사도 바울을 이어 1세기 에베소교회의 지도자이자 목회자로 성장했습니다. 두 사람 다 어머니의 손에서 자랐습니다. 하나님의 특별한 인도하심과 보호하심이 있었다는 것을 의미합니다.

사도 바울은 모든 서신서에서 '은혜와 평강이 있을지어다'라는 인사말을 사용했습니다. 그런데 디모데에게 보내는 편지에만 "은혜와 긍휼과 평강이 네게 있을지어다"라고 썼습니다. 싱글인 사도 바울이 한부모 가정의 자녀 디모데에게 더 깊은 애정과 사랑을 담아 "너 하나님의 사람아"디모데전서 6:11라고 부르는 이유는 명확합니다. 한부모 가정 자녀에게 더 세심하게 주의를 기울이고 그 필요를 충족시키는 사역을 했다는 것입니다. 사도 바울은 아무도 하나님의 은혜에서 소외되지 않게 하고 쓴 뿌리가 자라서 많은 사람을 더럽히지 않게 하라고 가르쳤습니다히브리서 12:15. 이 가르침을 따르려면 그들의 특별한 필요가 무엇인지를 파악해야 합니다.

정서적 필요

한부모 가정의 자녀들은 부모를 잃은 상실에 대하여 감정적으로 부정적인 반응을 보입니다. 그 반응에는 슬픔, 상실감, 죄책감, 거부, 분노, 우울, 자존감 상실, 혼란, 변화에 대한 두려움 등이 짙게 드리워 있습니다. 이러한 부정적인 감정에서 벗어나려면 자신의 감정을 파악하고 이해하며 긍정적으로 반응하는 법을 배워야 합니다.

가정적 필요

아동의 안전은 가정의 안정에 달렸습니다. 가정이 깨지면 자녀의 안전을 지켜 주는 보호막이 찢어집니다. 한부모 가정도 안정성을 회복할 수 있습니다. 그러나 한부모 가정이라는 새로운 형태의 가정생활에 적응하는 과정이 필요합니다. 한부모 가정에서 성장하는 과정에서 더 독립적이고 가정 형편에 더 많은 책임을 지며, 경제적 변화에 적응하고, 더 효과적으로 소통하는 법을 배워야 합니다. 교회는 이러한 적응 과정을 잘 감당할 수 있도록 실제적인 도움을 주어야 합니다.

관계적 필요

부모의 이혼이나 사별은 자녀의 인간관계 능력에 몇 가지 문제를 일으킵니다. 상실로 인해 거부감이 형성되고 또 다른 상실로부터 자신을 지키기 위해 방어하기 시작합니다. 이러한 방어기제로 인해 새로운 관계를 신뢰하지 못하고 사랑하거나 수용하기가 어렵습니다.

한부모 가정 자녀가 긍정적인 인간관계를 맺는 법을 배우려면 도움이 필요합니다. 그런데 그들을 도우려면 먼저 그들로부터 존경과 신뢰를 받아야 합니다. 따라서 겨우 일주일에 한 번 교회에서 만나는 것으로는 신뢰와 존경, 수용의 관계를 만드는 것이 어렵습니다. 아이들이 마음의 벽을 허물고 받아들일 때까지 인내하고 기다려야 하며, 그들이 무조건 수용할 준비가 되어 있을 때 진정한 도움이 될 수 있습니다.

어떻게 도울 수 있는가?

교회가 도와야 한다는 것은 명약관화합니다. 어떻게 도울 수 있을까요? 하갈과 이스마엘의 경우에서 결정적인 단서를 찾을 수 있습니다^{창세기} ^{21:17-20}.

필요를 파악하라

하나님은 소년의 울음소리를 들으셨습니다^{창세기 21:17}. 무엇보다도 도움을 파악해야 도울 수 있습니다. 가장 시급하게 필요한 것이 무엇인지 알아보십시오. 그러기 위해서는 이혼 가정과 이혼 자녀에 대한 성경의 가르침을 제대로 이해해야 합니다. 그리고 용서와 하나님의 은혜를 이해해야 합니다.

무조건 수용하라

하나님이 아이를 일으켜 네 손으로 붙들라고 하셨습니다^{창세기 21:18}. 위기에 처한 아이들을 판단하거나 재단하지 말고 상처받은 그대로 붙들어 주어야 합니다. 거절과 상실로 인해 트라우마가 생긴 아이들은 또 다른 거절을 받아들이기가 어렵습니다. 따라서 그 아이들의 상황을 파악하여 아무 조건 없이 최선을 다해 돕고 채워 주십시오. 그렇게 다가가고 기다리며 인내하다 보면 어느 날 갑자기 곁에 와 있을 것입니다.

긍정적으로 기대하라

하나님은 이스마엘을 큰 민족으로 만들겠다고 약속하셨습니다^{창세기} ^{21:18}. 한부모 가정 자녀가 슬픔 대신 수용, 상실 대신 안정, 죄책감 대신 자유, 거부와 분노 대신 사랑, 두려움 대신 평안, 비난 대신 용서, 혼란 대신 이해, 외로움 대신 새로운 관계에 들어갈 수 있도록 기대하며 도와야 합니다. 그리고 하나님이 귀하고 소중한 존재로 양육해 주실 것을 믿고 기대감을 표현하십시오.

특유의 필요를 파악하라

하갈은 소년에게 물을 주었습니다^{창세기 21:19}. 갈증이 나고 지쳐 쓰러진 이스마엘에게 물은 생명을 살리는 보약과 같았습니다. 마침 하갈은 그 아이에게 가장 필요한 것을 갖고 있었습니다. 한부모 가정 자녀들은 일반적인 필요도 있지만 특수한 필요가 있을 수 있습니다. 이것은 아이의 상황을 깊이 살펴보고 이해해야 파악할 수 있습니다. 이를 위해서는 한부모 가정과 오랫동안 교류하며 친분을 쌓아야 합니다.

영적 성장을 독려하라

하나님은 그 소년이 자라는 동안 동행하셨습니다^{창세기 21:20}. 우리도 그들과 함께 있어야 합니다. 바울은 디모데와 함께 있었습니다. 그와 동행하면서 그리스도께로 인도하고 가르치며 충고하고 권면하며 칭찬하고 사랑하며 격려하고 안수하여 사역자로 세웠습니다. 사도 바울은 수많은 사람 중에 디모데를 유독 아꼈고 그의 인생을 변화시켰습니다. 한부모 가정 자녀들에게 우리가 그러한 경험을 줄 수 있습니다.

지속가능한 사역을 시작하라

여기서 '지속'이라는 단어가 매우 중요합니다. 아이를 선택하여 그 인생을 변화시키는 것은 순간의 반짝임이 아니라 지속적인 사역입니다. 싱글 공동체가 아이와 만나서 오랫동안 교류하며 교제와 가르침을 이어 가야 열매가 맺힙니다.

일대일 관계를 형성하라

상처받고 충격에 휩싸여 혼란에 빠진 아이가 마음을 열고 수용할 수 있는 관계를 구축해야 합니다. 특별히 아이가 가장 아파하고 힘들어하는 것 그리고 가장 절박하게 필요로 하는 것을 이해하려면 일대일 관계를 형성해야 합니다. 아무리 짙은 어둠이라도 빛이 더해지면 빛이 되듯이, 어떤 미움도 사랑이 더해지면 사랑이 됩니다. 일대일 관계를 형성한다는 것은 결국 역할 모델이 된다는 것을 의미합니다. 아이들이 따라다니면서 모방하고 질문하면서 미래의 자기 모습을 그릴 수 있도록 이끌어 주십시오. 부자연스럽고 제한적인 주일학교 교실에서 벗어나 재미를 느끼도록 해야 합니다. 정기적으로 만나서 함께 맛있는 것을 먹고 요리를 하고 놀이터에서 놀아 주면서 시간을 보내면 아이들은 그 시간을 기다리게 될 것입니다.

사역을 전문화하라

한부모 가정 자녀 특유의 필요를 충족시킬 수 있는 사역을 개발하십시오. 이러한 목표를 가지고 사역을 구성하다 보면 자연스럽게 다음 세 가지 영역으로 나뉘게 됩니다.

첫째는 위기 개입입니다. 상실과 거절로 인한 부정적인 반응에 개입하여 긍정적으로 반응하도록 이끌어 주는 사역입니다. 둘째는 회복 지원입니다. 성경의 가르침을 통해 어둠과 우울함에서 벗어나 밝고 긍정적이며 희망에 가득 찬 사람이 되도록 이끌어 주는 사역입니다. 셋째는 인생 관리 지원입니다. 위기를 넘기고 회복하기 시작하면 상처를 넘어 자신의 인생을 관리하는 방법을 배워야 합니다. 이를 위해 자기 관리, 올바른 선택의 원리, 가족 구성원을 향한 하나님의 계획을 가르치고 영적 성장을 위한 주일학교 프로그램에 참여하게 합니다.

어린이 사역과 싱글 사역을 융합하는 법

한부모 가정 자녀 사역은 싱글 사역의 중요한 부분입니다. 하지만 싱글 부모는 싱글 사역에 참여하고 싶어도 자녀를 맡길 곳이 없어서 그러지 못할 때가 많습니다. 그렇다면 아이들과 함께 참석하게 하고 돌봄 서비스를 제공하십시오.

이혼 회복 세션 중에 자녀들을 위한 워크숍과 학습 센터를 진행하십시오. 싱글의 친교 모임 중에 자녀들을 위한 친교 활동도 진행하십시오. 부모가 싱글 수련회에 참석하는 동안 어린이 수련회도 진행하십시오. 어린이 수련회 기간에 싱글들이 짝을 맺고 일대일 관계를 형성하며 역할 모델이 될 수 있도록 추진하십시오. 재정적으로 여유가 있는 싱글은 그렇지 않은 싱글 부모와 자녀들을 도와주십시오. 다음의 예수님의 말씀은 싱글 사역에서 절대로 놓치지 말아야 할 사명입니다.

⁵ 또 누구든지 내 이름으로 이런 어린아이 하나를 영접하면 곧 나를 영접함이니 ⁶ 누구든지 나를 믿는 이 작은 자 중 하나를 실족하게 하면 차라리 연자맷돌이 그 목에 달려서 깊은 바다에 빠뜨려지는 것이 나으니라(마태복음 18:5-6).

싱글은 방치하면 시대적 문제가 되지만 관심을 가지면 시대적 희망이 됩니다. 싱글의 증가로 파생하는 문제는 학령인구 감소, 독거노인 증가 그리고 한부모 가정 자녀가 대표적입니다. 이중에 가장 시급하게 해결해야 할 과제는 한부모 가정의 자녀입니다. 이것을 풀기 위한 열쇠는 교회가 쥐고 있습니다.

5
실버세대 사역

노부모 부양은 더 이상 개인이 감당할 수 있는 임계점을 넘어섰습니다. 정부나 사회가 책임져야 하지만 대책이나 방안은 묘연합니다. 이러한 상황에서 교회는 어떤 역할을 해야 할까요? 왜 교회가 실버세대를 책임져야 합니까?

무엇보다도 성경의 가르침이기 때문입니다. 특별히 노인을 돌보는 정도가 아니라 공경하고 절대적으로 예의를 지키라고 말합니다레위기 19:32; 잠언 23:22; 디모데전서 5:2. 더욱이 고령층은 어린아이와 장애인과 더불어 사회적 약자입니다. 둘째, 하나님께 복을 받는 길이기 때문입니다. 십계명에 보면 부모를 공경하면 땅에서 잘되고 장수한다고 단언합니다출애굽기 20:12; 신명기 5:16; 에베소서 6:1-3. 예수님은 십자가에서의 마지막 순간에 어머니 마리아를 사도 요한에게 부탁하셨습니다. 그리고 사도 요한은 그 말씀에 순종했고 다른 제자들과 달리 이 땅에서 90세 이상을 향유했습니다요한복음 19:27. 셋째, 노인에게서 지혜와 명철을 배울 수 있기 때문입니다욥기 12:12. 인생 경험은 절대로 무시할 수 없는 자산입니다. 넷째, 사회질서의 근간이 되기 때문입니다. 부모를 우습게 아는 사람이 친구에게, 이웃에게 어떤 태도를 보일까요? 윗사람을 가벼이 여기거나 천대하는 사람은 동료나 아랫사람에게 필요나 감정에 따라 태도를 달리하거나 무시하고, 때로는 이용의 대상으로만 여길 가능성이 높습니다. 다섯째, 개인이 책임지기에는 너무 무겁고 중차대한 문제이기 때문입니다. 오늘날 사회에서 한 명의 자녀가 부모를 책임진다는 것은 사실상 거의 불가능에 가깝습니다. 노인 세대와 젊은 세대의 비율이 역전되고 그 정도가 심화되고 있는 상황에서 교회의 역할은 중요할 수밖에 없습니다.

싱글 미니스트리의 실버 사역

한국교회에서 실버세대 사역은 사실상 거의 존재하지 않습니다. 무엇보다도 실버 미니스트리에 대한 개념이 잡혀 있지 않기 때문입니다. 기껏해야 나이 드신 분들을 모아 놓고 율동하고 게임하며 식사 대접하는 정도입니다. 실버 미니스트리는 은퇴 후에도 하나님이 부르실 그날까지 이 땅에서 소중히 쓰임받으며 의미 있는 인생을 살아갈 수 있도록 돕는 사역입니다. 양로원이나 요양원의 개념으로 생각하면 안 됩니다.

만일 교회를 겉돌고 있는 싱글들이 싱글 미니스트리를 통하여 힘과 용기를 얻고 성경의 위대한 싱글들처럼 놀라운 일꾼으로 성장한다면 한국 사회와 정부도 감당하지 못하는 초고령화 사회를 책임질 수 있습니다. 실버세대 문제는 남의 이야기가 아니고 모두에게 해당됩니다. 모두 언젠가는 실버가 될 것입니다. 교회에 새롭게 등장할 일꾼들 즉 싱글이 이 이슈를 진지하게 고민하며 대안과 해결책을 마련해야 합니다. 그렇다면 구체적으로 실버세대 사역을 어떻게 감당해야 할까요?

실버세대 사역 준비

실버세대 사역은 교회에 자리 잡아야 할 사명입니다. 사명은 그냥 목숨 걸거나 열심히 한다고 감당할 수 있는 것이 아닙니다. 중차대한 사역일수록 더욱 그렇습니다. 싱글 공동체는 이 사역을 위하여 다음 몇 가지 과정을 이해하고 동의해야 진행할 수 있습니다.

실버세대 사역의 주체가 돼라

우선 이 사역을 싱글 미니스트리의 주요 사역으로 규정해야 합니다. 번외로 논의하거나 연중행사나 특별 이벤트 정도로 여긴다면 해결책이나 대안을 마련할 수가 없습니다. 싱글 공동체의 존재 가치이며 이유가 되어야 실제 사역으로 진행될 수 있습니다. 초고령화 사회 문제를 개인이나 가족 혹은 정부나 사회가 감당하지 못한다면 결국 현대판 고려장이 등장할 수밖에 없을 것입니다. 이러한 상황이 현재의 노년층뿐만 아니라 미래의 노년층에게 일어나지 않도록 싱글 공동체가 이 사역의 주체가 되어야 합니다.

사역 목적과 사역 철학을 확립하라

실버세대 사역 시작 단계에서 사역의 취지와 목적, 철학과 기도 제목을 정리하고 확정하여 선포하지 않으면 사실상 시작 자체가 어렵고 시작되어도 유지와 발전이 거의 불가능합니다. 먼저 이 부분은 팀원 모집을 위한 설득력과 동기부여가 됩니다. '왜'라는 질문에 명확하게 대답하고 설명할 수 있어야 사역에 뛰어들도록 도전을 줄 수 있습니다. 둘째, 이 부분을 통해 팀원들이 삶의 의미를 찾을 수 있습니다. 봉사와 사역에 의미부여가 된다면 지속적인 섬김이 가능하며, 더 나아가 삶의 에너지와 활력소도 됩니다. 셋째, 사역의 진척 정도와 상태 그리고 결과에 대한 평가가 가능합니다. 평가가 없으면 수정과 보완, 발전이 어렵습니다.

사역 팀장을 임명하라

공동체 내에서 실버 사역 팀장을 세우고 팀원을 모집하여 사역을 구체화하십시오. 특별히 팀장은 실버세대와 부양 싱글의 어려움을 잘 알고 헌신적인 신앙의 사람이어야 합니다. 아울러 리더십과 통찰력이 있어야 합니다. 그리고 공동체와 교회 전체에서 실버 사역 팀장을 존중하고 배려하며 협조하는 분위기를 조성해야 합니다. 혼자서 감당할 수 있는 사역은 거의 없습니다. 협조와 협력 그리고 전적 헌신이 있어야 합니다. 따라서 헌신된 팀장을 중심으로 팀원을 모집해야 합니다.

사역 팀원을 모집하라

분야별 전문가나 재능이 있는 싱글을 팀원으로 영입하는 것이 바람직합니다. 실버세대를 위한 단독 사역을 위해서는 기본적으로 1종 운전면허 소지자, 요리, 헤어, 마사지, 의료인 등의 전문가가 있는 것이 좋습니다. 팀원의 역량에 따라 사역 방향을 결정해야 합니다. 실버세대 사역은 실버세대가 사역을 하도록 돕는 협력 사역입니다. 따라서 전문 사역과 더불어 협력 사용을 진행하려면 팀원을 여유 있게 확보하는 것이 바람직합니다.

싱글 공동체 내에서부터 시작하라

공동체 내에 부모님을 부양하는 싱글이 있는지 파악하고 그 싱글과 함께 사역을 시작하십시오. 싱글 중에는 부모 부양으로 힘들어하는 경우가 상당히 많고, 그 비율은 점점 더 커지고 있습니다. 노부모를 모시는 것은 큰 축복이지만 개인의 삶을 영위하기가 어렵다는 부분도 간과할 수 없습니다. 노부모를 부양하는 싱글에게 도움을 주는 정도는 지체 간의 친밀함에 달려 있습니다. 구성원 간의 관계에 따라 사역의 종류와 정도 그리고 구체적인 도움이 정해집니다. 특별히 부양 중인 싱글이 오픈하는 수준에서만 사역을 진행해야 합니다.

실버세대 사역의 실제

실버세대 사역은 싱글 공동체의 '단독 사역'과 실버 공동체와의 '협력 사역'으로 나뉩니다. 이 두 가지 사역에 대한 이해가 전제되어야 전문적이며 체계적인 사역이 가능합니다. 사역의 범위와 내용은 가용 봉사자에 따라 다르게 결정하여 추진해야 합니다.

단독 사역

싱글 공동체가 실버 공동체 구성원을 사역의 대상으로 규정하고 각종 봉사와 섬김을 실천하는 사역입니다. 우선 다양한 경조사례를 담당하는 '이벤트 사역'이 있습니다. 생일 축하부터 장례식까지 전문적으로 팀을 구성하여 감당할 수 있습니다. 둘째는 '도우미 사역'입니다. 거동이 불편한 분들에게 차편을 제공하고 병원에 모셔다 드리고 각종 은행 업무와 핸드폰 개통 그리고 온라인 예배 시스템 설치 같은 봉사가 필요합니다. 셋째는 '생활 지원 사역'입니다. 노인 세대 중에는 식사와 생필품, 난방과 주거지 수리 같은 부분에서 지원이 필요한 분들이 많습니다. 더 나아가 헤어나 목욕, 세탁과 청소 같은 것들을 도울 수 있습니다. 그리고 정부나 지자체의 도움을 받을 수 있도록 연결하는 서비스도 포함합니다. 넷째, '교육 사역'입니다. 정부나 지자체에서 운영하는 프로그램 외에 더 필요한 부분을 제공할 수 있습니다.

특별히 은퇴자 교육 프로그램은 가장 중요합니다. 미국교회의 경우, 정기적으로 은퇴자들을 모아서 본격적으로 봉사와 섬김의 삶을 살아갈 수 있도록 돕습니다. 단순히 성경공부를 하는 것이 아니고 '매력 있는 노년이 되는 법'에서부터 자신의 재능과 전문지식으로 봉사하는 것까지 다양한 프로그램이 운영됩니다. 나이가 들어서 가장 슬픈 것은 더 이상 필요해서 불러 주는 곳이 없다는 사실입니다. 하나님이 부르시는 날까지 소중하게 쓰임받는 삶이 될 수 있도록 서로를 도와야 합니다.

협력 사역

실버 공동체가 공동체와 교회 그리고 지역사회를 대상으로 봉사할 수 있도록 돕는 사역입니다. 한국교회는 은퇴를 하면 교회의 모든 사역에서 제외되고 뒷방 노인으로 여기는 분위기가 일반적입니다. 이것은 무엇보다도 성경적인 관점이 아닙니다. 모세와 갈렙을 비롯해 나이가 들어서 하나님께 위대하게 쓰임받은 경우가 허다하며 생명이 끝나는 날까지 주의 일에 전념하는 것이 일반적입니다신명기 34:7; 여호수아 14:10. 야곱은 나이가 들어서 눈이 어두워졌지만 바로를 축복해 줄 만큼 영향력 있는 삶을 살았습니다창세기 47:9-10.

협력 사역은 세 종류의 팀으로 나눌 수 있습니다. 첫째, 블레싱팀blessing team입니다. 이 팀은 환영과 심방 그리고 축복과 격려를 담당하며, 어르신 세대가 가장 잘하실 수 있는 분야이기 때문에 가장 중요합니다. 예배나 모임 시간 전후에 각자의 자리에서 반갑게 인사하고 격려하며 축복하는 역할을 합니다. 이 과정에서 자리를 가장 먼저 채우고 분위기를 끌어올리는 역할도 담당하게 됩니다. 또한 병중에 있는 교우를 심방하고, 개업식에 참석하여 축복하며, 장례식에 참석하여 하객이나 조문객 역할도 감당할 수 있습니다. 이때 싱글 공동체팀이 동행하며 운전과 길잡이 역할을 해야 합니다. 이에 더하여 개척교회에 방문하여 예배 드리고 모아 놓은 선교헌금이나 목회자 자녀를 위한 선물을 전달하고 기도해 주는 아웃리치 사역도 겸할 수 있습니다.

둘째, 멘토링팀mentoring team입니다. 카운슬링팀counseling team이라고 명명해도 무방합니다. 전문직이나 사업을 하던 분들이 같은 길을 가려는 교우들에게 조언을 해줍니다. 힘겨운 일이나 답답한 일이 있는 사람들의 말을 들어주고 격려해 주는 상담자 역할을 합니다. 대면상담이나 전화상담 모두 가능합니다. 현대 사회에서 경청자의 역할은 매우 중요합니다. 갑갑한 세상에서 숨통을 트이게 하는 효과가 있기 때문입니다. 실제로 상담학에서는 문젯거리를 들어주기만 해도 80%는 해결이 되는 것으로 봅니다. 문제에 대한 답을 본인들이 가장 잘 아는 경우가 대부분이기 때문입니다. 한편, 당사자에게는 막막하고 답이 없는 문제이지만 제3자의 입장에서는 답이 명확하게 보이는 경우가 많습니다.

셋째, 서빙팀serving team입니다. 주차 안내, 식당 봉사, 청소, 시설관리 등 교회 전체의 궂은일을 도맡아 감당하는 사역입니다. 이 역할은 인생 경험과 더불어 시간적 여유가 있어야 감당할 수 있습니다. 싱글 사역팀은 실버세대가 이러한 봉사를 진행할 때 현대적 방식을 이용하도록 도와서 수월하며 효율적으로 섬기고 매력적이며 세련된 사역팀이 되도록 조력해야 합니다. 예를 들어, 밤에 주차 안내를 하면서 휴대폰 조명 기능을 사용하는 방법만 알려드려도 큰 도움이 되며, 점심 친교 식사 준비 시 요즘 인기 있는 매뉴 선정과 조리법, 디스플레이 방법과 조리기구를 알려 드릴 수도 있습니다.

이외에도 싱글 공동체가 실버세대를 섬기기 위한 방법은 많이 있으며, 교회나 지역사회 혹은 시기에 따라 다양한 사역을 시도할 수 있습니다. 하지만 어떤 상황에서도 놓치지 말아야 할 사실이 있습니다. 새 포도주는 새 부대에 담아야 합니다^{마태복음 9:17; 마가복음 2:22}. 현시대와 더불어 섬기려는 대상을 이해하고 그에 맞는 태도와 가치관, 방법을 연구하며 고안해 내지 못하면 사역은 실패로 돌아갈 가능성이 높습니다. 내 방식과 내 생각만 고수하지 말고 서로를 이해하고 수용하려는 노력이 기반될 때 풍성한 열매와 수확을 기대할 수 있습니다.

Single
Ministry

싱글의
실제 문제와
방안

1
싱글의 데이트와 사랑

싱글 사역은 싱글에 대한 이해와 문제해결을 전제로 이뤄집니다. 따라서 소그룹 리더를 포함하여 싱글 사역자는 싱글 특유의 세 가지 어려움 즉 '영성', '경제 능력' 그리고 '이성교제'를 이해하고 그 문제에 대한 가이드라인을 제시하며 상담할 수 있어야 합니다. 싱글 사역은 교회생활만 잘 하도록 돕는 것이 아닙니다. 이 땅에 발을 딛고 살 동안 예수님의 가르침대로 '뱀같이 지혜롭고 비둘기같이 순결'해야 하고, 교회는 이 부분에 대한 책임이 있습니다.

싱글이 겪을 수 있는 가장 우선적이고도 큰 문제는 이성 교제라고 해도 과언이 아닙니다. 외로움을 겪는 싱글은 대체로 우울함이나 무력감에 시달리지만, 데이트를 시작하면 살아갈 힘과 열정이 되살아난다는 사실을 부정할 수 없습니다.

싱글 성인들에게 데이트는 여전히 설레는 주제이지만, 감당해야 할 문제들로 인해 실제로는 힘겨운 고통으로 느껴집니다. 그래서 심지어 데이트보다는 결혼을 원하기도 합니다. 그런데 그들은 무엇 때문에 데이트

싱글 미니스트리

에 어려움을 느낄까요?

결혼한 사람들이 싱글을 만나면 으레 던지는 질문이 있습니다. "요즘 데이트는 하고 있어?" 물론 처음부터 그러는 것은 아니고 정치나 경제 같은 현안 이슈로 시작했더라도 결국 이 질문에 도달합니다. 싱글들은 이 질문에 민감하게 반응합니다. 싱글들에게도 데이트는 재미와 즐거움을 주고, 그래서 값으로 따질 수 없을 만큼 소중합니다. 하지만 현실은 데이트 자체가 쉽지 않습니다. 데이트를 하더라도 그렇게 달콤하지만은 않습니다.

왕자와 공주가 만나서 알콩달콩 사랑을 나누다 자기들만의 견고한 궁전을 지어서 행복을 이루는 것, 모든 연인이 바라는 것입니다. 하지만 연인이 되기가 어렵다는 게 문제입니다. 내가 좋아하면 상대가 싫어하고, 상대가 좋아하면 내가 싫습니다. 다행히 서로 마음이 맞아서 연애를 시작해도 현실의 무게와 성격, 생활방식의 차이 등이 스트레스가 되고 심지어 고통이 되기도 합니다. 더 심각한 것은 이러한 상황이 한두 번이나 단기간의 경험이 아니고 이성에게 호기심을 갖기 시작한 사춘기부터 지속되었다는 사실입니다.

이런 연유로 싱글 사역자들은 성경적인 데이트 모범을 만들고 싶어 합니다. 성경적인 시스템을 구축하려고 합니다. 그러나 데이트는 모세나 아브라함을 비롯해 대부분의 성경 기자들의 이해와 상상력을 초월합니다. 성경 구절이나 성경 스토리를 오늘날 싱글의 상황에 적용하기가 쉽지 않고 심지어 유용하지도 않습니다. 그렇다면 싱글 사역자들은 이 문제에 대하여 어떻게 해야 할까요?

문제가 있다는 것은 답이 있음을 의미합니다. 아무리 막막해도 해석과 접근 방식을 달리하면 정리되게 마련입니다. 다음 몇 가지 지침이 결정적인 도움이 될 것입니다.

데이트의 이면을 보게 하라

절망이 있으면 희망도 있습니다. 슬픔이 있으면 기쁨도 있습니다. 부정적인 면이 있으면 희망적인 면도 있습니다. 싱글의 데이트는 즐거움도 될 수 있고 괴로움도 될 수 있습니다. 데이트를 어렵게 느끼는 가장 큰 이유는 즐거움만 취하려고 하거나 부정적인 측면을 잘못된 만남으로만 해석하기 때문입니다. 어려움이나 문제는 극복하지 못하면 괴로움이지만 극복하면 큰 기쁨이 됩니다.

데이트의 개념을 확장시켜라

싱글들이 데이트를 문제가 아닌 기회로 여기도록 도울 필요가 있습니다. 사람은 갈등과 번뇌, 고통을 통해서 성장합니다. 즐거움이나 설렘 혹은 짜릿함은 순간의 쾌락은 될지언정 성장의 발판이 되기는 어렵습니다. 데이트를 하면서 다투지 않는 방법이 아니라 다툼을 해결하는 방법을 배워야 합니다. 이것이 선결되지 않으면 결혼생활은 불행으로 이어질 수밖에 없습니다.

부정적인 감정을 표현하고 극복할 수 있도록 도우라

많은 싱글이 모두가 꿈꿀 만한 데이트를 즐기는 극소수의 싱글들을 부러워합니다. 휴일 아침, 커피와 함께 달달한 도넛을 먹으며 허전함을 달래 보지만 공허함이 그대로 남습니다. 교회에서 예배를 드리고 주일학교 교사로 봉사하며 상당한 사회적 지위도 있고 성품도 좋은 싱글이라도 데이트는 남의 얘기일 뿐입니다.

싱글들은 이러한 상황을 '불공평하다'고 느낄 수밖에 없습니다. '인생 자체가 불공평하다'는 인식으로까지 나아가면, 어떤 싱글은 눈물을 흘리고, 어떤 싱글은 낙담하며, 어떤 싱글은 다른 사람의 데이트를 시기하고 질투합니다. 어떤 싱글은 아무렇지 않은 것처럼 행동하지만 실제로는 심적 어려움과 혼란을 겪고 있습니다. 사역자들은 데이트조차 없는 싱글의 현실을 이해하고 그 부정적인 감정을 극복할 수 있도록 도와야 합니다.

거창한 환상을 내려놓게 하라

일부 싱글들은 완벽한 매칭을 추구합니다. 왕자 같은 사람, 공주 같은 사람을 만나려는 기대감으로 가득하다면 현실적으로 그것은 무엇을 의미할까요? 현실감이 없다는 것을 뜻합니다. 왕자와 공주가 만나면 행복할 것 같지만 실제로는 갈등하고 충돌하며 힘겨움의 연속입니다. 왜냐하면 서로가 왕자 대접, 공주 대접 받는 것에 익숙해 있고, 더 나아가 상대방에게 그것을 기대하기 때문입니다. 왕자 대접받고 살던 사람이 상대방에게 마당쇠 역할을 해줄 리 만무합니다. 공주 대접받고 살던 사람이 상대방에게 무수리 역할을 해줄 가능성은 거의 없습니다. 실제로는 왕자와 무수리가 만나고 공주와 마당쇠가 만나야 행복합니다. 그런데 그런 만남에서는 케미스트리chemistry가 터지지 않으니 연인 사이로 발전하기 어렵습니다. 연인 사이로 발전해도 오래가지 못합니다. 대등한 관계만이 지속적일 수 있고 관계의 진전이 가능하다는 사실을 잊지 말아야 합니다. 싱글들은 인생 경험을 통해 감정적으로 그리고 영적으로 더 성숙한 경우가 많습니다. 성숙한 모습 자체가 진정한 왕자이며 공주란 사실을 잊지 말아야 합니다.

싱글이 직면한 데이트의 현실

싱글들은 데이트하고 싶습니다. 하지만 현실은 어떨까요?

예전 방식은 적용되지 않는다

십 대나 이십 대의 생각을 그대로 유지하고 있으면 싱글라이프도, 데이트도 온전히 누릴 수 없습니다. 일단 30~40대 이상의 연령층은 각자 생활방식이 다르고 추구하는 방향도 너무 다릅니다. 생활 패턴이나 생각이 비슷하던 20대와 다릅니다. 예를 들어, 고등교육을 받았고 도시 근교에 살면서 전문직에 종사하는 여피족yuppie이 데이트를 하려면 바쁜 일정 가운데 시간을 쥐어짜야 합니다. 어떤 싱글은 비슷한 시간대에 일하는 사람들과 데이트를 하고 싶어 합니다. 게다가 한쪽이 일방적으로 요구하는 데이트가 아니라 쌍방이 추구하는 데이트를 원합니다.

많은 싱글이 데이트를 하지 않는다

데이트를 자랑하는 횟수의 4건 중 한 건 정도만 사실이고 나머지 세 건은 사실이 아닙니다. 일반적으로 많은 싱글이 데이트에 대해 허풍을 떠는 게 사실입니다. 허풍을 떨지 못하는 싱글은 모두가 데이트를 하는데 자신만 그렇지 못하다고 생각해서 우울감에 젖습니다. 하지만 적잖은 싱글들이 실제보다 부풀려 말함으로써 공허함을 달래고 있다는 사실을 잊지 말아야 합니다. 싱글 사역자는 싱글들이 이 사실을 명확히 인지하도록 도울 필요가 있습니다.

어떤 데이트는 번거로울 뿐 가치가 없다

너무 많은 싱글들이 데이트가 없는 것보다는 나쁜 데이트라도 하는 게 낫다고 생각합니다. 당연히 잘못된 생각입니다. 시간, 돈, 감정을 낭비하는 데이트는 인생을 좀먹습니다. 백해무익한 데이트보다는 봉사와 섬김이 훨씬 낫습니다. 봉사와 섬김은 창조적 인생의 기초가 됩니다. 더욱이 데이트 폭력이니 성폭행이니 하는 매스컴의 보도가 갈수록 도를 더해 가는 것을 보면 그만큼 잘못된 만남이 많은 것 같습니다.

오늘날 사이코패스, 신경증, 가학성 인격장애, 심지어 남성 혐오나 여성 혐오 같은 증상을 보이는 사람들이 적잖습니다. 데이트에 굶주릴수록 이런 사람들을 분별하지 못할 가능성이 짙습니다. 안타깝게도 많은 싱글이 그런 사람을 만나 아픔을 겪은 뒤에야 신중하게 만나게 해달라고 기도하기 시작합니다.

자기 자신에게 지나치게 초점을 맞추고 있어서 다른 사람들과 교류할 여유를 갖지 못하는 싱글들도 있습니다. 다양한 계층의 다양한 사람들과 교제하지 않으면 분별력이 생길 수가 없습니다. 독백만 반복하는 싱글들이 험한 세상에서 생존할 수 있을까요? 더 나아가 데이트 비용을 많이 사용하면 친밀도가 그에 상응하게 올라간다고 생각할 수 있습니다. 절대로 그렇지 않습니다. 데이트 비용이 데이트 성공의 척도는 아닙니다. 오히려 마음을 얻기 위해 수준에 맞지 않을 정도로 과도하게 데이트 비용을 지출한다면 핑크빛 미래를 기대하지 말아야 합니다.

데이트 비용은 중요하다

예전엔 남자가 데이트 비용을 내는 것을 상식처럼 여겼으나 지금은 그렇지 않습니다. 사춘기에는 그럴 수 있어도 나이가 들고 경제활동을 하는 상황에서 예전 방식으로 데이트하려고 한다면 집에서 혼자 넷플릭스나 봐야 할 것입니다.

남자 싱글들은 재정 상태가 그리 탄탄하지 않습니다. 집세, 세금, 보험, 자동차 유지비, 각종 공과금에 심지어 자녀 양육비까지 지출하고 있다면 여유가 없습니다. 이런 상황에서 남자가 일방적으로 데이트 비용을 지출하는 데이트를 하고 있다면, 상대 여성에 대한 호감도가 떨어질 수밖에 없습니다. 여자가 데이트 비용을 분담해 줄 때 둘의 관계에 진전이 생길 것입니다.

생각이 비생산적일 수 있다

어떤 싱글은 몸무게를 감량하거나 새 직장을 구하면 데이트를 하겠다고 생각합니다. 어떤 조건이 충족되면 데이트를 시작하겠다고 고집하면 결국 혼자 있는 시간만 늘어나고 자기 발전이 없을 것입니다. 데이트하면서 자기를 돌아보고 잘못된 대화방식이 없는지 점검하면서 점점 더 매력 있는 사람이 되어야 합니다. 그런데 더 심각한 상태가 있습니다. 백마 탄 왕자님을 기다립니다. 우아한 드레스를 입은 상큼한 공주님을 고대합니다. 하나님은 최고의 것이 아니라 최선의 것을 주십니다. 가장 적절한 것을 주신단 말입니다.

집착은 데이트에 마이너스가 된다

데이트하면서 누릴 수 있는 작은 즐거움에 만족해야 합니다. 상대방

싱글 미니스트리

을 소유하거나 좌지우지하려 한다면 데이트는 깨지게 되어 있습니다. 쉽게 말해서 상대방을 소유하기 위한 데이트는 폭력입니다.

정말 중요한 것은 감정적 교류입니다. 상대방과 내가 무엇을 원하는지가 명확하게 드러나야 합니다. 데이트하면서 도자기를 만들고 자수를 놓으며 그림을 그려서 무엇을 얻어야 합니까? 도자기나 자수 혹은 그림이 아닙니다. 거기에 쏟은 마음, 거기에 쏟은 시간을 공유하는 것입니다. 물물교환하듯이 서로의 마음을 확인하고 작은 유익을 얻는 법을 배워야지 집착하거나 소유하려고 하면 그 만남은 깨질 수밖에 없습니다.

남자들은 요리나 바느질 혹은 청소 잘하는 여자를 만나고 싶어 합니다. 여자들은 집 보수, 자동차 수리 혹은 보안 문제를 해결할 수 있는 남자를 만나고 싶어 합니다. 어떤 사람은 상대를 기본적인 생활수단으로 삼으려고 합니다. 상대방을 이용하려는 자세와 태도는 기본적으로 기독교적 사고와 거리가 멉니다. 싱글들은 집착하는 태도에서 벗어나 데이트하는 사람의 정서 포트폴리오를 주의 깊게 분석하는 기술을 배워야 합니다.

일부 남성은 마마보이다

일부 남성은 여성의 성향과 기대를 이해하지 못해서 혼란에 빠지다가 아내보다는 엄마를 찾는 경우가 있습니다. 어떤 남성은 지나치게 수줍음이 많아서 데이트 중에 심리적 압박에 시달리고 여성을 대하는 방법을 몰라서 허둥거립니다. 심지어 친구들의 세련된 기교를 부러워하며 자기 같은 사람과 누가 데이트를 하겠느냐고 한탄합니다. 어떤 남성은 거절에 대한 두려움 때문에 힘겨워합니다. 삶의 이유와 근거 그리고 진정한 능력이 어디에서 말미암는지를 명확히 할 필요가 있습니다.

데이트가 잘못된 길로 갈 수 있습니다. 그렇다면 그것을 구체화하고 명확히 이해해서 과거의 문제를 교훈으로 삼고 현상태를 진단하며 미래를 예측해야 합니다. 데이트에 대한 관점이나 생각이 잘못되지 않았는지 점검하십시오.

먼저 판타지 데이트가 있습니다. 꿈에 그리는 이상형과 만나는 것에 집착하는 경우입니다. 싱글이 왕자와 공주를 만나는 환상에 빠져서 그것에 집착하면 상대방의 진정한 매력을 알아볼 수 없습니다. 이런 이유로 아예 데이트를 피하거나 데이트를 해도 상대방의 소중함을 모르기 쉽습니다.

둘째, 모든 만남을 간식처럼 여기는 싱글도 있습니다. 너무 진지해지면 나중에 꿈에 그리던 이상형이 나타났을 때 우아하게 관계를 끝낼 수 없다고 생각하기 때문입니다. 그래서 그냥 친구로 지내자고 합니다. 심각하지 않으면서 귀찮지 않은 데이트를 추구합니다. 그러나 위험을 감수하지 않고 관계를 발전시키기는 어렵습니다. 적당한 만남은 적당한 관계만 만들 뿐입니다. 적지 않은 싱글들이 특별한 친구를 많이 만들어 놓습니다. 그것이 싱글의 특권 중 하나라고 말하기도 합니다. 이렇게 이성 친구 한두 명과 로맨틱한 분위기의 만남을 이어 갈 수는 있지만, 결국 상처로 끝납니다.

셋째, 어떤 싱글은 아젠다 데이트agenda dating를 추구할 수 있습니다. 오직 결혼에만 목표를 두고 데이트를 하는 경우를 말합니다. 이러한 데이트 역시 비생산적일 수밖에 없습니다. 데이트는 친밀함과 우정을 강화해야 합니다. 이 친밀함과 우정이 결혼으로 이끌어 주기 때문입니다. 그런데 오로지 결혼 목적의 데이트를 하면 갈등과 협상, 이해와 인내력 테스트 같은 현실만 남습니다. 지칠 수밖에 없습니다.

그런데 크리스천에게 특별히 문제가 되는 만남이 있습니다. '과도기적' 데이트입니다. 신앙과 세상에 양다리를 걸친 만남입니다. 즉 예수 그리스도를 구원자로 인정하지만 삶의 주인으로는 받아들이지 못한 크리스천들의 데이트를 말합니다. 이러한 크리스천은 어느 한쪽에도 속하지 못하고 여전히 두 세계에 살고 있습니다. 그리스도께 온전히 헌신하는 크리스천은 절대로 타협하지 않습니다. 그리스도께 온전히 헌신하지 않는 크리스천이 데이트를 시작하면 많은 문제가 불거집니다. 문제가 있다는 것을 알면서도 데이트 방식과 만남을 지속하면 그 문제는 고착화되고 끊을 수 없는 연결고리가 됩니다. 싱글 크리스천은 단호하게 타임아웃을 요구해야 합니다.

한편, 크리스천 싱글은 언어 사용에 주의를 기울여야 합니다. 쉽게 '사랑한다'라고 말할 수 있습니다. 그 말의 중요성과 오해의 가능성을 배제한 채 말입니다. 사람마다 그 말에 대한 느낌과 생각, 경험과 가치관이 다릅니다. 또한 싱글 크리스천은 토요일 밤의 모습과 일요일 아침의 모습이 비교될 수 있습니다. 주위에는 우리의 모습을 지켜보는 이들이 많습니다. 싱글 크리스천은 데이트하면서 현실을 무시하지 말되 그 현실을 구원 사역의 관점에서 다뤄야 합니다.

사역자들은 어떻게 싱글 데이트를 도울 수 있나

시대가 급변한 것도 영향이 있긴 하지만 이십 대의 데이트와 싱글 계층의 데이트는 근본적으로 다릅니다. 싱글들은 데이트를 떠올리면 설렘보다는 걱정이 앞섭니다. 그렇다고 해서 데이트를 회피할 수는 없습니다. 오래전부터 우리 사회는 데이트를 배우자를 찾기 위한 과정으로 여겨 왔습니다. 그래서 데이트는 싱글들에게 더 무겁게 느껴질 수밖에 없습니다. 이에 더하여 또래들은 데이트를 사회성, 신체적 매력, 심지어 성적 능력의 척도로까지 여기기 때문에 그 무게감이 더해집니다. 싱글들이 이러한 압박에 시달리고 있기 때문에 이 주제에 대한 적절한 교육이 필요합니다. 성인들의 데이트 상황이 아무리 복잡해도 이 문제는 싱글 개인과 싱글 사역의 성장과 발전의 토대가 될 수밖에 없습니다.

싱글의 데이트에 대하여 사역자들은 어떻게 책임지며 도와줘야 할까요? 세 가지 조건이 충족되어야 합니다. 첫째, 중요한 문제와 씨름하고 있는 싱글들을 가르칠 수 있는 교육 시스템에 초점을 맞춰야 합니다^{디모데후서 3:16-17}. 체계적인 교육 시스템이 있다는 것은 문제에 대한 답이 있다는 것을 의미합니다. 답이 있으면 기쁨을 느끼게 마련입니다. 둘째, 데이트를 통해 하나님께 영광을 돌리는 것에 초점을 맞춰야 합니다^{고린도전서 10:31}. 사실상 데이트 문제에 정답이 없습니다. 옳고 그름의 문제라기보다는 성향과 취향 그리고 상황의 차이이기 때문입니다. 이런 경우에는 "먹든지 마시든지 무엇을 하든지 다 하나님의 영광을 위하여 하라"는 말씀에 초점을 맞추면 쉽게 해결됩니다. 셋째, 싱글 사역 그룹이 데이트를 돕는 가장 좋은 방법에 초점을 맞춰야 합니다^{전도서 4:9}. 데이트에도 방법과 요령이 필요합니다. 준비된 데이트를 하면 즐겁지만 그렇지 않으면 스트레스가 됩니다. 따라서 싱글 사역은 데이트 노하우를 전수하는 과정을 포함해야 합니다.

데이트의 성경적인 배경

　데이트라는 주제에 관한 성경의 가르침을 전하려고 할 때 사실상 할 수 있는 것이 거의 없습니다. 성경 기록 당시는 완전히 다른 문화권이기도 하지만 데이트를 배우자 선택 과정으로 여기지 않았기 때문에 성경에는 데이트에 대한 언급 자체가 거의 없습니다. 당시에는 정략결혼이나 일부다처제 혹은 신부 매수 같은 방식이 일반적이어서 오늘날처럼 '사랑'이 끼어들 여지가 없었습니다. 그래서 성경은 사랑하는 사람을 만나서 결혼하는 것보다 결혼한 사람을 사랑하라고 가르칩니다^{에베소서 5:22-33}.

　그러나 성경은 남녀관계와 크리스천 간의 일반적인 관계에서 중요한 것을 언급하고 있습니다. 바로 이 부분을 주도면밀하게 살펴보면 오늘날의 데이트에도 적용할 수 있습니다. 먼저 이 부분에 대한 사도 바울의 언급입니다^{고린도전서 7:8-9, 17, 20, 25-28, 32, 34-35}.

> ⁸ 내가 결혼하지 아니한 자들과 과부들에게 이르노니 나와 같이 그냥 지내는 것이 좋으니라 ⁹ 만일 절제할 수 없거든 결혼하라 정욕이 불같이 타는 것보다 결혼하는 것이 나으니라.

> ¹⁷ 오직 주께서 각 사람에게 나눠 주신 대로 하나님이 각 사람을 부르신 그대로 행하라 내가 모든 교회에서 이와 같이 명하노라.

> ²⁰ 각 사람은 부르심을 받은 그 부르심 그대로 지내라.

> ²⁵ 처녀에 대하여는 내가 주께 받은 계명이 없으되 주의 자비하심을 받

아서 충성스러운 자가 된 내가 의견을 말하노니 ²⁶ 내 생각에는 이것이 좋으니 곧 임박한 환난으로 말미암아 사람이 그냥 지내는 것이 좋으니라 ²⁷ 네가 아내에게 매였느냐 놓이기를 구하지 말며 아내에게서 놓였느냐 아내를 구하지 말라 ²⁸ 그러나 장가가도 죄 짓는 것이 아니요 처녀가 시집가도 죄 짓는 것이 아니로되 이런 이들은 육신에 고난이 있으리니 나는 너희를 아끼노라.

³² 너희가 염려 없기를 원하노라 장가가지 않은 자는 주의 일을 염려하여 어찌하여야 주를 기쁘시게 할까 하되.

³⁴ 마음이 갈라지며 시집가지 않은 자와 처녀는 주의 일을 염려하여 몸과 영을 다 거룩하게 하려 하되 시집간 자는 세상 일을 염려하여 어찌하여야 남편을 기쁘게 할까 하느니라 ³⁵ 내가 이것을 말함은 너희의 유익을 위함이요 너희에게 올무를 놓으려 함이 아니니 오직 너희로 하여금 이치에 합당하게 하여 흐트러짐이 없이 주를 섬기게 하려 함이라.

　　사도 바울의 이러한 언급을 분석해 보면 데이트에 대한 다음과 같은 원칙을 도출해 낼 수 있습니다.

　모두가 데이트할 권리를 가진다
　　위의 고린도전서 7장의 말씀은 사도 바울이 고린도교회에 보낸 편지 중 일부이며 데이트의 중요한 출발점을 언급하고 있습니다. 사도 바울은 먼저 모두가 결혼할 권리가 있다고 강조합니다. 하지만 그리스도를 위한 사역에 열정과 에너지, 시간을 더 쏟아부으려면 결혼하지 않는 것이 바람직하다고 말합니다. 그리고 이것은 하나님께 특별한 소명을 받은 사람에게 해당한다고 못을 박습니다. 이와 함께 결혼생활도 여전히 하나님께 영광을 돌려드리는 행위이며, 하나님이 주신 복이라고 덧붙입니다.

결혼할 권리가 모두의 권리라면 데이트 역시 모두의 권리라는 것을 의미합니다. 성경 시대에는 데이트 없이 결혼하는 것이 당연했지만 오늘날에는 불가능합니다. 어떤 싱글은 데이트가 하나님과의 관계를 위협하며 온전한 헌신을 방해할 것 같다고 생각합니다. 그런데 사도 바울은 결혼을 추구하는 것이 바람직하다고 단언합니다. 오늘날 문화에서 데이트는 결혼으로 향하는 필수 과정입니다. 하나님은 싱글의 삶으로 부르셨지만 그 부르심은 일반적으로 영구적이지 않습니다. 따라서 데이트는 하나님이 명확하게 막으시지 않는 한 자유로이 누릴 수 있습니다.

크리스천과 데이트를 하는 것이 바람직하다

사도 바울은 고린도전서 7장 10-14, 39절에서 크리스천의 이성 교제에 관한 두 번째 메시지를 언급합니다. '하나님의 뜻은 크리스천이 크리스천과 결혼하는 것이다.' 데이트와 결혼에 대한 사도 바울의 접근 방식은 하나님께 영광을 돌려드리는 데 있습니다. 비크리스천과의 결혼이 성경적이지 않듯이 비크리스천과의 데이트 역시 위태로운 선택입니다. 이 성경 구절에 근거해서 비크리스천과의 데이트를 죄라고 규정할 수는 없지만 불신자와의 데이트는 깊은 사랑과 헌신에 방해가 됩니다. 이는 부인할 수 없는 사실입니다.

고린도전서 6장에서 데이트의 또 다른 면을 생각해 볼 수 있습니다. 남녀 사이에 크리스천이 취해야 할 자세와 태도입니다.고린도전서 6:15, 18-20.

¹⁵ 너희 몸이 그리스도의 지체인 줄을 알지 못하느냐 내가 그리스도의 지체를 가지고 창녀의 지체를 만들겠느냐 결코 그럴 수 없느니라 ¹⁸ 음행을 피하라 사람이 범하는 죄마다 몸 밖에 있거니와 음행하는 자는 자기 몸에 죄를 범하느니라 ¹⁹ 너희 몸은 너희가 하나님께로부터 받은 바 너희 가운데 계신 성령의 전인 줄을 알지 못하느냐 너희는 너희 자신의 것이 아니라 ²⁰ 값으로 산 것이 되었으니 그런즉 너희 몸으로 하나님께 영광을 돌리라.

결혼 제도권 밖에서의 성적 친밀함을 피해야 한다

이 부분은 싱글 사역자들이 가장 관심을 가지는 부분 중 하나입니다. 우리는 성경의 가르침을 부정하는 문화권에서 살고 있으며, 우리 주변에는 세속적인 가치관을 가진 사람이 더 많습니다. 하지만 성경은 이 부분에 대하여 매우 단호합니다. 성경이 이렇게 명확하게 말하는 이유가 무엇일까요?

우선은 육체가 쾌락의 도구로 전락할 수 있기 때문입니다. 역사적으로 볼 때 성적 타락은 개인뿐만 아니라 국가나 왕조 자체의 존폐와 밀접하게 연결되어 있습니다. 둘째, 가정이 굳건히 세워지지 않기 때문입니다. 결혼 전의 문란한 생활은 결혼 후에도 지속되기 쉽습니다. 셋째, 교회의 존립 자체에 영향을 미치기 때문입니다. 교회 구성원이 성적으로 부도덕하면 그 교회는 무너짐을 앞둔 모래성과 같습니다. 넷째, 하나님께 영광을 돌릴 수 없기 때문입니다. 결혼의 목적이 성생활이 아니듯이 데이트의 목적 역시 성생활일 수 없습니다. 크리스천은 먹든지 마시든지 무엇을 하든지 하나님의 영광을 위하여 행해야 합니다^{고린도전서 10:31}.

하나님께 영광을 돌려드리는 데이트

싱글들이 하나님을 높여 드리는 데이트를 할 수 있도록 돕고 크리스천의 친절함을 유지하도록 이끄는 몇 가지 방법이 있습니다.

데이트 상대의 관심사와 행복을 염두에 두라

우리의 데이트 상대는 하나님께서 행복하길 원하시며 균형 있게 성장하길 바라시는 사람입니다. 데이트가 즐거울 수 있도록 최선을 다하십시오. 긍정적이며 서로에게 도움이 되고 함께 즐길 수 있는 장소를 선택하십시오. 상대방의 행복에 주의를 기울이면 즐거움 이상의 유익이 따라옵니다. 우선 당신 자신뿐만 아니라 상대방도 개인적으로 성장합니다. 이러한 데이트는 정신적, 신체적, 사회적, 정서적, 영적인 성장을 가져옵니다.

이상형과의 데이트만이 만족을 주는 것은 아니다

어떤 싱글은 계속 기다리고 열심히 찾으면 완벽한 사람이 마술처럼 나타날 것이라고 믿습니다. 안타깝게도 그 오랜 기다림 동안 나이만 들고 시간만 낭비합니다. 크리스천의 목표는 하나님의 영광을 위하여 사는 것이기 때문에 사귀는 사람이 있든지 없든지 상관없이 성장에 초점을 맞춰야 합니다. 싱글들에게 유익한 명언이 있습니다.

"이상형을 기다리지 말고 당신이 이상형이 되려고 하라."

사려 깊은 태도를 유지하라

대부분의 싱글들은 데이트하다가 고통스러운 이별을 하게 될까 봐 두려워합니다. 대부분이 한 번 이상의 이별을 경험했기 때문에 그 두려움은 막연한 감정이 아니고 명확한 현실로 느껴집니다. 그렇다면 어떻게 해야 할까요? 자신의 감정만큼 상대방의 감정에도 관심을 가져야 합니다. 그리고 지키지 못할 약속은 애초에 하지 말아야 합니다. 설령 헤어지게 되더라도 최대한 친절하려고 노력하며 인신공격이나 비판은 삼가야 합니다.

성적인 문제에 책임지라

데이트할 때 가장 복잡한 부분은 아무래도 성적인 문제입니다. 이 부분에 대해서는 특별히 다음과 같은 가이드라인이 유용할 것입니다.

첫째, 데이트하기 전에 먼저 신체적 애정 표현의 범위를 정하십시오. 성경은 이성 교제 시 육체적 표현의 범위를 언급하고 있지 않습니다. 단지 결혼이란 제도를 벗어난 육체적 관계를 금할 뿐입니다. 특별히 애정 표현은 교제 중인 한 사람에게만 해야 합니다.

둘째, 데이트를 계획하면서 육체적 쾌락이 아닌 다른 생산적인 즐거움에 초점을 맞추십시오. 아무런 계획도 하지 않으면 너무나 쉽고 자연스럽게 육체적 쾌락을 좇게 될 것입니다. "계획하지 않는 것은 실패를 계획하는 것입니다."

셋째, 데이트 상대가 누구인지를 잊지 마십시오. 그 사람은 하나님의 자녀입니다. 그 사람은 하나님의 백성입니다. 그 사람은 주님의 몸된 교회를 섬기는 일꾼입니다. 그 사람은 누군가를 구원의 반열로 이끌 전도자입니다. 서로에게 유익한 존재가 되는 것이 얼마나 큰 행복인지 깨달을 때 인생이 꽃을 피우기 시작합니다.

싱글 사역자의 기본 책임

데이트는 싱글 개인뿐만 아니라 싱글 사역 자체에 대단히 많은 의미를 부여하고 영향을 끼칩니다. 따라서 싱글 그룹을 이끌 때 다음의 몇 가지 주의 사항을 놓치지 말아야 합니다.

크리스천의 데이트 문제에 명확하게 대처하라

대부분의 싱글들은 이 문제에 관심이 많습니다. 싱글 사역 일정에 시간을 할애하여 데이트 윤리, 데이트의 어려움, 성적 이슈 등을 다루십시오. 강사를 초빙하여 세미나를 열거나 좋은 자료를 함께 읽고 토론하는 것도 유익합니다. 특별히 리더가 답을 찾기 어려운 문제나 질문거리를 토론 주제로 다뤄 보십시오. 반드시 좋은 해결책이나 지혜가 나옵니다.

싱글들이 자기 자신에 대하여 확신을 갖도록 도우라

불행하게도 오늘날 문화에서 데이트는 승자와 패자를 나누는 기준처럼 여겨집니다. 대체로 데이트 요청을 받는 여성은 신체적으로 매력이 있고 사회적으로 우위에 있는 것으로 여겨집니다. 반면에 데이트 요청을 거의 받지 못한 여성은 그렇지 않은 의미로 여겨집니다. 데이트 과정과 그것에 부여된 가치는 데이트를 못하는 사람들에게 잔인하고 냉정합니다. 오늘날 문화에서는 남성들이 데이트 신청이나 데이트 자체에 훨씬 자유롭기 때문에 여성들은 불공평한 과정에 휘둘리며 자괴감에 빠지기 쉽습니다.

한편, 데이트를 하지 못하는 남성은 무능하거나 성적 성향에 문제가 있거나 혹은 마더 콤플렉스mother complex에서 벗어나지 못한 사람으로 여겨지기 쉽습니다. 반면에 데이트를 많이 하는 남성은 교만하고, 순수함이 결여되었으며, 개방적이고, 영적 수준이 낮은 사람으로 취급받습니다.

오늘날에는 이러한 인식이 일반화되면서 싱글들은 지속적으로 상처받는 피해자이거나 아니면 가해자가 되는 경우가 허다합니다. 따라서 사역자들은 자아에 대한 긍정적인 메시지를 통해 싱글을 격려하고 자존감을 높여 주어야 합니다. 사역자와 싱글 그룹이 데이트 여부와 상관없이 싱글들을 받아들이고 인정하며 믿어 주고 사랑하고 있다는 사실을 확신하도록 지속적으로 도와주어야 합니다.

양의 탈을 쓴 늑대에 주의를 기울이라

베드로 사도는 자신의 서신서에서 교회 지도자들이 하나님의 양 떼를 목양하되 강요가 아니라 자원하여 하나님의 뜻을 따르도록 이끌어야 한다고 강조합니다. 그리고 사탄이 삼킬 자를 찾으려고 으르렁거리고 있다고 경고합니다베드로전서 5:2, 8. 교회 지도자들의 가장 중요한 의무는 하나님의 양 무리 중에 약하고 힘이 없는 자들을 돌보는 것입니다. 사탄은 반드시 그러한 교우들을 공략합니다.

싱글 그룹에는 고통스럽거나 깨진 인간관계로 인해 상처받은 사람들이 많습니다. 확신하건대 하나님은 모든 양 떼를 사랑하시며 상처받은 양 무리를 안전한 곳으로 인도하셔서 회복시키십니다. 바로 그 안전한 곳이 싱글 사역자의 사역지입니다. 사역자들은 상처받은 싱글들이 다시 위험에 처하지 않도록 이끌며, 특별히 쉬운 먹잇감을 찾는 늑대로부터 보호해 주어야 합니다. 그들은 대개 싱글 공동체에 양의 탈을 쓰고 들어오기 때문에 파악하기가 쉽지 않습니다. 더구나 함부로 판단하면 안 되기 때문에 양 무리를 위협하는 늑대를 찾아내기가 더욱 어렵습니다. 실제로 사역의 목표는 판단이나 정죄가 아니라 치유와 보호입니다.

싱글 공동체가 추구하는 모습을 명확히 결정하라

하나님은 싱글 공동체가 어떻게 되길 원하실까요? 크리스천 싱글들을 위한 사회관계망이 되길 원하실까요? 신앙생활을 하지 않는 싱글들에게 초점을 맞추길 원하실까요? 가장 먼저 성경공부에 집중하여 강력한 영성을 유지하길 원하실까요?

확신하건대 하나님은 더욱 크고 강력한 사역을 원하십니다. 싱글 특유의 방대하고 거대한 필요를 채워 주고 그에 맞는 역할을 수행하여 교회와 사회의 큰 축을 담당해 주길 원하십니다.

싱글들이 우정을 쌓도록 격려하라

사실상 싱글들이 가장 원하는 것은 가족의 역할을 대신해 줄 수 있는 공동체입니다. 그런 공동체는 가족보다 더 끈끈한 우정과 신뢰가 있어야 유지됩니다. 데이트 상대는 아침에 있다가 없어지는 안개와 같은 관계일 수 있습니다. 신기루와 같을 수 있습니다. 데이트를 통해 개인과 공동체 전체가 신앙적으로 성장할 수 있지만 우선은 우정을 쌓아 나갈 수 있도록 유도하며 격려하는 것이 바람직합니다.

싱글의 인생에서 우정은 낭만과는 비교할 수 없을 정도로 강력한 안정감을 가져다줍니다. 친구 관계는 편안할 때나 어려울 때나 동일하게 곁을 지켜 주지만, 데이트 관계는 언제 사라질지 몰라 불안합니다. 따라서 싱글들은 친구 간의 사랑과 헌신을 인생의 기반으로 삼아야 합니다. 게다가 우정이 주는 결속력은 모든 좋은 인간관계의 기초입니다. 싱글이 우정을 쌓는 능력을 키운다면 결국 데이트 상대와도 건강한 관계로 발전시킬 수 있습니다.

2
싱글의 능력

    사회는 생각 이상으로 잔인하고 냉정합니다. 싱글이 유능한 인생을 살아가려면 근본적으로 바람직한 목표가 있어야 합니다. 아무리 좋은 카메라도 초점을 맞추지 못하면 쓸모가 없듯이, 인생의 지향점이 명확하지 않으면 허망한 삶을 영위할 수밖에 없습니다.

    싱글 크리스천은 무엇보다도 인생의 목표와 계획이 뚜렷해야 합니다. 그리고 기본적으로 경제적 능력이 있어야 합니다. 자신의 의식주를 해결하지 못하고 노후를 대비하지 못하면 다른 사람들에게 짐이 되고 사회적 부담이 됩니다. 기도하고 성경만 읽는 것이 크리스천다운 삶은 아닙니다. 그것을 넘어 가정을 책임지고 사회적 기여도를 높여가야 합니다.

    인생의 목표와 계획을 위한 성경적인 모델은 하나님이십니다. 하나님은 분명한 목표를 세우고 해야 할 사역을 정하셨으며 그것을 항상 정확하게 이루셨습니다^{에베소서 1:11}. 또한 하나님은 이러한 목표와 견고한 계획을 토대로 자기 백성들이 자신의 뜻과 계획을 실행하게 하셨습니다^{고린도후서 4:7; 에베소서 3:20}. 그리고 자기 백성이 시간과 재능을 사용하는 데 책임을 지게 하셨습니다[마태복음 25:14-30]. 하나님은 예수 그리스도를 적당히 섬기려는 태도를 금하셨습니다. 크리스천이 반드시 따라야 하는 행동 계획을 명확히 보여 주셨습니다[예레미야 29:11-14]. 따라서 하나님께 영광을 돌려드리려는 목적과 목표에 방해되는 모든 대적에 저항해야 합니다[베드로전서 5:8].

인생의 목표를 설정하는 법

인생의 목표는 기간에 따라 세 가지 유형으로 설정할 수 있습니다. 장기, 중기 그리고 단기입니다.

목표의 유형

장기 목표long-term goals는 인생 전체 그리고 인생의 모든 면을 포함하는 목적입니다. 이것은 중요한 것과 중요하지 않은 것을 나누며 가치 있는 것과 가치 없는 것을 분류하는 기준이 됩니다. 따라서 이것에 의하여 어떤 종류의 사람이며 어떤 수준의 사람인지가 결정됩니다. 여기에는 신앙, 인성, 발전, 사회, 가족관계, 직업, 여가생활, 재정, 공동체 등 인생의 모든 영역이 포함됩니다. 싱글은 장기적인 목적을 중심으로 모든 것을 결정하고 판단해야 합니다.

그런데 충격적이게도 많은 싱글이 결혼하기 전까지 이 목적을 보류하는 경향이 강합니다. 의식적으로든 무의식적으로든 결혼을 인생의 목적으로 여기기 때문입니다. 인생의 목적을 결혼 전과 결혼 후로 나누지 마십시오. 성경은 먹든지 마시든지 무엇을 하든지 하나님의 영광을 위하여 행하라고 단언합니다[고린도전서 10:31]. 먼저 하나님의 나라와 그 의를 구하라고 말합니다^{마태복음 6:33-34}. 이것이 명확하면 인생이 흔들리지 않습니다. 고난이나 역경이 큰 문제가 되지 않고 결국 헤쳐 나갑니다. 이러한 궁극적인 목표가 제대로 작용하려면 근본적으로 절대로 바뀌지 않는 것이어야 합니다.

중기 목표^{intermediate goals}는 특정 기간의 모든 부분을 포함하는 목적입니다. 중기 목표 설정에 적절한 기간은 3년 안팎입니다. 이 정도 기간이면 인생에서 중요한 과정을 끝낼 수 있을 정도로 길지만, 개인의 인생 전부를 걸 수 있을 정도는 아닙니다. 대학 졸업이나 자격증 취득 혹은 결혼 준비 등이 여기에 속합니다. 중기 목표를 세울 때 가장 중요한 것은 자기 계발과 성장 그리고 자산입니다.

이 목표를 이루는 과정에서 스스로 성장해야 하며 자산이 늘어야 합니다. 여기서 자산은 물질적인 재산과 정신적인 재산 그리고 영적인 재산까지 포함합니다. 중기 목표를 자주 바꾸면 처음부터 다시 시작해야 하므로 자산이 줄어들고 인생이 힘들고 어려워집니다. 도전적인 목표를 세우는 것이 바람직하지만 너무 무리한 목표는 포기하기 쉬워지므로 주의해야 합니다.

단기 목표^{short-term goals}는 현재 삶의 특정 측면을 포함하는 목적을 말합니다. 기간보다는 행위에 초점을 맞추는 경우에 해당합니다. 가령, '인생이 6개월밖에 남지 않았다면 어떻게 할 것인가?' 같은 질문을 던졌을 때 세우게 되는 목표입니다. 기간은 이미 정해져 있기 때문에 그 기간 안에 삶을 어떻게 바꾸며 무엇을 행하고 어떤 것을 해낼지에 초점을 맞춥니다. 특히 중요하지 않은 것과 중요한 것을 구분하므로 우선순위가 명확해집니다. 특별히 집중해야 할 꿈, 한 가지 필요, 혹은 약속이 구분됩니다. 따라서 단기 목표는 항상 점검하고 확인하며 상황에 따라 수정할 필요가 있습니다.

목표를 이루는 법

큰일을 이루는 비결은 그것을 쪼개서 다루는 것입니다. 큰 목적이나 일을 달성하기 위해서는 다음의 세 가지 단계로 나누어 실행합니다.

제1단계 목표 objective

실현하려는 비전, 이벤트, 일 혹은 아이디어를 모두가 이해할 수 있도록 서술하는 단계입니다. 한 가지 일만 완료한다고 해서 목표를 이룰 수 있는 것은 아닙니다. 예를 들어, 하루 100만 원 매출이 오르는 비즈니스를 시작한다는 목표를 세웠습니다. 이 목표를 이루려면 다른 수많은 일을 수행해야 합니다.

제2단계 타깃 target

설정한 목표를 이루기 위해 타깃을 정하는 단계입니다. 이것은 육하원칙에 근거해 설정합니다. 무엇을 what, 왜 why, 언제 when, 어디서 where, 누가 who, 어떻게 how입니다.

가장 먼저 무엇을 할지를 결정해야 합니다. 어떤 비즈니스를 할 것인지를 결정해야 합니다. 둘째, 그것을 시작하려는 이유가 명확하고 분명해야 합니다. 셋째, 가장 적절한 장소의 조건을 파악해야 합니다. 넷째, 시작하기에 가장 좋은 날짜를 선정합니다. 계절이나 선거철, 날씨 같은 것을 고려할 필요가 있습니다. 다섯째, 누구와 함께할 것인지를 결정해야 합니다. 혼자서 하더라도 도움은 필요합니다. 만일 교회 행사라면 진행 상황을 파악하고 부족한 부분을 보충하고 잘못된 부분을 시정할 지휘부 control tower를 구성합니다. 그리고 진행을 담당할 집행부staff 역시 구성해야 합니다. 여섯째, 구체적인 전략strategy을 세웁니다. 여기서 가장 중요한 것은 예산과 시간 그리고 인력의 확보와 배분입니다. 시행착오를 막고 최대한 좋은 결과를 끌어내려면 시뮬레이션 역시 중요합니다. 이를 통해 변수나 돌발 상황에 대처할 수 있습니다.

*제3단계 진행*action step

실행 단계에서는 무엇보다도 진행 순서가 중요합니다. 집을 건축하는 순서를 생각하면 거의 일치합니다. 기초 공사도 하지 않고 기둥을 세울 수는 없습니다. 벽도 안 세우고 지붕을 얹을 수는 없습니다. 어떤 것이 기초에 해당하고 어떤 것이 벽과 지붕에 해당하는지는 시뮬레이션을 해보면 파악됩니다. 그다음에는 효율적인 방식을 선택합니다. 예를 들어 수련회 홍보를 SNS로 할지, 전단지 제작으로 할지, 홍보 영상을 제작할지, 아니면 바이럴 마케팅viral marketing으로 할지 선택해야 합니다. 시간과 인력, 예산의 한계로 모두 선택할 수는 없으므로 가장 효율적인 방안을 검토해야 합니다.

이러한 원칙은 사역뿐만 아니라 개인의 인생에도 정확히 적용됩니다. 경제학 용어 중에 페르미 추정Fermi estimation 즉 게스티메이션Guesstimation이란 말이 있습니다. 제한된 지식과 추론 능력만을 사용하여 단시간에 여러 가지 매개 변수를 고려하고 결과값에 근사한 추정치를 도출하는 기법입니다. 경영학이나 공학 분야에서 어떤 프로젝트를 계획하거나 결과를 예측할 때 대략적인 추정치를 빠르고도 간단하게 도출할 목적으로 사용됩니다.

싱글 사역에서 어떤 목적을 가지고 무언가를 추진할 때도 정답은 없습니다. 결과값에 가장 빠르고 쉬우며 효율적으로 도달하려면 지혜를 짜내고 추정해 가는 시간이 필요합니다. 그러나 크리스천이라면 무엇보다 먼저 하나님이 지혜를 주시고 순적히 인도해 주시길 간구하는 기도가 앞서야 합니다. 기도하는 시간이 낭비라는 생각이 지배적이면 인생은 반드시 실패로 돌아갑니다. 기도하지 않는 인생에는 하나님의 역사가 일어나지 않습니다. 하나님이 세상을 말씀으로 창조하셨듯이 크리스천은 자신의 인생을 기도로 창조해야 합니다.

시간 사용의 원칙

계획은 성공의 열쇠입니다. 자기 재량에 달린 시간이 많으면 시간을 낭비하게 되고 결국 죄책감에 시달리는 경우가 많습니다. 시간을 의미 있게 사용하려면 다음 원칙을 지키십시오.

제1 원칙: 시간을 계획하라

예산을 세우고 휴가를 짜듯이 시간을 분기, 주, 하루 단위로 계획하십시오. 시간을 철저히 계획하여 사용하면 어떤 유익이 있습니까? 우선 목표를 향해 나아가는 과정이 눈에 보입니다. 둘째, 목표를 향해 나아가는 과정이 즐겁습니다. 셋째, 시간을 허비하지 않습니다. 재테크란 말이 있지만 시테크란 말도 있습니다. 시간을 통제하는 사람에게 주어지는 행복입니다. 넷째, 흔들리지 않습니다. 어려움이나 유혹에 넘어가지 않습니다. 다섯째, 매력이 상승합니다. 가려는 길을 확정하고 그 길을 묵묵히 가는 사람에게 누구든 매력을 느끼지 않을 수 없습니다. 여섯째, 후회 없는 인생이 됩니다. 원하는 결과를 얻지 못해도 후회가 남지 않습니다. 최선을 다했기 때문입니다. 일곱째, 자기 인생을 지배할 수 있습니다. 시간을 통제한다는 것은 자기 인생을 통제할 줄 안다는 것을 의미합니다.

제2원칙: 일을 계획하라

시간 계획을 하려면 해야만 하는 것To-Do list과 하지 말아야 하는 것Not To-Do list이 무엇인지를 결정해야 합니다. 집을 꾸미려면 가장 먼저 버리는 일부터 해야 하듯이, 인생을 가꿔 가려면 하지 말아야 하는 것부터 리스트를 적고 인생에서 제거해야 합니다. 왜냐하면 그것들이 인생을 좀먹고 망치기 때문입니다. 제거 리스트는 '절대 하지 말아야 하는 것'과 '해도 되고 안 해도 되는 것'을 포함합니다. 여기에는 게으름, 게임, 알코올, 쇼핑, SNS 같은 중독과 더불어 인간관계 다이어트가 필요합니다. 인생에 도움이 안 되는 만남은 자제하는 것이 바람직합니다. 자칫 잘못하면 이용만 당하는 호구에 불과할 수 있습니다. 헛된 인간관계 때문에 인생을 놓치는 일은 없어야 합니다. 그런 다음 해야만 하는 것의 리스트를 나열하고 우선순위를 정하십시오.

제3원칙: 우선순위를 정하라

'급한 일과 중요한 일은 다르다'라는 말이 있습니다. 이 말은 누구에게나 적용되며 특별히 가정에 매이지 않아서 비교적 자유로운 싱글에게는 더욱 그렇습니다. 중요한 일을 우선순위에 놓는 가장 간단한 방법은 '해야 하는 일 리스트'를 만들고 순서를 정하는 것입니다. 여기서 주의해야 할 것은 '해야만 하는 것'과 '하고 싶은 것'을 구분해야 합니다. 자칫하면 후자를 우선순위에 올리게 되기 때문입니다. 해야 할 일 리스트에서 각 항목을 일별, 주별, 월별, 분기별 혹은 연간 단위로 분류하면 가장 중요한 일을 먼저 완료할 수 있습니다.

A-B-C 시스템을 이용하면 이 작업을 명확하고 쉽게 처리할 수 있습니다. A로 표기한 항목은 반드시 필요하고 완료하면 목표 달성에 대단히 큰 도움이 되는 것들입니다. B는 중요하고 가치가 있지만 필수 항목은 아닙니다. 쉽게 말해서 나중에 그리 큰 문제가 되지 않는다는 뜻입니다. C는 중요하지 않고 처리하지 않아도 문제가 되지 않는 것입니다. 물론 시간이 지나면서 우선순위가 바뀌어 B가 A가 될 수 있고 심지어 C가 A가 될 수 있습니다.

제4원칙: 우선순위를 평가하라

'해야 할 일' 목록을 기록하고 분류하여 진행 정도를 체크한다는 것은 목표를 이뤄 가고 있다는 의미입니다. 결국 목표를 이루느냐 못 이루느냐는 평가 결과에 따라 결정됩니다. 요즘 많이 나와 있는 'to-do list' 앱을 핸드폰에 다운받아 사용하면 매우 편리합니다. 대표적인 앱은 '투두메이트' 'Do!' '마이루틴' 등이 있습니다.

싱글들이 목표를 설정하고 계획을 세울 때 도움이 필요합니다. 싱글 리더는 싱글들에게 훌륭한 모델이 될 수 있습니다. 이러한 두 가지 선순환이 이뤄지면 개인과 공동체의 동반 성장과 만족이 뒤따릅니다. 더 나아가 이것은 많은 싱글들에게 놀라운 사역을 경험하는 기회가 될 것입니다.

만족스런 직장생활을 위한 상담

대부분의 싱글들은 직업적인 목표와 그 직업을 가지고 살아가는 삶의 여정에 깊은 관심이 있습니다. 직업상담은 싱글 사역이 정기적으로 다루는 문제의 최상단에 있습니다. 많은 싱글이 어렸을 때 과감하게 직업 선택을 감행하지만 적절한 방향인지에 대한 우려와 의구심을 떨쳐버리지 못합니다. 어떤 싱글은 삶에 만족하지 못한 상태에서 구직 시장에 뛰어듭니다. 하지만 직업은 여전히 좌절과 물음표 목록에 자리 잡고 있습니다.

싱글들은 자리를 잡지 못하고 계속 움직입니다. 지리적으로나 관계적으로나 고정되어 있지 않습니다. 새로운 친구를 사귈 수 있는 선택의 폭이 여전히 넓습니다. 그러나 많은 경우에 직업이 만족스럽지 않아서 마음이 계속 흔들리고 재정에도 여유가 없습니다. 그 결과 직업 전환이나 변경 가능성이 큽니다.

어떤 싱글은 직업 만족도와는 상관없이 생존을 위해서 일을 합니다. 어떤 싱글은 이혼으로 이사해야 하고 직업도 새로 구해야 합니다. 전문성이나 기술이 거의 없을 수도 있습니다. 이것은 곧 직업상담이 필요함을 의미합니다.

교역자의 직업 상담

싱글들에게 직업 선택, 평가, 변환에 대하여 상담할 때 다음 몇 가지 사항에 초점을 맞추면 상당히 큰 도움이 될 것입니다.

- 성경적 원칙에 따라 하나님의 뜻을 분별할 것
- 개인적 즐거움을 판단 기준에 포함시킬 것
- 부모와 친구의 부적절한 압박을 처리할 것
- 취업 전선에서 겪은 과거의 경험을 평가할 것
- 평판이 좋은 기독교 상담기관에서 인성 검사를 받을 것
- 평판이 좋은 기독교 상담기관에서 직업 적성 평가를 받을 것

싱글 미니스트리

- 능력이나 교육 수준에서의 한계를 고려할 것
- 추가 직업 훈련의 필요성을 판단할 것
- 구직 시장의 현 상황을 정확히 파악할 것
- 신앙 상태를 공고히 유지할 것
- 전임 사역자로의 부르심에 대한 원칙을 알려 줄 것

여기에 더하여 싱글에 대한 정부의 취업 및 주거 지원 정책과 구직 정보 혹은 직업교육 기관을 알려 줄 수 있으면 큰 도움이 될 것입니다. 사실상 본인에게 가장 적합한 직업이 무엇인지는 본인이 가장 잘 압니다. 그의 말을 들어주고 평가하며 확신을 주는 과정도 필요합니다.

사람들은 어떻게 부자가 되는가?

무능한 사람의 삶은 비참합니다. 특별히 자본주의 사회에서 경제적 능력이 없으면 사람 노릇은커녕 의식주조차 해결하기 어렵습니다. 최소한의 경제 능력은 갖춰야 삶을 영위하며 어떤 목적을 이루고 의미 있는 생을 살 수 있습니다.

사람들은 일반적으로 두 가지 방법으로 돈을 벌어들입니다. 첫째는 직장생활입니다. 회사원이나 공무원이 되거나 아르바이트를 해서 월급이나 연봉 혹은 시간제로 보수를 받습니다. 둘째는 비즈니스 오너가 되는 것입니다. 규모는 천차만별이고 종류도 다양하지만 진입 장벽이 낮다는 이유로 자영업에 불나방처럼 뛰어듭니다.

그런데 부자가 되려면 경제활동뿐 아니라 돈을 관리하는 능력이 있어야 합니다. 잘 굴리는 능력이라고 표현해도 좋을 것 같습니다. 여기에는 네 가지 방식 즉 저축, 투자, 증식, 기획이 있습니다.

고소득 십계명

벌어들이는 능력이 없으면 당연히 부자가 될 수 없습니다. 아무것도 안 하고 가만히 누워 있거나 쾌락을 추구하고 혹은 돈과 상관없는 일에 집중하면 가난해질 수밖에 없습니다. 특별히 다음 10가지를 잊지 말아야 합니다.

1계명: 경제력의 중요성을 망각하지 말라

경제력은 단순히 돈이 많고 적음의 문제가 아닙니다. 과거에 살아온 방식의 결과이고 현재 사는 모습이며 미래에 펼쳐 나갈 인생의 척도입니다. 돈을 중요하게 생각하지 않으면 돈을 벌 수 없습니다. 돈을 벌려는 의지가 강하지 않으면 벌 수 없습니다. 돈을 벌려면 돈을 밝혀야 합니다. 그러나 돈만 밝히면 악한 존재가 됩니다. 돈밖에 모르는 수전노가 됩니다. 돈의 노예가 되지 말고 돈의 주인이 되는 법을 배워야 합니다.

2계명: 쓰지 않는 법을 배워라

돈을 가장 쉽게 버는 방법은 무엇일까요? 돈을 쓰지 않는 것입니다. 그래서 이것을 '0순위 돈의 법칙'이라고 말합니다. 부자가 되는 길의 가장 큰 장애는 과소비입니다. 토머스 스탠리Thomas Stanley 박사는 천 명의 부자들을 추적 조사하여 저술한 자신의 책《이웃집 백만장자》에서 미국 내 순자산 130억 이상을 소유한 사람들의 자동차 평균 가격은 5400만 원 정도라고 밝혔습니다. 부자들은 고급 승용차보다 일반 승용차를 훨씬 많이 탄다는 의미입니다. 쉽게 말해서 필요 없는 데에 돈을 지출하지 않는다는 것입니다. 실제로 한국에서는 쓸데없이 고급차를 타는 경우가 많습니다. 특히 승차감보다는 하차감 즉 차에서 내릴 때 다른 사람들의 시선이 중요해서 고급차를 선호합니다.

3계명: 안정된 수입원을 확보하라

기본적인 생활이 해결되지 않으면 아무것도 시작하지 못합니다. 이것을 위해 통장에 정기적으로 입금이 되게 하는 것이 급선무입니다. 마이크 블랙Mike Black이라는 억만장자는 1년 동안 무일푼에서 시작해 백억을 만드는 챌린지를 시작했습니다. 당연히 현금은 전혀 없고 판매할 수 없는 핸드폰과 옷 한 벌을 가지고 도전에 나섰습니다. 자신의 전문 분야로 사업해선 안 되고 종전의 인맥을 이용해서도 안 됩니다. 부정한 방법도 절대 안 됩니다. 심지어 스캇Scott이라는 가명으로 무연고 지역에서 시작했습니다.

그는 첫날은 노숙하며 온종일 굶었습니다. 둘째 날부터 중고 마켓에서 무료 나눔 가구를 얻어서 수익을 얻고, SNS를 통해 캠핑카에서 임시로 기거했습니다. 중고 마켓 대행을 통해 집을 렌트할 수 있는 금액이 모이자 방 4칸 하우스를 월세로 얻어 다시 세를 놓아서 처음으로 고정수입을 창출합니다. 이렇게 해서 수입을 지속적으로 늘려 갔으나 아버지의 대장암 말기 진단과 본인의 건강 문제로 불가피하게 중단하게 되었습니다. 건강 문제가 아니었다면 충분히 목적을 달성했을 것으로 보입니다.

그가 이 프로젝트를 진행하면서 가장 먼저 목표로 둔 것은 고정수익이었습니다. 그것이 근본이기 때문입니다. 사실상 200억을 통장에 넣고 있으면 이자는 한 달에 200만 원에 불과합니다. 이것은 곧 매달 200만 원을 버는 사람과 200억을 소유한 사람 사이에 차이가 없다는 것을 의미합니다.

4계명: 소득구조를 다각화하라

일정한 수입 구조로 생활 기반을 안정시켰다면 추가 수입 방법을 모색해야 합니다. 시드머니seed money가 없으면 아무것도 할 수가 없고, 많으면 많을수록 선택의 폭이 넓어집니다. 고정수입 외에 추가 수익을 창출하기 위한 몇 가지 요령이 있습니다.

첫째, 자신이 가장 잘하거나 즐거워하는 것을 부수입과 연결하는 방법입니다. 예를 들어 맛집을 즐겨 찾는다면 관련 동영상이나 사진으로 블로그나 SNS에 업로드하고 관련 식당이나 회사와 연결하는 방법입니다. 아울러 일상생활을 콘텐츠로 만들 수도 있습니다. 둘째, 메인 직업과 관련해 추가 수입을 얻는 방법입니다. 거래처와 협업을 모색하거나 외주업체의 작업을 발주받아서 수익을 낼 수 있습니다. 셋째, 이러한 상황이 여의치 않다면 여유 시간에 할 수 있는 일을 찾아보는 것도 고려해야 합니다. 재미나 즐거움 혹은 전문 영역과는 거리가 멀지만 오직 부수입을 얻기 위한 시간제 일자리를 찾는 것입니다. 예를 들어, 주말 피크 타임에 배달을 하면 단시간에 상당히 많은 수익을 올릴 수 있습니다.

5계명: 돈의 흐름을 이해하라

돈은 고유의 가치와 부여된 가치가 있습니다. 한국에서 5만 원권의 가치는 기껏해야 몇 십 원입니다. 그러나 대한민국 정부에서 부여한 가치는 5만 원입니다. 사실상 종잇장이기 때문에 부여한 가치가 중요합니다. 원래는 금이 화폐의 역할을 했지만 보관이 어려운 관계로 전당포에 맡기고 금보관증을 소유했습니다. 이 금보관증이 오늘날 화폐의 형태로 발전했습니다. 따라서 돈을 인쇄하는 만큼 중앙은행에 금을 보관해야 합니다. 이것을 금본위제Gold Standard라고 합니다. 그러나 브레튼우즈 조약(2차 대전이 종전된 1944년 44개국이 참가한 통화금융회의로 미국 뉴햄프셔주 브레튼우즈에서 개최)으로 기축통화국으로 지정된 미국이 베트남 전쟁의 여파로 금 보유량이 바닥나고 경제가 어렵게 되자, 1971년 닉슨 대통령이 이 금본위제를 폐지했습니다. 이것을 닉슨 쇼크Nixon Shock라고 합니다.

중앙은행이 발행한 화폐는 어떻게 흘러가고 모여들까요? 어떤 사람의 통장에는 잔고가 계속 쌓이지만 어떤 사람의 통장에는 스쳐 지나갑니다. 돈의 흐름은 물과 비슷합니다. 물이 높은 곳에서 낮은 곳으로 흐르듯 돈은 중앙은행에서 출발하여 사람의 마음이 향하는 곳으로 움직입니다. 그렇다면 돈을 쫓아다니지 말고 사람의 마음을 잡는 것이 가장 중요합니다. 월급이 오르려면 승진해야 하고, 승진하려면 임원의 마음을 잡아야 합니다. 마찬가지로 비즈니스가 번성하려면 사람의 마음을 잡아야 합니다. 그런데 물이 상수도나 분수 시스템에 의해 역류하는 경우가 있습니다. 돈 역시 중앙은행의 이자율과 양적완화quantitative easing 정책에 따라 역류 현상이 일어날 수 있습니다. 이것을 파악하면 경제 상황을 예측할 수 있습니다.

6계명: 시기를 파악하라

세계와 각 나라 그리고 지역의 상황에 따라 경제가 급변할 수 있습니다. 이것을 예측하면 수입과 수익을 올리기가 수월하며 확률도 높아집니다. 경제 흐름을 움직이는 보이지 않는 손invisible hands이 몇 가지 있습니다. 가장 중요한 것은 미국의 중앙은행 연방준비제도Federal Reserve System입니다. 약칭 연준聯準, Fed이라고도 하며 1913년 12월 23일 미 의회를 통과한 연방준비법Federal Reserve Act에 의해 설립되었습니다. 이 시스템은 1930년대에 일어난 대공황과 2000년대에 발생한 대침체 같은 요인에 의해 세계 경제를 좌우할 정도로 급격하게 규모가 커졌습니다. 대통령이 임명하고 상원이 승인한 이사 7명으로 이루어진 연방준비제도이사회Federal Reserve Board, FRB에 의해 운영되며, 정부로부터 독립되어 있습니다. 미국 달러가 기축통화라는 것은 예전의 금과 같은 역할을 한다는 것을 의미합니다. 쉽게 말해서 달러 보유액에 따라서 국가 재정의 안정성을 판단합니다.

연준은 미국 달러의 발행, 지급 준비율 변경, 주식 거래에 대한 신용 규제, 가맹 은행의 정기예금 금리 규제, 연방준비은행의 재할인율을 결정합니다. 미국 달러가 세계 기축통화로 쓰이기 때문에 이러한 결정은 미국과 세계 경제 전반에 결정적인 영향을 미칩니다.

미국 각지에 연방준비은행Federal Reserve Banks 12개 지점(보스턴, 뉴욕, 필라델피아, 시카고, 샌프란시스코, 클리블랜드, 리치먼드, 애틀랜타, 세인트루이스, 미니애폴리스, 캔자스시티, 댈러스)이 있습니다. 다른 나라들과 달리 연방준비은행은 국립은행이 아니고 사립은행입니다. JP모건 등 사립은행이 지분을 100% 소유하고 있으며, 연방정부는 약간의 지분도 소유하고 있지 않습니다. 그리고 정부로부터의 독립성은 미국 달러의 기축통화 지위 유지의 토대가 됩니다.

사실상 오늘날에는 미국의 중앙은행이 세계 경제를 좌지우지하고 있다고 해도 과언이 아닙니다. 예를 들어, 금리를 올리면 세계 각국의 달러들이 미국 은행으로 쏠립니다. 다른 나라들은 지급준비율Legal Reserve Requirement을 넘어가는 뱅크런Bank Run을 막기 위해 이자율을 미국과 비슷한 수준으로 올릴 수밖에 없습니다. 이것은 곧 주택시장을 비롯해 산업 전반이 긴축 상태로 들어간다는 것을 의미합니다. 반대로 경기 부양을 위해 이자율을 내리고 양적완화 정책을 시행하면 반대 현상이 일어납니다. 더욱이 단리와 복리 혹은 고정금리와 변동금리의 차이에 따라 개인의 통장에 막대한 차이가 생깁니다.

정리하면, 미국의 중앙은행은 '경제적 긴장'과 '경제적 완화'라는 두 가지 상반된 기조를 조성할 파워를 가지고 있습니다. 그 정책을 파악하는 것만으로도 경제적 상황을 예측할 수 있습니다. 이외에 천재지변이나 자연재해 혹은 전쟁이나 팬데믹 같은 것들이 세계 경제의 지각 변동을 일으킬 수 있습니다.

제7계명: 새로운 1등이 돼라

선발주자가 장악하고 있는 상황에서는 역전은커녕 따라잡기도 어렵습니다. 하지만 새로운 영역에서는 업계나 직장 내에서 1위가 가능합니다. 대표적인 예가 코카콜라와 펩시입니다. 펩시는 코카콜라를 뒤따라가는 만년 2위는커녕 짝퉁 취급을 받았습니다. 그런데 어느 날 갑자기 대등한 수준으로 올라오더니 2021년에는 매출이 역전되는 정도가 아니라 코카콜라의 2배로 폭등합니다표 4-1. 장장 120년 동안 이어져 온 콜라 전쟁에서 완벽히 승리를 한 것입니다. 어떻게 이런 결과를 거둔 걸까요? 새로운 영역을 개척했기 때문입니다. 그리고 그 새로운 영역을 중심으로 사업을 다각화했기 때문입니다.

절치부심하던 펩시는 먼저 레스토랑

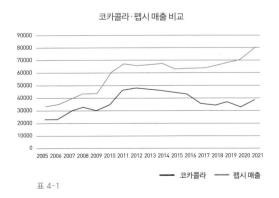

코카콜라·펩시 매출 비교

표 4-1

마케팅을 과감하게 포기하고 십대 마케팅을 시작합니다. 모든 고등학교에 펩시 자판기를 넣고 청소년이 주로 이용하는 패스트푸드 체인점에 좋은 가격으로 공급합니다. 그리고 코카콜라는 나이 든 사람의 음료이고, 펩시는 젊은 사람의 음료라는 이미지를 계속 부각시킵니다. 그렇게 펩시콜라 맛에 길들여진 청소년들은 청년과 장년으로 성장한 뒤에도 여전히 펩시를 즐기게 됩니다. 매출이 계속 늘어날 수밖에 없는 이유입니다.

직장 내에서도 마찬가지입니다. 영업실적 1위를 차지하지 못한다면, 특정 연령층이나 직업군 공략의 일인자가 되면 됩니다. 엑셀의 일인자가 될 수 없다면 파워포인트의 달인이 되면 됩니다.

제8계명: 브랜드 파워를 만들라

한국전쟁 직후 베이비부머 시절에는 '양의 시대'였습니다. 모두가 굶주림에 허덕였고 물자가 모자랐기 때문입니다. 이때는 거의 모두가 생존을 위해 살았습니다. 그런데 산업화와 급격한 경제 발전으로 양적으로 풍부해지자 '질의 시대'로 넘어갔습니다. 물자와 농수산물 등 선택의 폭이 넓어지자 경쟁에서 앞서려면 질적으로 뛰어나야 했습니다. 그런데 이제는 '격의 시대'라고 말합니다. 제품의 디자인, 식당이나 카페의 인테리어, 브랜드 등의 수준이 높아야 합니다. 내구성이나 우수한 성능만으로는 소비자의 선택을 받지 못하는 시대가 된 것입니다. 음식 역시 맛을 넘어 SNS에 올려 자랑할 수 있는 수준이 되어야 합니다. 이러한 시대적 상황을 반영하여 브랜드가 제품 선택에 미치는 영향이 막대하게 커졌습니다. 성능이 같거나 오히려 더 좋더라도 브랜드 평판 1위를 차지하는 애플 로고가 붙어 있는 제품과 그렇지 못한 제품 간에는 격차가 매우 큽니다[표 4-2]. 사람들은 로고가 붙어 있는 제품을 소장함으로써 행복감을 느낍니다.

2023년 글로벌 톱 100 브랜드 순위		
2023년 순위	23년 브랜드 가치	22년 브랜드 가치
1 애플	880,455	947,062
2 구글	577,683	819,573
3 마이크로소프트	501,856	611,460
4 아마존	468,737	705,646
5 맥도널드	191,109	196,526
6 비자	169,092	191,032
7 텐센트	141,020	214,273
8 루이비통	124,822	124,273
9 마스터카드	110,631	117,253
10 코카콜라	106,109	97,883

표 4-2

세계 각 지역에 아무리 크고 좋은 놀이공원이 있어도 디즈니랜드를 따라가지 못합니다. 아무리 길고 화려하며 요란한 퍼레이드를 벌여도 미키마우스가 꼬리를 살랑살랑 흔들며 어깨동무 해주고 사진 찍어 주는 디즈니랜드를 이기지 못합니다. 격의 시대에 상징성과 이미지는 아무리 강조해도 지나치지 않을 만큼 중요합니다. 시대의 아이콘이라고 불리는 이들이 있습니다. 프랑스 브랜드 에르메스의 대표작 버킨백은 시대의 뮤즈로 불리던 제인 버킨^Jane Birkin에서 따왔습니다.

비즈니스든 직장생활이든 먼저 어떻게 이미지 메이킹을 할 것인가를 고민해야 합니다. 그것에 맞춰서 인테리어와 디자인 혹은 생활 패턴과 일하는 방식을 결정해야 합니다.

제9계명: 한 단계씩 개인 역량을 키워라

먼저 능력capability과 역량competency의 차이를 알 필요가 있습니다. 능력이 어떤 일을 '수행'하는 힘이라면, 역량은 어떤 '결과'를 끌어내는 힘입니다. 이와 관련하여 직무 역량과 사업 역량이 점점 더 중요해지고 있습니다. 무엇보다도 인건비가 차지하는 비중이 급증하고 있기 때문입니다. 직장이든 사업장이든 외주를 주는 게 나을 때도 있지만 대체로 자체 해결이 비용 절감 면에서 훨씬 유리합니다.

예를 들어, 집이나 사무실 혹은 영업장을 유지 혹은 보수하거나 리모델링한다고 할 때, 업자에게 맡기지 않고 직접 감당할 수 있다면 지출이 줄어듭니다. 비용 절감은 곧 수입이 됩니다. 통역이나 번역이 필요할 때 자체 해결이 가능하다면 비용과 능률 면에서 효율성이 수직 상승할 것입니다. 새로운 영역에 도전하지 않으면 성장도 없습니다.

모든 것을 동시에 통달할 수는 없습니다. 그러나 한 가지씩은 잘할 수 있습니다. 다른 사람들의 능력이나 역량을 부러워하지 말고 도전하십시오. 반드시 부러움의 대상이 되고 경제적인 자유도 찾아올 것입니다. 버는 능력이 없으면 절대로 돈에서 자유로울 수 없습니다. 또한 한번 키워 놓은 개인 역량은 결코 사라지지 않고 화수분처럼 경제력을 늘려 줄 것입니다.

제10계명: 열정을 잃어버리지 말라

지속적으로 성장하고 발전하며 경제력을 키워 가는 힘은 결국 열정에서 나옵니다. 열정이 식으면 어떤 재능이나 능력도 무의미해집니다. 열정을 좀먹는 세 가지 경우가 있습니다. 첫째는 번아웃burn-out입니다. 쉬지 않으면 사람은 반드시 지치게 되어 있습니다. 우리 몸은 7일 중에 반드시 하루는 쉬도록 염기서열$^{Nucleotide Sequence}$이 구성되어 있습니다. 쉬지 않으면 제기능을 발휘하지 못하다가 결국 망가집니다. 대나무가 높게 뻗을 수 있는 이유는 마디가 있기 때문입니다. 나무가 굵게 자랄 수 있는 이유는 나이테가 있기 때문입니다. 일을 잘하는 사람은 쉴 줄도 압니다. 어떻게 쉬어야 가장 빨리 회복이 되며 열정을 유지할 수 있는지를 파악하는 것은 일을 잘하는 것만큼이나 중요합니다.

둘째, 보어아웃$^{bore-out}$입니다. 사람은 같은 패턴에 지속해서 노출되면 지루함을 느끼게 마련입니다. 일상생활에서 루틴을 유지하는 것은 대단히 중요합니다. 그러나 그 때문에 지루해진다면 열정을 잃을 수 있습니다. 보어아웃에 빠지지 않으려면 일과 삶에 의미가 있어야 합니다. 사람은 동물과 달리 안정감만으로는 행복을 느끼지 못합니다. 일에 의미를 부여할 수 있을 때 성취감을 느끼며 열정이 식지 않고, 식었다가도 다시 뜨거워집니다. 무의미한 일을 지속적으로 반복하면 허무함에 사로잡힙니다. 당연히 의욕 상실에 빠질 수밖에 없습니다.

프랑스의 향수회사 '인터퍼퓸'에서 이사로 일하던 프레드릭 데스나드$^{Frédéric Desnard}$는 2016년에 회사를 상대로 소송을 제기했습니다. 매년 8만 유로 즉 1억 이상의 연봉을 받지만 하루에 1시간도 일하지 않았고, 그중 대부분도 사장의 심부름을 했습니다. 수년간 하는 일도 없이 책상만 지키고 앉아 인생을 허비하면서 정신장애를 겪었다고 주장했습니다. 소송 액수는 36만 유로였고 재판부는 5만 유로를 배상하라는 판결을 내렸습니다. 배상액이 줄기는 했지만 보어아웃이 얼마만큼 위험한지를 인정한 전형적인 사례입니다. 보어아웃 자가진단을 위한 다음의 5가지를 체크해 보십시오.

보어아웃 자가진단 체크리스트		
1	업무 시간에 쇼핑이나 주식 같은 업무 외의 일을 한다.	☐
2	동료들과 자기 계발이나 회사 업무와는 상관없는 대화만 나눈다.	☐
3	일을 빨리 끝낼 수 있지만 천천히 하거나 시작 자체를 미룬다.	☐
4	출근뿐만 아니라 퇴근도 기대가 되지 않으며 하루를 무기력하게 마무리한다.	☐
5	행복한 순간이 거의 없으며 인생을 매일 낭비하고 있다는 느낌이 든다.	☐

셋째, 브라운아웃brown-out입니다. 백열등이 필라멘트가 끊어지기 직전에 갈색빛을 내는 현상에서 착안한 용어입니다. 아울러 '고인물 증후군'uncirculated water syndrome이란 말이 있습니다. 고인 물은 반드시 썩게 되어 있습니다. 오랜 시간이 지나면서 자기도 모르게 고장나는 부분이 생깁니다. 또한 시대와 맞지 않는 부분도 생깁니다. 흐름을 따라가지 못하는 부분도 생길 수 있습니다. 어느새 당연히 절대적인 존재에서 필요없는 존재가 됩니다. 이런 상태에 이르면 스스로가 쓸모없거나 부적절한 존재라는 자괴감이 찾아들게 마련입니다.

방전된 배터리는 교체해야 하고, 고장난 부품은 새 부품으로 갈아 끼워야 합니다. 자기방어나 현실 안주에만 급급하지 말고 급변하는 시대를 파악하고 새로운 것을 받아들일 수 있어야 합니다. 기존의 것을 놓지 않으면 새로운 것을 잡을 수 없습니다. 퇴물 취급받는 것보다 서러운 것은 없습니다. 준비되지 않은 퇴직이나 폐업은 인생을 나락으로 떨어뜨리는 것과 같습니다. 이러한 상황에 이르지 않으려면 넓게는 인생 이모작이나 삼모작을 준비해야 합니다. 그리고 좁게는 옛것을 버리고 새것을 받아들일 수 있어야 합니다. 누구든 영원히 정상에 있지 못합니다. 오르막이 있으면 반드시 내리막이 있습니다.

재물 경영 십계명

소득이 아무리 많아도 관리를 못하면 남는 것이 없습니다. 특별히 비즈니스를 할 때 반드시 지켜야 하는 철칙이 있습니다. 모든 제품에는 설명서가 있고 그것을 따를 때 가장 효율적으로 사용할 수 있습니다. 사람도 마찬가지입니다. 스스로를 경영하는 바람직한 원칙이 있고 그것을 지키면 좋은 결과가 따릅니다.

제1 계명: 감정을 넘어 철학이 있는 사람이 돼라

어설픈 부자와 슈퍼리치the super rich의 결정적인 차이가 있습니다. 전자에게는 배우지 말아야 할 요령이 있고, 후자에게는 배워야 할 철학이 있습니다. 전자는 세상을 혼란스럽게 하지만 후자는 세상을 아름답게 만듭니다. 전자는 가까이 대할수록 추하지만 후자는 존경스럽습니다. 전자는 시간이 지날수록 더 냉혹하지만 후자는 시간이 지날수록 더 따뜻합니다. "개같이 벌어서 정승같이 쓴다"라는 말이 있습니다. 돈을 개같이 벌면 안 됩니다. 동료와 친구 심지어 가족과 일가친척까지 이용하고 배신하며 척져서 돈을 번 사람이 정승같이 사용할 가능성은 거의 없고, 있더라도 자신의 악행을 덮기 위해서일 것입니다.

사람은 이 땅에 존재하면서 세 가지 종류의 재산을 소유할 수 있습니다. 첫째는 물질적인 재산입니다. 일반적으로 돈이 많으면 편하게 살 수 있다고 말합니다. 돈이 많다고 해서 편하게 살 수 있는 것은 아닙니다. 은행 잔고를 유지하거나 더 늘리려면 계속해서 죽도록 일해야 합니다. 게으른 부자는 존재할 수가 없습니다. 어렵게 벌지만 탕진하는 것은 순간입니다.

둘째는 정신적인 재산입니다. 역사상 정신적으로 부유한 나라는 지배국이 되고, 정신적으로 가난한 나라는 피지배국이 되었습니다. 편안함과 안락함은 오히려 정신적 가난함을 안겨 줍니다. 정신적 재산은 오직 역경과 고난을 통해서만 쌓이기 때문입니다. 특별히 정신적 재산은 아무리 많이 사용하고 나눠도 사라지지 않는 안전 자산입니다. 인생과 사람 그리고 재물에 대한 철학이 있어야 합니다. 그래야 어려움 중에도 흔들리지 않습니다. 더 나아가 흔들리는 사람들을 붙잡아 주고 이끄는 리더십이 생깁니다.

셋째는 신앙적인 재산입니다. 신앙은 정신적인 재산의 뿌리이고 살아가는 태도와 가치관의 토대입니다. 신앙은 역경을 이기는 힘과 인간의 악한 본성을 억제하는 힘이 있습니다. 따라서 진정한 신앙을 소유하면 인격자가 되고 사람의 마음을 움직이게 됩니다. 신앙은 종교생활에 머무는 게 아니라 삶 전체를 지배하고 인격이 되는 철학이 되어야 합니다. 이런 사람에게 사람도 돈도 몰려듭니다.

제2계명: 욕망이 아닌 비전을 소유한 사람이 돼라

욕망은 눈앞의 것만 보게 하지만 비전은 멀리 보게 합니다. 욕망은 집착하게 하지만 비전은 집중하게 합니다. 욕망은 세상을 더럽히지만 비전은 세상을 청결하게 합니다. 욕망은 쾌락을 가져오지만 비전은 행복을 가져옵니다. 욕망은 파괴적이지만 비전은 창조적입니다. 왜냐하면 욕망은 인간의 악한 본성에서 나오지만 비전은 하나님의 선하심에서 나오기 때문입니다. 부모가 자녀에게 꿈을 심어 주듯이 하나님도 자기 백성에게 반드시 꿈을 심어 주십니다요엘 2:28. 하나님이 주신 꿈을 따라가면 그 삶에는

싱글 미니스트리

반드시 하나님의 도우심과 역사하심이 따릅니다. 재물의 노예가 아닌 관리자가 되고 싶으면 욕망에서 벗어나서 비전을 소유하십시오.

제3계명: 의심이 아닌 신뢰를 주라

신뢰할 수 있는 사람을 찾아서 철저히 믿어 주십시오. 세계 최고의 건축물 하면 스페인의 사그라다 파밀리아 대성당Basílica de la Sagrada Família을 꼽습니다. 그런데 이 성당은 일반적으로 건축가의 이름으로 불립니다. 그 건축가의 이름은 바로 안토니오 가우디Antoni Gaudí입니다. 이 성당은 인류 역사상 가장 오랜 건축 기간이 소요된 건물로 유명합니다. 돌을 일일이 깎아 아치 형태로 쌓아 올리기 때문에 오래 걸릴 수밖에 없습니다. 준비 기간을 포함해 완공까지 약 150년이나 걸린 건축물입니다. 천재 건축가 가우디로 인해 스페인이 최고의 관광지로 각광받게 되었다는 사실을 부인할 수가 없습니다. 스페인 정부 재정의 30%를 가우디가 벌어다 준다는 말이 허언이 아닙니다.

유네스코가 가우디의 건축물 7개를 세계문화유산으로 지정했습니다. 그중 가장 막대한 비용과 규모가 소요된 것이 바로 구엘 공원Park Güell입니다. 구엘 공원의 건축주는 바로 가우디의 든든한 경제적 후원자 에우세비 구엘Eusebi Güell입니다. 그 당시 그가 소유한 재력은 오늘날로 환산하면 1천 조에 이른다고 합니다. 화가나 다른 예술가들은 자신의 천재성을 꽃 피우는 데 그렇게 많은 돈이 들어가지 않습니다. 그런데 건축가는 천재성을 구현하려면 천문학적인 돈이 필요합니다. 그 역할을 한 사람이 바로 여섯 살 위의 친구 에우세비 구엘입니다. 천재 건축가 가우디의 탄생은 그의 친구의 신뢰에서 비롯되었습니다. 누구나 어려운 시간을 보낼 수 있습니다. 어려움 중에 있을 때 기회가 주어지지 않는다면 가능성과 잠재력은 그냥 사라집니다. 도덕성과 능력, 열정과 꿈을 가진 사람을 신뢰하고 지원하면 그 사람은 신뢰해 준 사람의 가장 강력한 자산이 됩니다.

오늘날 사회에서 독불장군이 할 수 있는 것은 아무것도 없습니다. 믿을 수 있는 사람을 만나지 못하면 아무것도 이루지 못하고 이룬 것도 곧 무너집니다.

제4계명: 조화를 이루는 사람이 돼라

평범한 사람이 새로운 어떤 것을 만들어 낸다는 것은 거의 불가능에 가깝습니다. 그러나 기존에 존재하는 것을 융합하고 조화를 이루면 획기적인 발전을 이룰 수 있습니다. 아이폰이 전형적인 예입니다. 스티브 잡스가 새로운 것을 만들어 낸 것이 아니라 이미 존재하던 것들을 조합한 것입니다. 핸드폰, 인터넷, MP3는 원래 있었습니다. 그런데 그것을 하나의 기기에 몰아넣어서 획기적인 제품을 만들었습니다. 시너지를 넘어 혁신을 이루는 데는 조합과 융합 그리고 조화가 필요합니다. 사람과 사람, 제품과 제품 혹은 이종 학문 간의 융합을 통해서도 그런 효과를 거둘 수 있습니다. 지금 소유하고 있는 자산이나 인맥을 조합하거나 융합하면 폭발적인 성장을 가져올 수 있습니다.

제5계명: 경쟁이 아닌 상생을 추구하라

직장 동료가 능력이 있으면 부서 전체의 실적과 평가가 좋아집니다. 그런데 다른 동료들이 시기해서 그 능력 있는 한 사람을 돕지 않으면 부서 전체가 없어집니다. 식당 한 곳이 유명해지면 주변 상권이 살아납니다. 감자탕집이 많으면 감자탕 거리가 되고, 카페가 많으면 카페 거리가 됩니다. 함께 성장하며 발전할 수 있는 생태계 조성은 아무리 강조해도 지나치지 않을 만큼 중요합니다.

어항에 금붕어 두 마리가 있습니다. 한 마리가 먹이를 나눠 먹고 싶지 않아서 다른 한 마리를 물어 죽였습니다. 어떤 결과가 벌어질까요? 그 물이 썩어서 나머지 금붕어도 죽습니다. 살아갈 수 있는 생태계가 파괴되었기 때문입니다.

생태계의 유지 원리를 논의할 때 가장 많이 사용되는 개념이 세 가지입니다. 첫째는 적자생존이고, 둘째는 약육강식이며, 셋째는 먹이사슬입니다. '적자생존'은 찰스 다윈이 진화론의 메커니즘을 설명하기 위해 사용한 개념입니다. '약육강식'은 사실 생태학적인 용어가 아닙니다. 당나라 때 한유韓愈의 '송부도문창사서送浮屠文暢師序'에서 '약지육강지식弱之肉强之食'이란 문장이 사용되었습니다. 강자가 잡아먹고 약자는 잡아먹힌다는 이 말은 같은 종에서뿐만 아니라 다른 종에서도 적용됩니다. 같은 종에서는, 동시에 알을 깨고 태어난 새끼 새들이 먹이를 먼저 먹기 위해 다투면서 강한 새끼는 살아남고 약한 새끼는 도태되는 것과 같습니다. 서로 다른 종인 경우는 토끼와 늑대 관계로 설명할 수 있습니다. 강한 늑대가 토끼를 잡아먹지, 약한 토끼가 늑대를 잡아먹지는 않습니다.

'먹이사슬'은 9세기 중반 중동 칼리프 시대 과학자이자 철학자인 자히즈(776~868년)가 제일 먼저 표현한 개념입니다. 그의 저서《동물에 관한 책》Kitab al-Hayawan에서 '먹이사슬'이라는 개념이 나오며, 이는 다윈의 진화론보다 천 년 앞선 언급입니다. 적자생존이나 약육강식에 의해 먹이사슬이 깨지면 생태계는 유지될 수 없습니다.

생태계에서 강자만 존재할 수 없듯이 인간이 살아가는 세상도 마찬가지입니다. 생태계를 유지 발전시키는 원리를 공진화coevolution라고 합니다. 상호작용하는 두 종류의 종이 서로에게 미치는 영향에 반응하여 같이 진화하는 현상을 뜻합니다. 수분 매개하는 곤충과 꽃의 상리공생 관계뿐만 아니라, 피식과 포식 혹은 기생과 같은 적대적인 상호작용에서도 나타납니다. 사람이 살아가는 사회도 동일한 원리가 적용됩니다. 서로에게 영향과 도움을 주고받음으로 성장하고 의미를 찾으며 행복을 느낍니다.

제6계명: 돈은 잃어도 평판은 잃지 말라

반드시 약속을 지켜야 합니다. 좋은 소문이 나야 합니다. 욕먹는 사람이 되면 모든 것을 잃습니다. 노나라 대부 유하혜柳下惠, BC 720~621는 중국 춘추시대의 현자이며 모든 백성에게 큰 신임을 받던 사람입니다. 그는 노나라에서 형옥의 일을 관장하는 사사 벼슬을 지냈습니다. 지금으로 치면 법무부 장관 겸 사법부 총괄 수장에 해당합니다. 어느 겨울, 그는 길에 쓰러진 여인을 발견하고 집으로 데려가 밤새 돌봐 주었습니다. 덕분에 여인은 목숨을 구할 수 있었습니다. 그러나 혼자 사는 유하혜가 늦은 밤 여인을 안고 집으로 들어간 데다 다음 날 그 여인이 집에서 나왔으니 이를 지켜본 사람들이 유하혜와 여인의 관계를 의심할 만했습니다. 그러나 어느 누구도 의구심을 갖지 않았습니다.

훗날 공자가 이 이야기를 제자들에게 가르치며 자신을 포함해 그 누구도 유하혜를 따를 수 없다고 말했습니다. 이에 제자들이 "선생님은 여색에 약하시다는 말씀입니까?"라고 묻자 공자가 이렇게 대답했습니다. "음란해지지 않을 자신이 있더라도, 그처럼 모든 사람의 의심을 사지 않을 자신은 없기 때문이다." 아무도 그의 평판을 따라갈 수 없다는 의미입니다.

유하혜는 비천한 관직이라도 가벼이 여기지 않고 권력에 굴하지 않았습니다. 항상 자기의 재능과 덕성을 발휘하여 최선을 다해 주어진 책무를 감당했습니다. 사악한 환경에서도 바름을 추구하며 절대로 흔들리지 않았습니다. 그래서 세 차례나 파직을 당했지만 그에 대한 신뢰와 평판 때문에 결국 복직했고 오히려 덕망이 더 높아졌습니다. 맹자는 백이, 이윤, 공자 그리고 유하혜를 4대 성인이라 칭했습니다.

평판을 잃지 않으면 무너졌다가도 다시 일어날 수 있으며 더 큰일을 도모할 수 있습니다. 그러나 평판이 나쁘면 단 한 번의 실패만으로도 나락으로 떨어지며 재기할 수 없습니다.

제7계명: 타인의 성공을 부러워 말고 실패에서 배워라

만남보다는 이별을 통해 깊은 깨달음을 얻으며, 성공보다는 실패를 통해 많은 것을 배웁니다. 하지만 반드시 실패를 해봐야 교훈을 얻는 것은 아닙니다. 간접 경험을 통해서도 충분히 배울 수 있습니다. 의사가 모든 병에 걸려 봐야 병을 고칠 수 있는 것이 아닙니다. 천재 물리학자 스티븐 호킹이 우주 전체를 돌아보고 나서 천체와 우주의 신비를 발견한 것이 아닙니다. 타인의 성공을 부러워하며 쫓아다니지만 말고 실패하지 않는 법을 배워야 합니다. 한 가지 잘된다고 해서 모든 것이 잘되는 것은 아닙니다. 한 가지 잘한다고 모든 것을 잘하는 것도 아닙니다. 실패하거나 망하지 않는 법을 배우면 자연스럽게 성공에 이르게 됩니다.

제8계명: 의존적이 아닌 독립적인 존재가 돼라

미국이 전 세계를 실질적으로 지배하는 전대미문의 강대국이 될 수 있었던 가장 큰 이유는 수출입에 전혀 의존하지 않고 내수시장만으로도 존재할 수 있기 때문입니다. 이것은 상황에 따라 흔들리거나 끌려다니지 않고 오히려 지배와 통제가 가능하다는 의미입니다. 상생을 위한 협력과 조력은 가능하지만 그것에 의존해야 버텨 낼 수 있는 상황이라면 절대로 바람직하지 않습니다.

독립적 존재가 되는 것이 왜 중요합니까? 먼저 주도권initiative을 가질 수 있기 때문입니다. 주도권을 가진다는 것은 모든 상황을 주체적으로 결정할 수 있다는 뜻입니다. 누군지도 모르는 사람에 의해 자신의 인생과 상황이 좌지우지되거나 결정된다면 삶이 불안할 수밖에 없습니다. 소유한 것조차 지키기 어렵습니다. 객체가 아닌 주체로 살아가기 위한 빌드업 과정을 결코 가벼이 여기지 말아야 합니다. 확장과 확충에만 급급하면 모래성을 올리는 것과 동일한 상황이 됩니다. 더 나아가 주도권을 가진 사람이 결국 모든 것의 기준이 됩니다. 타인이 아닌 내가 기준이 될 때 비로소 안정기에 접어듭니다.

둘째, 안정감stability을 가질 수 있습니다. 행복하려면 세 가지 욕구가 충족되어야 합니다. 소속감, 성취감, 안정감의 욕구입니다. 이중에 가장 기본이며 중요한 욕구는 안정감입니다. 어디엔가 속해 있어도, 무언가를 성취해도 불안하면 행복을 누릴 수 없습니다.

셋째, 조력자helper가 될 수 있기 때문입니다. 많이 소유한 사람보다 많이 나누는 사람이 진정한 부자이듯이 도움받는 사람보다 도움 주는 사람이 진정한 강자입니다. 일반적으로 남자가 강하고 여자는 약하다는 인식이 있기에 남자가 여자를 도와야 한다고 생각합니다. 하나님은 여자를 돕는 배필로 지으셨습니다창세기 2:20. 여성이 진정한 강자라는 것을 의미합니다. 그래서 결국 가정과 교회를 세우는 것은 남성이 아니라 여성입니다. 강자가 약자에게 도움받는 것을 착취라고 합니다. 그러나 반대로 약자가 강자에게 도움받는 것을 조력이라고 합니다. 조력자는 생명을 살리고 헐린 곳을 보수하며 무너진 곳을 일으킵니다이사야 58:10-12.

¹⁰ 주린 자에게 네 심정이 동하며 괴로워하는 자의 심정을 만족하게 하면 네 빛이 흑암 중에서 떠올라 네 어둠이 낮과 같이 될 것이며 ¹¹ 여호와가 너를 항상 인도하여 메마른 곳에서도 네 영혼을 만족하게 하며 네 뼈를 견고하게 하리니 너는 물 댄 동산 같겠고 물이 끊어지지 아니하는 샘 같을 것이라 ¹² 네게서 날 자들이 오래 황폐된 곳들을 다시 세울 것이며 너는 역대의 파괴된 기초를 쌓으리니 너를 일컬어 무너진 데를 보수하는 자라 할 것이며 길을 수축하여 거할 곳이 되게 하는 자라 하리라 (이사야 58:10-12).

바로 이것이 크리스천의 사명이며 부유해져야 하는 이유이고 나아가야 할 방향입니다. 이러한 강자가 세상을 살 만한 곳으로 만듭니다.

제9계명: 착취자가 아닌 조력자가 돼라

세상에는 존재해야만 하는 사람과 존재 의미가 없는 사람 그리고 존재하면 안 되는 사람이 있습니다. 아무리 많은 자산을 갖고 있어도 자랑에 여념이 없고 특권 계층인 양 허세를 부린다면 가치 있는 인생이라고 할 수 없습니다. 아무 관계도 없는 수백억이 있는 사람과 밥 한끼 사주는 사람 중에 누가 더 가치가 있을까요? 인생의 의미는 결국 섬김과 봉사 즉 약자를 돕는 것에서 찾을 수 있습니다. 억압하거나 착취하는 사람이 아니라 돕는 사람이 진정한 강자입니다. 돕는 사람에게 마음을 열고 다가가는 것이 인지상정입니다.

사람의 마음을 얻으면 천하를 얻을 수 있습니다. 그러나 호구가 되지는 말아야 합니다. 나의 도움이 무의미한 사람들이 있습니다. 불쌍한 척하며 약자 코스프레를 하는 사람들입니다. 도박이나 알코올 혹은 마약에

탕진하는 사람들입니다. 그리고 게으른 사람들이 있습니다. 무위도식으로 남의 도움으로만 살며 인생을 쉽게 살려는 사람들이 있습니다. 주위 사람들이 가난해지면 처음에는 혼자 우월함을 느끼겠지만 결국에는 어울릴 수 있는 사람이 없어집니다. 사람이라는 본질은 놓치고 통장 잔고로 평가하는 관계에 머뭅니다.

오래전에 청년들과 성경공부를 하며 '10억이 있으면 무엇을 하겠습니까?'라는 질문을 던진 적이 있습니다. 10억 만들기가 유행할 때라서 그 돈으로 어떻게 하려는지 궁금했습니다. 집을 사겠다, 십일조를 하겠다, 부모님 도와드리겠다, 차를 사겠다 등 다양한 반응이 나왔습니다. 벌어들일 준비도 안 되어 있지만 쓸 준비도 안 되어 있다는 것을 느꼈습니다. 그런데 이때 유학 중에 잠시 한국에 방문했다가 성경공부에 참석한 청년의 대답이 놀라웠습니다. 여의도에서 증권회사를 운영하는 안수집사님의 아들입니다.

"그 돈으로 사업을 하겠습니다. 그리고 어떤 사업을 하고 어떻게 일굴지에 대한 명확한 계획이 있습니다."

"왜 사업을 하려고 하죠?"

"다른 것을 하면 나 혼자 잘 먹고 잘사는 것이지만 사업을 하면 여러 사람에게 직업을 주고 함께 잘살 수 있기 때문입니다."

사업을 하든 직장생활을 하든 마찬가지입니다. 그 목적과 의도에 따라 삶의 수준과 사람을 대하는 태도가 결정됩니다.

제10계명: 적절한 재물 경영 방법을 선택하라

'사람들은 어떻게 부자가 되는가?'에 대한 가장 정확한 대답이 바로 여기에 있습니다. 네 가지 방법 즉 저축, 투자, 증식 그리고 기획을 통해

부를 축적하는 것입니다.

첫째는 '저축'입니다. 가장 많은 사람이 이 방법을 선택합니다. 그러나 안타깝게도 저축만으로는 자기 집 한 채도 마련할 수 없습니다. 1971년 금본위제가 폐지되고 '화폐는 금이 아니다'라는 등식이 성립되자 화폐 가치가 급락합니다. 이러한 정황을 파악한 기업들은 현금보다는 현물투자에 집중하는데, 특별히 미국 중심의 기업들이 인수합병으로 문어발식 확장을 추진합니다. 이 시기에 '기업 제국주의'가 탄생합니다. 기업들은 은행 융자에 혈안이 되어 현금 확보에 나섭니다. 은행은 현금 확보를 위해 이율을 높이기 시작합니다. 이 여파로 한국은 연 금리가 30%까지 뛰어올랐습니다. 그러나 지금은 어떻습니까? 통장에 예치한 현금이 적으면 수수료까지 내야 하는 저금리 시대입니다. 더욱이 월급이 물가상승률을 따라가지 못하므로 저축은 필요하지만 부자가 되는 길은 아닙니다.

이러한 상황을 갈파한 사람들은 주식과 비트코인에 집중합니다. 바로 이것이 부자가 되기 위한 두 번째 방법 '투자'입니다. 사실상 이 방법으로 재산을 불리는 사람은 극히 일부입니다. 특히 단타로 수익을 올리는 것은 일시적 현상이며 결국에는 손해를 보기 쉽습니다. 투자의 귀재들은 10년 이상을 내다보면서 기업의 재무구조와 사회현상을 파악합니다. 누군가 주식으로 돈을 벌었다는 말에 현혹되어 주식시장의 생리도 모르면서 투자에 뛰어드는 것은 어리석은 일입니다.

부자가 되는 세 번째 방법은 '증식'입니다. 자신이 가지고 있는 100만 원 정도 가치의 자산을 200만 원 가치의 자산으로 불리는 방식입니다. 예를 들어, 경매를 통해 반지하 빌라를 5천만 원에 구입합니다. 이것을 리모델링하려면 5천만 원이 더 필요합니다. 그런데 직접 하면 천만 원이면 됩니다. 한 달에 4천만 원을 벌어들인 것이나 마찬가지입니다. 직장생활이나 스몰 비즈니스를 하면서 4천만 원이라는 목돈을 만들기는 쉽지 않습니다. 그런 다음 세를 주고 월세를 받거나 에어비앤비를 통해 수익을 올릴 수 있습니다. 더 나아가 그 집을 담보로 대출을 받아서 같은 과정을 거치면 또 다른 수익을 올릴 수 있습니다. 돈이 없는 청년들이 창업을 위해 직접 인테리어를 하면서 약간 부족하거나 전문성이 떨어진 것이 오히려 감성을 자극하는 요소가 되어 새로운 인테리어 방식이 되었습니다. 이런 과정을 통해 성수동의 핫플레이스가 탄생했습니다.

어느 청년의 경우, 클래식 자동차를 대단히 좋아해서 자동차 공업사에 들어가서 아르바이트를 하며 수리와 도색을 배웠습니다. 중고차 앱에서 1980년대에 출시된 포니를 헐값에 구입하여 직접 수리한 뒤 되팔아 거액의 차익을 얻었습니다. 자기가 좋아하는 일을 하면서 자동차를 소모품으로 만들지 않고 오히려 수익을 내는 효자 품목으로 만든 것입니다.

부자가 되는 네 번째 방법은 '기획'입니다. 사업 계획을 세우고 투자자를 모아 자기 자본 없이 결과를 끌어내는 방식입니다. 대기업 집안의 30대 청년이 제가 섬기는 교회에 출석하고 있어서 개인적으로 식사하며 교제할 일이 꽤 많았습니다. 그 청년이 부자가 된 과정을 알고 적잖은 충격을 받았습니다.

"많은 사람이 제가 부모님에게 물려받아서 부유해졌다고 생각합니다. 그런데 저는 자수성가한 사람입니다. 부모님이나 친인척의 도움을 전혀 받지 않았습니다."

"그럼 어떻게 부자가 되셨어요?"

"여러 가지 방식이 있지만 대표적인 한 가지만 말씀드릴게요. 강남에 있는 공터에 줄을 긋고 건물을 세우겠다는 기획안을 만들어서 투자자들을 모았습니다. 그리고 제 이름으로 건물을 세우고 그것을 분양해서 투자

금을 돌려주거나 수익을 나눴습니다."

사실상 이러한 '기획'을 통해 부자가 되는 경우가 상당히 많습니다. 그러나 보통 사람들에게는 불가능한 방식이며 자칫 잘못하다가는 사기꾼으로 전락할 수도 있습니다. 그 청년의 경우 기획과 설득 능력도 있지만 집안 배경이 없었으면 투자자를 모으기가 쉽지 않았을 것입니다.

기획 능력 하나로 대박을 터트린 오랜 친구가 있습니다. 제과점 케이크를 오토바이로 배달하면 망가지기 쉽다는 점에 착안해 50대에서 70대의 어르신이 도보로 배달하는 앱을 개발했습니다. 나이 드신 분들이 용돈벌이 겸 운동 삼아 배달하면 좋겠다는 의도였습니다. 직접 배달도 하고 거래처도 확장하며 배달원도 꾸준히 모집하더니 규모가 커져서 세계 유일의 거대한 도보 배달 앱이 되었습니다. 그리고 그 앱을 거액에 대기업에 매각하고 그 회사 임원으로 들어갔습니다. 구글이나 에어비앤비 혹은 우버 같은 경우도 모두 여기에 해당합니다.

정리하면 저축이나 투자로는 부유해지기 어렵습니다. 거의 불가능하다고 봐도 과언이 아닙니다. 기획은 평범한 사람들이 도전하기에는 너무 어려운 영역입니다. 그러나 증식은 노력 여하에 따라 얼마든지 가능합니다. 벌어들이는 능력과 그것을 지혜롭게 경영하여 불리는 두 가지 능력을 겸비하지 않으면 오늘날 세상에서 부유해지기는 어렵습니다.

3
싱글의 영성

영성이란 무엇입니까? 한마디로 말하면 하나님을 아는 지식입니다. 여기에서 지식은 당연히 경험적 지식 '기노스코'ginosko를 말합니다. 하나님을 경험적으로 깊이 아는 사람은 그 삶의 모습이 다릅니다. 가치관이 다릅니다. 중요하게 여기는 것이 다릅니다. 모든 것이 하나님을 중심으로 움직입니다. 항상 하나님을 바라보며 하나님을 의지하고 하나님을 따라갑니다. 바로 이러한 성향이 영성spirituality입니다.

오늘날 많은 싱글이 하나님을 중심으로 살기를 원합니다. 그런데 계속 놓치는 부분이 있습니다. 크리스천이라면 근본적으로 창조주이신 하나님을 인격적으로 알려고 해야 합니다. 그러나 대부분 여기서 혼란스러워하며 그중 일부는 그 혼란을 무시하고 영적 활력과 인도하심만을 갈망합니다. 그러나 먼저 하나님에 대하여 올바로 알아야 합니다. 그렇지 않으면 하나님과 상관없는 종교생활만 하게 됩니다. 종교생활과 신앙생활은 대단히 다릅니다. 전자는 개인적인 욕구를 기반으로 이뤄지지만, 후자는 예수 그리스도와의 인격적인 관계를 근간으로 이뤄집니다.

비성경적인 개념

　싱글들이 하나님을 알고 싶어도 하나님에 대하여 잘못된 개념을 갖고 있으면 필연적으로 하나님의 백성답게 성장할 수 없습니다. 하나님과 영적 성장에 대한 잘못되고 비성경적인 개념이 만연해 있습니다. 주로 다음과 같은 것들입니다.

영적 여피족

　여피족yuppies이란 가난을 모르는 어린 시절을 보내고 도시 근교에 살면서 고액 연봉을 받는 전문직 종사자를 지칭하는 말입니다. 그런데 교회 내에도 영적 여피족이 있습니다. 쉽게 말해서 하나님이 부유하며 젊은 전문직 종사자들을 더 기뻐하신다는 생각을 가지는 것입니다. 여피족은 시간과 금전적으로 여유가 있어서 교회에서 중직을 맡는 경우가 많다 보니 자연스럽게 형성된 착각입니다. 이러한 착각이 우월감이나 열등감을 만들어 냅니다. 하나님은 절대로 학력이나 재산 혹은 외모를 기준으로 사람을 보지 않으십니다. 오직 중심을 보신다는 사실을 잊지 말아야 합니다사무엘상 16:7.

영적 산타클로스

　하나님은 착한 일과 잘못한 일의 목록을 작성하여 그것에 따라 선물을 주신다는 생각입니다. 그래서 착한 일을 많이 하면 복을 받아서 부유해지며 좋은 일만 일어난다고 착각합니다. 권선징악勸善懲惡의 개념에 비추어 보면 다윗왕보다는 사울이 선한 왕입니다. 다윗은 살인과 간음이라는 심각한 죄를 저질렀지만 사울은 그런 전례가 없습니다. 하나님은 인간의 실수나 실패에 초점을 맞추고 그것에 따라 판단하시지 않습니다. 인간의 본성이나 죄악된 상황 그리고 욕망과 좌절을 극복하고 하나님을 바라보며 하나님을 따라가려고 하는가를 보십니다.

영적 기회

하나님을 '하늘의 슬롯머신'처럼 여기는 태도를 말합니다. 헌금함에 돈을 넣고 기도라는 손잡이를 당기면 조만간에 잭팟jackpot이 터질 것으로 생각하며 그것을 하나님이 주신 기회로 여깁니다. 이것은 영성이나 기독교적 가치관과는 전혀 관계 없는 태도입니다. 기독교는 기회가 아니라 기도가 근본 토대입니다. 기회를 잡으려 하지 말고 하나님을 붙잡으십시오. 연이 하늘을 날 때 가장 연다울 수 있듯이, 크리스천은 기도할 때 가장 크리스천답습니다. 연이 귀찮다고 연줄을 끊어 버리면 곤두박질을 치듯이 크리스천이 기도 줄을 끊어 버리면 암담함 외에는 선택지가 없습니다. 기도하지 않아도 형통해 보이는 사람들을 부러워하지 마십시오. 하나님과 상관없는 사람들일 뿐입니다.

마술 램프

하나님을 알라딘 램프에서 나와서 소원을 들어주는 지니 정도로 생각합니다. 그러나 여기서 두 가지 문제점을 발견할 수 있습니다. 하나는 관계 설정 자체가 잘못되었다는 사실입니다. 램프 요정 지니처럼 하나님을 종으로 여기는 것은 아닌지요? 실제로 많은 크리스천의 기도 내용을 보면 이러한 면모가 여지없이 드러납니다.

"하나님, 제가 이번에 취업이 되어야 합니다."

"예, 주인님!"

"하나님, 이번 달 카드 값이 부족합니다."

"예, 알겠습니다. 주인님."

"제가 마음이 불안합니다. 평안하게 해주세요."

"예, 알겠습니다. 주인님."

누가 주인이고 누가 종입니까? 더 나아가서 이런 모습에서 하나님은 아버지이시고 우리는 자녀라는 사실을 찾아볼 수가 없습니다. 다른 하나는 무한하신 하나님을 제한하는 무지함입니다. 하나님은 램프 안에 갇혀 있는 분이 아닙니다. 어디에서나 우리의 기도를 들으시며 우리와 교제하시고 눈동자와 같이 지켜 주십니다.

주일 이벤트

하나님과 신앙생활에 대한 가장 큰 오해는 주일성수를 이벤트나 행사 정도로 여긴다는 사실입니다. 주일 출석은 단순히 교회 가는 행위가 아닙니다. 그 자체가 바로 교회를 지키는 믿음의 수고이고 사랑이며 섬김입니다. 주일에 교회에 가서 아무것도 하지 않는다고 위축되거나 무의미하다고 생각하지 말아야 합니다. 주일에 아무도 교회에 오지 않으면 그 교회는 사라질 수밖에 없습니다. 교회에 왜 가십니까? 예배하러 갑니까? 성경 공부하러 갑니까? 설교 들으러 갑니까? 봉사하러 갑니까? 모두가 맞지만 근본적인 이유는 아닙니다. 영적인 집이기 때문에 교회에 가는 겁니다. 교회를 요즘 유행하는 팝업스토어 정도로 여기지 마십시오. 하숙집 정도로 여겨서도 안 됩니다.

하나님이 필요하세요? 세상에 살면서 돈이 필요하고 집이 필요하며 친구가 필요하듯이 예수님이 필요하세요? 절대로 착각하지 마십시오. 예수님은 우리에게 필요한 분이 아닙니다. 우리의 전부이십니다. 예수님이 전부가 아니기 때문에 우리는 너무도 많은 것이 필요합니다. 설교자의 메시지가 감동적이어야 하고 찬양팀의 연주가 탁월해야 하며 교회 시설이 최첨단이어야 합니다. 교회 내에 거슬리게 하는 사람도 없어야 합니다. 예수님이 전부가 아니기 때문에 결국 주일은 이벤트가 됩니다.

예수님을 위해 살려고 하지 마십시오. 그냥 예수님이 여러분 안에 사시도록 하십시오. 그분을 모시지 않으면 그분이 전부일 수 없습니다. 혹시 예수님을 게스트 정도로 여기는 것은 아닌지요? 최선을 다해 손님 대접하는 것과 왕으로 모시면서 충성하는 것은 완전히 다릅니다. 주일이 이벤트가 되면 흥행에 성공할 수는 있지만 부흥할 수는 없습니다. 흥행에는 눈물은 있지만 회개는 없습니다. 감동은 있지만 감사는 없습니다. 설렘은 있지만 사랑은 없습니다. 관객은 많아도 일꾼은 없습니다.

성경적인 개념

크리스천이 성경적인 개념을 가지고 신앙생활하는 것은 선택이 아니라 의무입니다. 하나님이 어떤 분이신지에 대한 성경적 이해가 선결되지 않으면 하나님과 건강한 관계를 형성할 수 없습니다. 하나님에 대한 왜곡된 개념은 하나님에 대하여 왜곡된 반응을 낳기 때문입니다. 쉽게 말해서 하나님에 대한 올바른 반응은 하나님에 대한 올바른 이해에서 비롯됩니다.

성경은 하나님을 성부, 성자, 성령 하나님으로 설명합니다. 이것을 교리적으로는 삼위일체 하나님이라고 표현합니다. 하나님은 오랜 기간에 걸쳐 자신을 밝히셨습니다. 그리고 삼위일체에 대한 표현은 성경에 점진

싱글 미니스트리

적으로 계시되어 있습니다. 이러한 삼위일체 하나님에 대한 올바른 이해는 이단에 대한 판별 기준이기도 합니다.

세 명의 자녀가 아버지에게 편지를 썼다고 합시다. 그 내용이 동일할 수 없습니다. 그러나 그 본질은 일치합니다. 크리스천 역시 하나님에 대한 이해가 다양할 수 있습니다. 그러나 그 본질은 동일합니다.

성부 하나님

우리를 창조하신 하나님을 의미합니다. 성경은 하나님을 다양한 방법으로 계시합니다. 하나님을 알 수 있는 첫 번째 방법은 하나님의 사역을 파악하는 것입니다. 하나님은 우주를 창조하고 통치하며 유지하십니다. 둘째는 하나님의 이름으로 파악할 수 있습니다. 하나님은 이름으로 당신을 보여 주셨습니다.

- 엘로힘-가장 강하신 하나님
- 엘샤다이-전능하신 하나님
- 여호와 이레-예비하시는 하나님
- 여호와-구원하시는 하나님
- 여호와 라파-치료하시는 하나님
- 여호와 닛시-승리하게 하시는 하나님
- 여호와 로이-목자이신 하나님
- 여호와 삼마-우리와 함께 거하시는 하나님

셋째는 하나님의 속성character으로 하나님을 이해할 수 있습니다. 하나는 공유적 속성입니다. 하나님과 사람이 함께 소유하고 있는 속성을 말합니다. 특별히 정의, 사랑, 믿음, 희망 등 인격에 관한 부분이 여기에 속합니다. 다른 하나는 비공유적 속성입니다. 하나님과 사람이 공유할 수 없는 부분을 말합니다. 전지, 전능, 편재 같은 것들이 해당합니다.

싱글이 성부 하나님에 대하여 알아 가면서 가장 깊이 고민하며 집중해야 할 것은 무엇일까요? 우리는 하나님의 형상 즉 이미지image로 지음받았다는 사실입니다. 그렇다면 그 원래 이미지가 무엇인지를 정확히 이해하고 파악하며 그것을 회복해야 합니다. 하나님에 대한 이미지가 왜곡되었듯이 싱글에 대한 이미지가 왜곡되었기 때문입니다. 싱글로서 어떤 이미지로 살아가길 원하십니까?

성자 하나님

우리를 구원하신 하나님을 의미합니다. 인간에게 가장 큰 문제는 무엇일까요? 바로 죄성입니다. 즉 본질 자체가 악한 상태입니다. 죄에는 현상적인 죄와 본질적인 죄가 있습니다. 거짓말, 기만, 분노, 증오, 시기, 질투, 교만 같은 것들은 현상적인 죄입니다. 현상적인 죄는 본질적인 죄에서 자연스럽게 흘러나오는 것들입니다. 그렇다면 본질적인 죄는 무엇입니까? 하나님께 지음받았지만 하나님을 인식하지 못하고 하나님과 상관없이 지내는 상태입니다. 바로 이것을 죄성이라고 합니다. 하나님으로부터 멀어졌기 때문에 인간의 본성은 악하며, 그 죄성에서 현상적인 죄가 흘러나옵니다.

구약시대에는 이러한 죄성을 해결하기 위해 수많은 율법과 제사가 필요했습니다. 그래서 구약시대를 '율법의 시대'라고 말합니다. 그런데 신약시대에는 예수님의 고난과 죽으심으로 하나님의 공의가 충족되어 오직 믿음으로 하나님과 관계가 회복되는 '은혜의 시대'가 되었습니다.

싱글들이 성자 하나님에 대하여 가장 고민하며 집중해야 할 것은 무엇입니까? 희생과 헌신의 소중함입니다. 예수님은 기적과 이적으로 우릴 구원하지 않으셨습니다. 오직 희생과 헌신으로 구원하셨습니다. 희생과 헌신은 그냥 고생이 아니라 세상을 변화시키고 무너진 곳을 일으키는 힘입니다. 싱글들은 희생과 헌신의 힘을 어디에 쏟아부어야 할지를 결정해야 합니다. 그 힘이 교회와 가정을 일으키고 세상을 바꾼다는 사실을 망각하지 말아야 합니다.

성령 하나님

우리와 함께하시는 하나님을 의미합니다. 인간의 3대 욕구가 있습니다. 식욕과 수면욕, 번식욕입니다. 이런 욕구가 느껴지지 않는다면 심각한 문제가 있는 겁니다. 마찬가지로 크리스천의 3대 욕구가 있습니다. 예배, 전도, 섬김입니다. 크리스천인데 이러한 욕구가 느껴지지 않는다면 왜 그럴까요? 혹시 예배가 지루합니까? 교회에 가기 싫습니까? 성령 충만하지 않아서 그렇습니다. 성령님은 크리스천의 실제 삶에 결정적인 영향을 미칩니다.

구약에서의 성령님과 신약에서의 성령님의 차이는 무엇일까요? 내주하심에서 차이가 있습니다. 정확하게 말하면 오순절 성령 강림 이전과 이후의 차이입니다. 구약시대에는 성령님의 내주하심이 유동적입니다. 사울왕을 본 다윗의 절규를 보면 알 수 있습니다^{시편 51:11}. 그러나 신약시대에는 성령님의 내주하심이 항존적입니다. 성령님은 절대로 떠나시지 않습니다^{요한복음 7:37-39}.

37 명절 끝날 곧 큰 날에 예수께서 서서 외쳐 이르시되 누구든지 목마르

거든 내게로 와서 마시라 ³⁸ 나를 믿는 자는 성경에 이름과 같이 그 배에

서 생수의 강이 흘러나오리라 하시니 ³⁹ 이는 그를 믿는 자들이 받을 성

령을 가리켜 말씀하신 것이라(예수께서 아직 영광을 받지 않으셨으므로 성령이 아직

그들에게 계시지 아니하시더라).

성령 세례와 성령 충만의 차이는 무엇입니까? 성령 세례는 구원의 증

거입니다^{고린도전서 12:3}. 쉽게 말해서 성령님이 구원의 보증이십니다. 성령

님이 내주하지 않으시면 예수님을 구주라고 고백할 수 없습니다. 그분의

이름으로 기도할 수 없습니다. 하나님을 아버지라고 부를 수 없습니다.

> 그러므로 내가 너희에게 알리노니 하나님의 영으로 말하는 자는 누구
>
> 든지 예수를 저주할 자라 하지 아니하고 또 성령으로 아니하고는 누구
>
> 든지 예수를 주시라 할 수 없느니라(고린도전서 12:3).

반면에 성령 충만은 하나님의 인도하심 가운데 거하는 것입니다. 성

령님으로 충만할수록 하나님의 인도하심이 삶 가운데서 더욱 강력하게

나타납니다. 제가 한동안 볼링에 빠진 적이 있습니다. 하루도 안 빼놓고

볼링장에 가고, 다녀와서도 계속 볼링 생각이 나고 심지어 볼링이 꿈에

도 나타날 지경이었습니다. 그런데 어느 날 갑자기 '이 무거운 것을 들고

뭐 하는 짓이지'라는 회의감이 들었고 그 후로 지금까지 한 번도 볼링을

치지 않았습니다. 성령 충만해서 볼링을 친 것은 아니었다는 방증입니다.

그런데 신앙생활을 하다가 어느 순간 멈출 수 있습니다. 그러나 성령님이

내주하신다면 다시 신앙생활을 시작합니다. 볼링과 신앙생활의 차이가

여기에 있습니다. 그렇다면 성령 세례와 성령 충만은 어떤 관계에 있습니

까? 결혼식은 한 번이지만 결혼생활은 계속되듯이, 성령 세례는 한 번이지만 성령 충만은 지속적이어야 합니다.

성령 충만하면 어떤 현상이 나타납니까? 첫째, 지혜로워집니다. 본질과 비본질을 구분합니다. 둘째, 순결해집니다. 삶이 거룩해집니다. 셋째, 담대해집니다. 본질적인 일에 목숨을 겁니다. 넷째, 성령의 열매를 맺습니다. 9가지 열매는 모두 인격에 관한 것들입니다.

싱글들이 성령님을 알아 가며 반드시 놓치지 말아야 할 도전은 무엇입니까? 성령 충만하려면 어떻게 해야 합니까? 성령 충만하려면, 첫째, 성령 충만한 사람 즉 하나님의 은혜로 가득한 사람과 어울려야 합니다. 공부 잘하려면 공부 잘하는 사람과 어울려야 하는 것과 같은 이치입니다. 둘째, 은혜받을 수 있는 자리에 있어야 합니다. 셋째, 은혜로운 일을 해야 합니다. 기도 생활, 말씀 묵상, 섬김과 봉사가 생활화되어야 합니다.

신앙생활을 방해하는 요소

싱글의 신앙생활에 치명적인 방해 요인들이 있습니다. 그것이 무엇인지 파악하고 정리해야 신앙이 성장합니다. 특히 그 문젯거리를 해결하지 못하면 성장은커녕 인생 자체가 어려워지고 주변 사람들에게 민폐가 될 수도 있다는 사실에 유의해야 합니다.

잘못된 목표

싱글들이 가장 흔히 범하는 실수는 자신도 모르게 결혼을 인생의 목적으로 설정한다는 점입니다. 이것을 인정하지 못하거나 심지어 인식조차 못할 수 있지만 삶의 태도와 가치관 그리고 판단 기준 같은 정황들을 살펴보면 절대로 부정할 수 없는 경우가 많습니다. 삶의 목표는 곧 초점이 되고 그것에 방해가 되거나 도움이 되지 않는 것은 차순위로 밀리게 마련입니다. 하나님께 힘을 얻고 그 마음에 시온의 대로 즉 예배의 자리로 나아가는 대로가 뚫린 상태가 무엇보다도 중요합니다^{시편 84:5}.

피해의식

싱글들은 자신을 타인의 부정적인 시선이나 행동의 피해자로 인식하는 경우가 많습니다. 때로는 그것과 반대되는 상황에서도 자신이 피해자인 것처럼 행동하는 획득 성격 특성^{acquired personality trait}이 나타나기도 합니다. 이러한 상태에 있는 경우를 피해의식이라고 합니다. 사실상 대부분은 그냥 느낌일 뿐이며 별 상관이 없습니다. 물론 실제로 피해자일 수 있고 반대로 가해자일 수도 있습니다. 그러나 정말 심각한 문제는 그것이 의식 속에 깊이 자리 잡아서 삶의 태도와 살아가는 모습에 악영향을 미치는 것입니다.

싱글이라는 상태 때문에 위축될 필요가 없습니다. 결혼에 실패한 적이 있다는 사실 때문에 스스로를 부정적으로 생각할 필요도 없습니다. 결혼하지 않았다는 사실 때문에 지나치게 예민하거나 공격적일 필요도 없습니다. 타인의 관점보다 나의 관점이 중요하며, 나의 관점보다는 하나님의 관점이 중요합니다. 강하고 담대하십시오. 하나님은 우리를 택하셨고 왕 같은 제사장이라고 불러 주십니다^{베드로전서 2:9-10}.

선입관

싱글은 한국교회에서 단순히 피해의식에 젖어 사는 것이 아니고 실제로 선입관 때문에 차별이나 소외를 당하는 경우가 많습니다. 남녀차별이나 빈부격차 이상으로 싱글 차별 문제가 심각하지만 별로 진지하게 고려하지 않습니다. 싱글이 교회 내에 뿌리내리지 못하는 근본 원인 중 하나입니다. 이것의 일차적인 원인은 유교 사상에 오염되어 있는 교회 문화입니다. 성경의 진정한 가르침과 유교 사상을 혼동하는 기존 관념의 문제이지 싱글들의 문제가 아닙니다. 그러나 누군가 그것을 깨뜨려 주기만을 기다릴 수는 없습니다. 싱글들이 먼저 적극적으로 성경적인 개념을 파악하고 익혀서 하나님 나라의 온전한 일꾼으로 서는 것이 가장 빠른 길입니다. 타인의 선입관 때문에 신앙생활을 제대로 영위하지 못한다면 결국 싱글들 자신의 손해이고 궁극적으로는 한국교회의 치명적인 손실입니다. 하나님은 적극적으로 나서서 개혁하려는 싱글에게 반드시 힘과 능력을 주실 것입니다.

외로움

사실상 싱글들이 가장 힘겨워하는 문제입니다. 많은 싱글이 외로움을 해결하기 위해 여러 가지 시도를 합니다. 각종 동호회에 가입하거나 앱을 통해 짝을 찾기도 하고 미친 듯이 일에 매달리기도 합니다. 그러나 외로움은 물밀듯이 밀려오고 공허함과 허전함을 달랠 길이 없어 더 큰 자극을 찾아 방황합니다. 외로움은 인간의 힘으로는 절대로 채울 수 없는 자리입니다. 심지어 알콩달콩한 결혼생활 중에도 외로움을 느낍니다. 외로움은 다른 것으로 채울 수 없는 하나님의 자리이기 때문입니다. 외로움을 다른 것으로 채우면 더 큰 외로움으로 다가오지만 하나님께 내어드리면 은혜와 긍휼로 다가옵니다.

외로움에는 두 가지 큰 유익이 있습니다. 하나는 신앙이 급성장할 가능성이 큽니다. 외로움을 많이 느낀다는 것은 그만큼 하나님 없이는 살 수 없다는 것을 의미합니다. 따라서 외로움을 많이 탈수록 신앙적으로 더 많이 갈급하며 하나님과의 교제에 더 깊은 행복과 기쁨을 느낍니다. 다른 하나는 서로 하나 되기가 쉽습니다. 외로움이라는 공통분모가 있는 싱글들은 쉽게 하나가 되고 한마음 한뜻이 됩니다. 특히 대화 주제나 관심사 혹은 삶의 패턴과 어려움이 비슷해서 동지애를 넘어 전우애까지 느낍니다. 이것은 곧 교회 공동체에서 강력한 그룹으로 형성되기 쉬우며, 신앙적으로 바른 교육과 훈련만 이뤄진다면 그 연대성과 어우러짐으로 인해 하나님 나라의 강력한 일꾼들이 될 수 있습니다.

정서 불안

싱글은 또한 정서적 안정을 이루기가 매우 어렵습니다. 짝을 이루려는 본능은 여전하고 무의식적으로라도 그것을 좇기 때문입니다. 그래서 대체로 감정 기복이 크고 예민하며 지속성이나 안정감이 떨어집니다. 그러나 이같이 안정되지 않았다는 것은 다른 한편으로 보면 고착화되지 않았음을 의미하며 무한한 가능성과 잠재력이 있다는 것을 뜻합니다. 성장도 일종의 변화입니다. 영적 성숙 역시 변화를 전제로 이뤄집니다.

영적 상태 점검 리스트

어린아이가 어른이 되면 나타나는 현상이 있듯이 크리스천이 영적으로 거듭난 이후 성장하면 나타나는 전형적인 특징이 있습니다. 다음 12가지 리스트를 통해 현재의 영적 상태를 점검하고 그것으로 인하여 어떤 결과가 나타나고 있는지를 파악하면 인생과 삶, 미래에 큰 유익이 있을 것입니다.

□ 삶의 어려움과 도전들을 교훈과 기회로 받아들인다.

생각하건대 현재의 고난은 장차 우리에게 나타날 영광과 비교할 수 없도다(로마서 8:18).

소중히 여기는 걸 잃어 버리거나 사랑하는 사람이 중병에 걸렸을 때, 그 어려움에는 반드시 교훈과 새로운 기회가 놓여 있다고 생각할 수 있습니다. 스스로를 피해자로 여기지 않고 수업료를 지불한다고 여깁니다. 쉽게 말해서 그런 일들이 자신을 무너뜨리기 위해서가 아니라 일으켜 주기 위해 일어난다고 해석하는 태도를 지닙니다. 믿음의 사람은 고난이 오면 두려움보다는 설렘이 앞섭니다. 하나님의 역사하심을 믿기 때문입니다. 고난이 클수록 하나님의 역사하심도 강력합니다.

□ 물질적인 세계의 유혹을 정확하게 파악한다.

예수께서 이 말을 들으시고 이르시되 네게 아직도 한 가지 부족한 것이 있으니 네게 있는 것을 다 팔아 가난한 자들에게 나눠 주라 그리하면 하늘에서 네게 보화가 있으리라 그리고 와서 나를 따르라 하시니(누가복음 18:22).

물질적인 세계보다는 영적인 세계를 추구합니다. 예전에는 명품이나 고급 승용차를 좋아하고 그런 것들로 존재감을 느끼며 자랑하려고 했지만 이제는 그런 것들이 무의미하게 느껴집니다. 사회적 지위를 높이고 더 많은 돈을 벌며 인기를 얻는 것이 진정한 행복을 가져다주지 않는다는 사실을 인지합니다. 물질이 있는 곳에 마음이 있습니다. 가지고 있는 것들을 쾌락이나 재미가 아닌 하나님 나라를 위하여 사용하고 싶어집니다.

□ 윤리적인 사람이 되려고 몸부림치며 노력한다.

8 끝으로 형제들아 무엇에든지 참되며 무엇에든지 경건하며 무엇에든지 옳으며 무엇에든지 정결하며 무엇에든지 사랑받을 만하며 무엇에든지 칭찬받을 만하며 무슨 덕이 있든지 무슨 기림이 있든지 이것들을 생각하라 9 너희는 내게 배우고 받고 듣고 본 바를 행하라 그리하면 평강의 하나님이 너희와 함께 계시리라(빌립보서 4:8-9).

어떤 상황에서든지 판단하는 것보다는 판단받는 것에 민감해집니다. 칭찬받고 인정받으며 올바른 사람이 되지 못하면 하나님의 영광을 가릴 수 있다는 사실을 항상 인지하고 있기 때문입니다. 예수님은 오른뺨을 치면 왼뺨도 내어주고, 겉옷을 달라고 하면 속옷까지 주며, 5리를 가자고 하면 10리를 동행해 주라고 말씀하셨습니다마태복음 5:41. 바로 이것이 하나님 나라의 윤리입니다.

□ 영적 감수성이 예민해졌다.

19 성령을 소멸하지 말며 20 예언을 멸시하지 말고 21 범사에 헤아려 좋

은 것을 취하고 ²² 악은 어떤 모양이라도 버리라 ²³ 평강의 하나님이 친히 너희를 온전히 거룩하게 하시고 또 너희의 온 영과 혼과 몸이 우리 주 예수 그리스도께서 강림하실 때에 흠 없게 보전되기를 원하노라(데살로니가전서 5:19-23).

과거에는 몸과 마음과 영혼이 분리된 무감각한 상태로 살았습니다. 그런데 이제는 하나로 인식하고 서로 연결되어 영향을 주고받는다는 사실을 인지합니다. 특별히 타인의 아픔에 깊이 공감하며 이를 고통이자 선물로 받아들입니다. 영혼이 죽어 있거나 영적으로 건강하지 않은 상태에서는 성령님의 인도하심을 강력히 느끼지 못합니다. 그러나 영적으로 살아 있으면 영혼과 온몸이 하나가 되어 하나님 나라를 사모합니다.

□ 예배를 사모하는 마음이 점점 더 깊어진다.

하나님이여 사슴이 시냇물을 찾기에 갈급함같이 내 영혼이 주를 찾기에 갈급하니이다(시편 42:1).

예배는 기다림과 기다림의 만남입니다. 하나님이 예배자를 찾으며 기다리신다는 것을 인식하고 예배를 사모하며 갈망합니다. 반면에 예배가 지루하고 사모하는 마음이 점점 더 사라진다면 영적 건강 상태를 점검하고 조속히 회복되도록 해야 합니다. 사람은 무언가에 미치면 그것으로 자신의 삶을 가득 채우게 마련입니다. 우리가 예배에 미친다면 우리 삶은 예배로 가득할 것입니다. 그러면 예배가 삶이 되고 삶이 예배가 됩니다. 예배와 삶이 하나가 되면 모든 순간이 하나님이 기뻐하시는 거룩한 산 제사가 됩니다_{로마서 12:1}.

□ 사람을 볼 때 영적 상태를 반드시 분별한다.

14 너희는 내가 명하는 대로 행하면 곧 나의 친구라 15 이제부터는 너희
를 종이라 하지 아니하리니 종은 주인이 하는 것을 알지 못함이라 너희
를 친구라 하였노니 내가 내 아버지께 들은 것을 다 너희에게 알게 하였
음이라(요한복음 15:14-15).

거듭나기 전에는 사람의 신앙 수준이나 영적인 상태에 관심이 없습니
다. 영적으로 죽어 있기 때문입니다. 학벌이나 재력 혹은 외모나 직업에
관심을 두었지만 신앙이 성장하면서 점점 더 인격과 신앙을 중요하게 여
기며 관심이 가기 시작합니다. 일반적으로도 친구가 될 수 있는 사람과 그
렇지 않은 사람을 분별하듯이 영적으로도 함께 어울릴 수 있는 사람인지
아닌지를 파악하게 마련입니다. 신앙적으로 볼 때 친구는 두 종류로 나뉩
니다. 하나는 사랑의 대상입니다. 영적으로 아직 미숙한 상태여서 신앙적
으로 도움이 필요한 친구입니다. 다른 하나는 사귐의 대상입니다. 영적으
로 성숙한 상태여서 함께 교제하며 배우고 본받을 수 있는 친구입니다.

□ 섬김과 봉사를 통해 크리스천으로서의 자부심을 느낀다.

피차 사랑의 빚 외에는 아무에게든지 아무 빚도 지지 말라 남을 사랑하
는 자는 율법을 다 이루었느니라(로마서 13:8).

설렘이 없이 사랑하는 것은 사랑하지 않는 것이 아니라 사랑이 성숙한 것을 의미합니다. 기독교에서 사랑이란 떨림이나 두근거림 없이도 내어줄 수 있는 상태를 말합니다. 나의 필요에 의해서가 아니라 상대방의 절박함에 의해서 결단하고 움직일 때 어느덧 빛이요 소금이며 그리스도의 향기로 부각될 것입니다.

기독교가 위대한 이유는 기적 때문이 아니라 사랑과 헌신 때문입니다. 자신을 태우지 않고는 세상을 비출 수 없고, 자신을 녹이지 않고는 살맛나는 세상을 만들 수 없습니다. 살아서보다 죽어서 더 빛이 나는 인생이 되어야 합니다.

□ 상처받는 것보다 상처 주는 것이 더 두렵다.

주께 힘을 얻고 그 마음에 시온의 대로가 있는 자는 복이 있나이다(시편 84:5).

믿음이 작을 때는 상처받은 것에 초점을 맞춰서 위로를 갈망합니다. 그러나 믿음이 클 때는 상처 준 것에 초점을 맞춰서 성장에 집중합니다. 인간관계에서 상처받으세요? 그럴 수 있습니다. 하지만 반드시 기억해야할 것이 있습니다. 상처를 주지 않으려는 사람은 있지만 상처를 주지 않는 사람은 없습니다. 상처를 받지 않으려는 사람은 있지만 상처받지 않는 사람은 없습니다. 모두가 상처를 주고 상처를 받습니다. 따라서 사랑하려면 상처를 견뎌야 합니다. 인간관계가 지속적이려면 상처를 견딜 줄 알아야 합니다. 사랑은 상처를 견디므로 깊어지고, 인간관계는 상처를 견디므로 단단해집니다. 사랑받기 위해 상처받는 것이 아니라 사랑하기 위해 상처받는 것이라면 오히려 기뻐하십시오.

다른 누군가의 모난 부분 때문에 아파한다면 그것은 상처입니다. 하지만 나의 모난 부분 때문에 아파한다면 그것은 성숙입니다. 나 자신의 허물을 감당하기에도 버겁다는 깨달음이 있을 때 상처는 오히려 아름다움이 됩니다. 다른 사람에 대한 태도가 나의 능력을 극대화할 수도 있고 최소화할 수도 있습니다. 효과적인 인생을 사는 사람은 경쟁보다는 협력을 추구하고, 순간의 분노보다는 포용을 선택합니다. 인생은 우리의 능력이 아니라 마음에 갇혀 꽃을 피우지 못합니다. 좁은 마음이 모두를 힘들게 하며 모든 것을 무너뜨립니다. 그래서 지혜로운 사람은 어떠한 순간에도 사랑을 선택합니다.

□ 다른 크리스천들과 강한 유대감을 갖는다.

[4] 몸이 하나요 성령도 한 분이시니 이와 같이 너희가 부르심의 한 소망 안에서 부르심을 받았느니라 [5] 주도 한 분이시요 믿음도 하나요 세례도 하나요 [6] 하나님도 한 분이시니 곧 만유의 아버지시라 만유 위에 계시고 만유를 통일하시고 만유 가운데 계시도다(에베소서 4:4-6).

크리스천에게는 근본적으로 성령님이 내주하십니다. 영적으로 같은 DNA를 소유하고 있다는 의미입니다. 그래서 서로를 알아보고 본능적으로 연합하며 하나가 되려고 합니다. 그런데 이러한 본능이 여러 가지 이유로 무뎌집니다. 특히 우리는 종종 하나님의 은혜와 내 맘에 드는 것을 혼동합니다. 그래서 자기 마음에 들면 은혜받았다고 하고 그렇지 않으면 신랄하게 비판합니다. 이로 인해 교회의 하나 됨이 깨지고 신앙 성장에 문제가 생깁니다. 내 마음에 들지 않고 고통스러운 상황이 오히려 하나님의 은혜일 수 있습니다.

□ 평안과 평화를 이루기 위해 항상 노력한다.

[1] 그러므로 주 안에서 갇힌 내가 너희를 권하노니 너희가 부르심을 받은 일에 합당하게 행하여 [2] 모든 겸손과 온유로 하고 오래 참음으로 사랑 가운데서 서로 용납하고 [3] 평안의 매는 줄로 성령이 하나 되게 하신 것을 힘써 지키라(에베소서 4:1-3).

자기 자신을 믿고 살면 외로운 인생이 되고, 다른 사람을 믿고 살면 불안한 인생이 됩니다. 그러나 예수를 믿고 살면 평안한 인생이 됩니다. 평안한 인생이 될 때 평화를 이룰 수 있습니다. 외로움과 불안함을 해결하지 못하면 어디서나 분란의 원인이 될 수 있습니다. 나에게 무의미한 것이 다른 사람에게는 죽을 만큼 절박한 것일 수 있습니다. 나에게는 진리인 것이 다른 사람에게는 아집과 독선일 수 있습니다. 나는 아량과 배려라고 생각한 것이 다른 사람에게는 무관심이라고 느껴질 수 있습니다.

언젠가는 하나님 앞에 설 날이 올 것입니다. 그때 하나님은 네가 잘했느냐고 물으시지 주위 사람들이 잘했느냐고 묻지 않으십니다. 다른 이들의 허물보다 내 허물이 중요합니다. 다른 사람들이 잘하는 것보다 내가 잘하는 것이 중요합니다.

같은 시대에 같은 장소, 같은 여건 속에서 살아도 어떤 사람은 천국을 살고 어떤 사람은 지옥을 살아갑니다. 자신의 이해에 갇혀 남을 이해하지 못하기 때문이 아닐까요? 용서하지 않으면 남는 것은 분노밖에 없고 감사하지 않으면 남는 것은 불평밖에 없습니다. 따라서 용서는 천국의 시작이고 감사는 천국의 완성입니다.

□ 하나님 나라의 확장을 위해 항상 긴장하며 노력한다.

너는 말씀을 전파하라 때를 얻든지 못 얻든지 항상 힘쓰라 범사에 오래 참음과 가르침으로 경책하며 경계하며 권하라(디모데후서 4:2).

복음은 어떤 것일까요? 나의 썩은 가치관 하나 바꾸지 못하면 복음이라 할 수 있을까요? 슬픈 사람의 눈물을 닦아 주지 못하는 것이 복음일까요? 약하고 힘든 사람을 더 힘들게 만드는 게 복음일까요? 자신의 배만 채우기에 급급하게 만드는 것이 복음일까요? 심지어 교만하게 만드는 것이 복음일까요?

우리가 받아들인 복음은 관상용이나 액세서리가 아닙니다. 우리의 귀나 감정을 만족시키기 위한 것이 아니란 말입니다. 복음은 배고픈 사람에게는 밥이 되고, 절망에 빠진 사람에게는 희망이 되며, 살아갈 이유를 찾지 못하는 이들에게는 살아야 할 의지가 됩니다.

진리는 변하지 않습니다. 따라서 그것을 품고 있는 자에게 변화를 요구합니다. 진리에 맞게 변하지 않으면 진리는 우리 안에 머물지 못합니다. 복음은 진리입니다. 그래서 우리에게 변화를 요구합니다.

복음에 미친 사람이 되십시오. 그런 분들을 보면 가슴이 뛰고 흥분될 수밖에 없습니다. 그런 분들을 보면 주님의 마음은 어떠실까요? 신앙인이라고 하면서 다른 것에만 관심이 있는 모습은 답답함을 넘어 암울하기까지 합니다.

싱글 미니스트리

□ 소속된 공동체에 대하여 책임의식을 갖는다.

그러나 이제 그들의 죄를 사하시옵소서 그렇지 아니하시오면 원하건대
주께서 기록하신 책에서 내 이름을 지워 버려 주옵소서(출애굽기 32:32).

영적으로 성장하면 하나님의 마음을 이해하며 하나님의 뜻을 분별합
니다. 따라서 하나님이 맡겨 주신 공동체와 구성원을 사랑합니다. 사랑받
으려고 하면 늘 불평이지만 사랑하려고 하면 늘 미안합니다. 공동체를 더
섬기지 못해 미안하며 아쉬운 마음이 든다면 영적으로 많이 성장했다는
의미입니다. 공동체에 대하여 가져야 할 몇 가지 책임의식이 있습니다.

첫째, 기도입니다. 사랑의 마음을 주셨다는 것은 그분들을 위하여 기
도하라는 의미입니다. 그 기도는 간절하며 진실할 수밖에 없습니다. 하나
님의 백성에게는 중보기도의 책임이 있음을 잊지 말아야 합니다. 둘째,
헌신입니다. 어느 한 부분이나 한 축을 맡아서 변함없이 자리를 지키는
헌신이 있습니다. 더 나아가 일시적이나 한시적으로 책임지는 헌신이 있
습니다. 이 두 가지 헌신을 통하여 공동체가 유지되며 활성화됩니다. 저
절로 되는 것은 없습니다. 당연한 것도 없습니다. 누군가가 희생하기 때
문에 공동체가 존재하며 사명을 감당합니다. 셋째, 교육입니다. 크리스천
공동체에는 반드시 가르침과 배움이 있어야 합니다. 하나님의 말씀을 배
우고 가르치지 않으면 자기 소견에 옳은 대로 행하다가 분쟁과 갈등에 휩
싸이고 결국 무주공산無主空山이 됩니다.

영적 성장의 원리

씨앗은 좋은 땅에 심고 물을 주면 잘 자라듯이, 크리스천 역시 좋은 공동체에 속하고 좋은 교육을 받으면 영적으로 성장합니다. 특별히 예수님은 제자들에게 한 알의 밀이 땅에 떨어져서 죽어야 많은 열매를 맺고 죽지 않으면 한 알 그대로 있게 된다고 가르치셨습니다^{요한복음 12:24}. 여기에서 영적 성장의 원리를 찾을 수 있습니다.

낮아짐의 원리

열매가 나무에 계속 매달려 있으면 새의 먹이가 되거나 썩을 뿐입니다. 영원히 화려함에 머물 수는 없습니다. 반드시 땅에 떨어져서 심겨야합니다. 그래서 보이지 않을 정도가 되어야 또 다른 열매를 맺습니다. 기적은 언제나 가장 낮은 곳에서 일어납니다. 하나님의 은혜는 반드시 가장 낮은 곳으로 흘러들기 때문입니다. 자아가 보이지 않을 만큼 낮아질 때 비로소 하나님 역사의 주인공이 되기 시작합니다.

내어줌의 원리

씨앗이 그대로 있으면 아무런 변화가 일어나지 않습니다. 감싸고 있는 껍데기를 깨야 싹을 틔울 수 있습니다. 때로는 스스로가 초라하게 느껴지고 버려진 느낌을 받을 수도 있습니다. 그러나 그것은 그냥 느낌이지 실제가 아닙니다. 공동체 안에서 스스로를 내려놓을 때 반드시 성장합니다. 내가 보이지 않아야 예수님이 드러납니다.

썩어짐의 원리

결국 성장은 섬김을 통해서 일어납니다. 썩어짐은 공동체와 내가 하나가 되는 과정입니다. 공동체라는 토양에 심어져 완전히 하나가 될 때 발아가 시작되고 땅을 뚫고 올라가서 존재 자체로 희망이 됩니다. 기독교가 위대한 이유는 기적 때문이 아니라 사랑의 헌신 때문입니다. 자신을 태우지 않고는 세상을 비출 수 없고, 자신을 녹이지 않고는 살맛나는 세상을 만들 수 없습니다. 살아서보다 죽어서 더 빛이 나는 인생이 되어야 합니다.

하나 됨의 원리

땅속에서 썩어지므로 내어줬다면 이제는 땅이 주는 것과 하늘이 주는 것을 받아야 합니다. 양분을 받아들이고 빛을 받아들여 광합성을 해야 합니다. 공동체 내에서 교육을 받고 성령의 단비를 맞으며 하나님이 주시는 은혜를 받아야 합니다. 바로 이것이 하나가 되었다는 증거입니다.

영적 성장 방법

하나님의 백성이 되는 것은 하나님의 은혜이지만 하나님의 백성답게 사는 것은 철저히 각자의 책임입니다. 노력하지 않는데 저절로 성장하는 법은 없습니다. 거듭난 크리스천은 기본적으로 영적 욕구를 느낍니다. 즉 말씀을 사모하여 기도로 하나님을 찾고 복음을 전하려는 욕구가 있습니다. 그 욕구를 충족시키면 성장하지만 다른 쾌락이나 욕심에 빠져서 그것을 무시하면 영적으로 병들고 약해집니다. 시대를 책임지는 영적 거인으로 성장하려면 어떻게 해야 할까요?

개인 경건 생활을 하십시오

싱글 미니스트리는 근본적으로 하나님 앞에 홀로 서는 코람데오 운동입니다. 하나님과 독대하는 사람이 되는 것이 크리스천의 근본입니다. 따라서 가장 먼저 성경을 읽으십시오. 여기에는 성경을 관찰observation하고 해석interpretation하며 적용application하는 단계가 포함됩니다. 매일 시간을 정해 읽으며 묵상하고 기도하며 회개하고 새로운 결심을 하는 과정이 영적 성장의 첫걸음입니다. 특별히 성경 암송과 묵상은 적용에 필수 불가결한 부분입니다.

둘째, 기도하십시오. 하나님은 우리의 말을 듣고 싶어 하십니다. 기도하는 삶을 산다는 것은 하나님과 동행한다는 의미입니다. 새는 창공을 날 때 가장 새답듯이 크리스천은 기도할 때 가장 크리스천답습니다. 기도하는 것이 우리의 인생이 됩니다. 기도가 우리의 미래를 결정한다는 말입니다. 기도가 크면 미래도 큽니다. 기도가 넓으면 미래도 넓습니다. 기도가 강력하면 미래도 강력합니다. 따라서 기도를 포기하는 것은 곧 미래를 포기하는 것입니다.

셋째, 금식하십시오. 하나님은 우리 삶을 하나님에 대한 신뢰로 가득 채우길 원하십니다. 이를 위해서는 때로 모든 것을 비워 내야 합니다. 금식은 단순히 위장을 비워 내는 것이 아닙니다. 인간의 기본 욕구와 탐욕까지 비워 내는 것입니다. 금식은 단지 음식을 끊는 것만이 아닙니다. 미디어 금식도 필요합니다. 때로는 영적 성장에 방해되는 인간관계 다이어트도 필요합니다.

넷째, 예배하십시오. 예배는 단순히 찬양하거나 악기를 연주하는 것이 아닙니다. 물론 하나님께 예배드리는 좋은 방법입니다. 그러나 그것이 전부는 아닙니다. 기도와 메시지가 있어야 합니다. 더 나아가 제사에는 반드시 제물이 있어야 하듯이 예배에도 헌금이 있어야 합니다. 제물이 없는 제사는 남의 제사를 구경하는 것에 불과하듯이 헌금이 없는 예배는 남의 예배에 참여하는 들러리에 불과합니다.

다섯째, 신앙 일기를 쓰십시오. 큐티 같은 개인 경건 생활 중에 깨달은 것이나 잊지 말아야 할 것들을 기록으로 남기십시오. 사람은 특별히 은혜와 감사에 대하여 너무 쉽게 망각합니다. 감사하다고 느껴서 감사하지 말고 감사하기로 결심해서 감사해야 합니다. 어려움이 닥쳤을 때 어떻게 합니까? 삼류인생은 불평하므로 그 어려움을 더 키우고, 이류인생은 인내하므로 그 어려움이 지나갈 때까지 기다립니다. 그러나 일류인생은 감사하므로 그 어려움을 축복으로 바꿉니다. 감사 내용을 적는 습관은 훌륭하고도 완벽한 신앙 훈련입니다. 그리고 어려울 때 다시 읽으면 큰 힘을 얻고 회복으로 가게 됩니다.

경건한 믿음의 사람들과 교제하십시오

공부를 잘하고 싶으면 공부 잘하는 사람들과 어울려야 하듯이 신앙이 성장하려면 신앙이 좋은 사람들과 어울려야 합니다. 사도 바울은 고린도 교회 교인들에게 믿지 않는 자와 함께하지 말라고 단호하게 경고합니다 고린도후서 6:14. 싱글로서 살아갈 때 함께 어울리는 친구들이 정말 중요합니다. 그런데 안타깝게도 교회가 신앙 안에서 교제권을 형성해 주지 못하면 어쩔 수 없이 신앙이 없는 사람들과 어울리게 됩니다. 처음에는 좋은 만남인 것 같지만 시간이 지날수록 갈등과 고민 그리고 시름이 깊어집니다. 반면에 믿음의 사람들이 만나면 충돌이 아니라 시너지가 일어납니다. 그런데 신앙 안에서 교제권을 형성할 때 다음 네 가지 인간관계가 존재합니다.

첫째, 동행입니다. 같은 버스에 탔다가 목적지에 도달하면 내리듯이 같은 교회에 출석하는 관계입니다. 이 관계에서는 갈등만 생기지 않으면 아무 문제가 일어나지 않습니다.

둘째, 동업입니다. 이익 때문에 같은 교회에 다니는 상태를 말합니다. 이익이 목적이기 때문에 웬만한 갈등 상황은 문제가 되지 않습니다. 그러나 손해가 생기기 시작하면 관계가 깨집니다.

셋째, 동반입니다. 감정적으로 같은 편인 경우입니다. 이 상태에서는 손해도 문제되지 않습니다. 심지어 옳고 그름과도 상관이 없습니다. 감정적으로 하나가 되었기 때문입니다. 그러나 이로 인해 당 짓는 것과 파당 혹은 분열이 일어날 수 있습니다. 또한 감정이 상하면 여지없이 관계가 깨지거나 아예 등을 돌리기도 합니다.

넷째, 동역입니다. 사명을 중심으로 관계가 형성된 경우입니다. 이 상태에서는 갈등, 손해, 감정 같은 것이 관계에 영향을 미치지 못합니다. 하나님이 맡겨 주신 사명이 가장 중요하기 때문입니다. 크리스천은 이러한 인간관계를 이뤄 가야 합니다.

은혜로운 자리에 머무십시오

아무리 믿음이 좋아도 비도덕적이거나 신앙과 대치되는 자리에 있으면 영적으로 성장하기 어렵습니다. 예배의 자리에 있을 때 하나님의 임재를 경험합니다. 섬김과 봉사의 자리에 있을 때 하나님의 강권적인 역사를 체험합니다. 기독교의 영성을 경험하려면 낮은 자리로 나아가야 합니다. 예수님은 절대로 높은 자리에 계시지 않았습니다. 섬김을 받기 위해서가 아니라 섬기기 위해서 오셨기 때문입니다^{마가복음 10:45}. 그래서 예수님은 제자들에게 높은 자리에 앉지 말고 낮은 자리에 앉으라고 강력히 권하셨습니다^{누가복음 14:7-11}. 다른 사람이 나를 위해 존재한다고 생각하면 내가 다른 사람을 위해 존재하기 시작합니다. 그러나 내가 다른 사람을 위해 존재한다고 생각하면 다른 사람들이 나를 위해 존재하기 시작합니다. 바로 이것이 영적 역설의 법칙입니다. 그래서 성경은 단순하게 섬기기 위하여 살라고 말합니다.

나가는 말

동아일보가 창간 15주년을 맞아 농촌과 어촌을 배경으로 하는 장편소설을 공모했습니다. 이때 독립운동가이자 소설가 심훈 선생님은 당진 부곡리의 공동경작회 활동을 소재로 소설을 쓴 《상록수》를 공모하여 당선되었습니다. 《상록수》는 일제강점기 농촌의 모습을 사실적으로 그려 내며 농촌계몽운동 정신을 이끌었으며, 많은 사람에게 큰 사랑을 받았습니다. 심훈 선생님은 상록수를 영화화하고자 했으나 일제의 방해로 좌절된 후 단행본 출간을 목표로 집필에 몰두하던 중 1936년 장티푸스로 인해 36세의 나이로 사망합니다. 1930년 3월 1일에 쓴 시 '그날이 오면'을 읽다 보면 얼마나 조국의 독립을 염원하고 이를 위해 분투하였는지를 가슴 깊이 느낄 수 있습니다.

그날이 오면 그날이 오면은
삼각산이 일어나 더덩실 춤이라도 추고
한강물이 뒤집혀 용솟음칠 그날이,

이 목숨이 끊기기 전에 와주기만 하량이면,

나는 밤하늘에 날으는 까마귀와 같이

종로의 인경[人定]을 머리로 들이받아 울리오리다

두개골은 깨어져 산산조각 나도

기뻐서 죽사오매 오히려 무슨 한이 남으오리까

그날이 와서 오오 그날이 와서

육조(六曹) 앞 넓은 길을 울며 뛰고 뒹굴어도

그래도 넘치는 기쁨에 가슴이 미어질 듯하거든

드는 칼로 이 몸의 가죽이라도 벗겨서

커다란 북을 만들어 둘쳐 메고는

여러분의 행렬에 앞장을 서오리다

우렁찬 그 소리를 한 번이라도 듣기만 하면

그 자리에 거꾸러져도 눈을 감겠소이다

영국 옥스퍼드 대학교의 C. M. 바우라 교수는 《시와 정치》라는 저술에서 심훈 선생님의 '그날이 오면'을 두고 세계 저항시의 본보기라고 극찬했습니다. 심훈 선생님은 소설가이지만 조국 해방에 대한 염원이 시가되고 노래가 되어 온 민족의 가슴을 적시는 시인이 되었습니다.

심훈 선생님은 한민족 모두에게 존경받는 독립운동가이지만 간과하지 말아야 할 한 가지 사실이 있습니다. 그는 아내 이해영과 결혼 7년 만에 헤어진 이혼남입니다.

싱글에 대한 편견이 아무리 만연하고 지난至難해도 간절한 소원과 뜻을 품고 사는 인생에는 전혀 문제가 되지 않습니다. 결혼이 문제가 되기 시작하는 시점은 그것이 인생의 목표가 될 때입니다. 결혼이 인생의 목표가 되면 어떤 문제가 생깁니까? 무엇보다도 남들은 모두 이루는 목표를 이루지 못한 루저가 됩니다. 그래서 심각한 열등감과 패배감에 젖어 살게 됩니다. 따라서 싱글은 그 어떤 것보다도 크리스천으로서 인생의 목표와 비전을 다시 점검하고 재정립하여 그것에 부합하는 삶을 영위하려고 해야 합니다.

싱글이 품어야 할 근본 목표는 무엇입니까? 싱글 기간에 하나님 나라의 강력한 군사로 살아가는 것입니다. 그 사명을 감당하다 보면 하나님은 다음 장면 즉 가정을 이뤄서 다른 싱글들의 본보기가 되게 하실 것입니다. 교회는 그 시작을 돕고, 그 과정에서 동행하며 다음 장면의 가교 역할을 맡아야 합니다.

유교적 담론의 굴레에 빠진 한국교회의 싱글 이슈를 구해 내 한국교회와 사회 전반에 강력한 영향력을 행사하는 거대 담론이 되게 할 수단은 오직 싱글 미니스트리입니다. 싱글 미니스트리의 주체이며 한국교회의 희망인 이 땅의 싱글 크리스천들을 응원합니다. 그리고 간절히 기도합니다.

"우리는 나이와 성별, 학력, 직업, 빈부격차, 문화와 문명 그리고 결혼 여부와 상관없이 하나님의 자녀이며 백성이고 일꾼이라는 것을 믿습니다.

우리는 하나님의 희망이며 한국교회의 주역으로 살아야 하지만, 외면당하고 소외된 싱글들이 기쁨으로 하나님과 동행하며 주의 전에서 열정적으로 예배드리고 감사와 감격으로 주의 백성들을 섬기는 그리스도의 계절이 오기를 간절히 소망합니다.

우리는 각자가 하나님과 독대하며 귀로 듣기만 하다가 눈으로 보는

싱글 미니스트리

신앙으로 성장하여 믿음의 동역자가 되고 먼저 하나님 나라와 그 의를 구하므로 이 땅에서 가정 천국을 이루고 하나님 나라의 아름다움을 누리며 일거수일투족이 사랑이 되기를 간구합니다.

오늘도 우리의 눈을 열어 주의 말씀의 기이한 법을 보게 하시고 우리의 마음을 열어 하나님의 아픔을 느끼게 하시며 우리를 일으켜서 홀로 지내는 이들에게 다가가게 하소서. 그래서 먼 훗날에 하나님 앞에 섰을 때 '잘했다. 착하고 충성된 종아, 네가 주인의 즐거움에 참여하리라'라는 인정을 받게 하소서. 예수님의 이름으로 기도드립니다. 아멘."

부록

1. MBTI와 교회 봉사
2. 싱글 새가족 교육 교재

1. MBTI와 교회 봉사

◆ MBTI 개요

MBTI^{Myers-Briggs-Type Indicator}는 마이어스^{Myers}와 브릭스^{Briggs}가 스위스의 정신분석학자인 카를 융^{Carl Jung}의 심리 유형론을 토대로 고안한 자기보고식 성격유형 검사 도구입니다. 다음과 같은 네 가지 분류 기준에 따른 결과로 16가지 심리 유형으로 분류합니다.

정신적 에너지의 방향성을 나타내는 외향-내향(E-I) 지표, 정보 수집을 포함한 인식의 기능을 나타내는 감각-직관(S-N) 지표, 수집한 정보를 토대로 합리적으로 판단하고 결정 내리는 사고-감정(T-F) 지표, 인식 기능과 판단 기능이 실생활에서 적용되어 나타난 생활양식을 보여 주는 판단-인식(J-P) 지표입니다.

이 네 가지 선호 지표가 조합된 양식을 통해 16가지 성격유형을 설명하여, 성격적 특성과 행동의 관계를 이해하도록 돕습니다.

에너지 방향, 주의 초점

외향형(E)(Extraversion) ←→ 내향(I)(Introversion)

인식 기능(정보 수집)

감각(S)(Sensing) ←→ 직관(N)(iNtuition)

판단 기능(판단, 결정)

사고(T)(Thinking) ←→ 감정(F)(Feeling)

여행 양식 / 생활 양식

판단(J)(Judging) ←→ 인식(P)(Perceiving)

◆ MBTI 성격유형의 키

선호지표	외향형(Extraversion)	내향형(Introversion)
설명	폭넓은 대인관계를 유지하며 사교적이고 정열적이고 활동적이다.	깊이 있는 대인관계를 유지하며 조용하고 신중하고 이해한 후에 경험한다.
대표적 표현	·자기 외부에 주의 집중 ·외부 활동과 적극성 ·정열적, 활동적 ·말로 표현 ·경험한 후에 이해 ·쉽게 알려짐	·자기 내부에 주의 집중 ·내부 활동과 집중력 ·조용하고 신중 ·글로 표현 ·이해한 후에 경험 ·서서히 알려짐

선호지표	감각형(Sensing)	직관형(iNtuition)
설명	오감에 의존하여 실제의 경험을 중시하며, 지금·현재에 초점을 맞춘다. 정확하고도 철저히 일을 처리한다.	·육감, 영감에 의존하며, 미래지향적이고 가능성과 의미를 추구한다. ·신속·비약적으로 일을 처리한다.
대표적 표현	·지금·현재에 초점 ·실재의 경험 ·정확, 철저한 일 처리 ·사실적 사건 묘사 ·나무를 보려는 경향 ·가꾸고 추수함	·미래 가능성에 초점 ·아이디어 ·신속, 비약적인 일 처리 ·비유적, 암시적 묘사 ·숲을 보려는 경향 ·씨 뿌림

선호지표	사고형(Thingking)	감정형(Feeling)
설명	진실과 사실에 주로 관심을 갖고, 논리적이고 분석적이며, 객관적으로 판단한다.	사람과 관계에 주로 관심을 갖고, 상황적이며 정상을 참작한 설명을 한다.
대표적 표현	·진실, 사실에 주 관심 ·원리와 원칙 ·논거, 분석적 ·맞다, 틀리다 ·규범, 기준 중시 ·지적 논평	·사람, 관계에 주 관심 ·의미와 영향 ·상황적, 포괄적 ·좋다, 나쁘다 ·나에게 주는 의미 중시 ·우호적 협조

선호지표	판단형(Judging)	인식형(Perceiving)
설명	분명한 목적과 방향이 있으며, 기한을 엄수하고 철저히 사전에 계획하고 체계적이다.	목적과 방향은 변화 가능하고, 상황에 따라 일정이 달라지며, 자율적이고 융통성이 있다.
대표적 표현	· 정리 정돈과 계획 · 의지적 추진 · 신속한 결론 · 통제와 조정 · 분명한 목적 의식과 　방향 감각	· 상황에 맞추는 개방성 · 이해로 수용 · 유유자적한 과정 · 융통과 적응 · 목적과 방향은 변화할 수 　있다는 개방성 · 재량에 따라 처리될 수 　있는 포용성

◆ MBTI 성격유형

ISTJ 소금형	ISFJ 권력형	INFJ 예언자형	INTJ 과학자형
한번 시작한 일은 끝까지 해내는 성격	성실하고 온화하며 협조를 잘하는 사람	사람에 대한 뛰어난 통찰력을 가진 사람	전체를 조합해 비전을 제시하는 사람
ISTP 백과사전형	**ISFP 성인군자형**	**INFP 잔다르크형**	**INTP 아이디어형**
논리적이고 뛰어난 상황 적응력	따뜻한 감성을 가진 겸손한 사람	이상적인 세상을 만들어가는 사람	비평적인 관점을 가진 뛰어난 전략가
ESTP 활동가형	ESFP 사교형	ENFP 스파크형	ENTP 발명가형
친구, 운동, 음식 등 다양함을 선호하는 사람	분위기를 고조시키는 우호적인 사람	열정적으로 새 관계를 만드는 사람	풍부한 상상력으로 새로운 도전을 하는 사람
ESTJ 사업가형	**ESFJ 친선도모형**	**ENFJ 언변능숙형**	**ENTJ 지도자형**
사무적, 실용적, 현실적인 스타일	친절, 현실감을 바탕으로 타인에게 봉사	타인의 성장을 도모하고 협동하는 사람	비전을 갖고 타인을 활력적으로 인도

◆ MBTI 성격유형 간이 검사지

1. 다음 번호별로 제시된 두 개의 문장을 읽고 나에게 많이 해당하는 것에
   ○표시를 합니다.
2. ○개수를 세어 합계란에 쓰고 점수가 큰 쪽의 유형을 _____에 씁니다.
3. 밑줄에 쓴 알파벳 4개를 맨 나중에 차례대로 붙여 씁니다.

번호	E 유형	표시	I 유형	표시
1	여러 사람과 많이 사귀는 편이다.		몇 명의 친구들과 깊이 사귀는 편이다.	
2	새로운 사람들을 만나는 것이 신난다.		처음 보는 사람들과 앞으로 어떻게 지낼까 걱정이다.	
3	처음 보는 사람을 만나면 내가 먼저 말한다.		처음 보는 사람을 만나면 다른 사람이 나에게 먼저 말한다.	
4	생각이나 느낌을 다른 사람에게 이야기하는 편이다.		생각이나 느낌을 내 마음 속에 간직하는 편이다.	
5	사람들과 함께하는 놀이나 운동이 좋다.		혼자 재미있게 하는 놀이나 운동이 좋다.	
6	많은 사람에게 이야기하기를 선호한다.		친한 친구에게 이야기하기를 선호한다.	
7	사람들과 함께 일하거나 공부하면 더 잘된다.		혼자 일하거나 공부하면 더 잘된다.	
8	생각과 느낌을 말로 표현하는 것이 편하다.		생각과 느낌을 글로 표현하는 것이 편하다.	
9	주위 사람들은 내가 활발하다고 말한다.		주위 사람들은 내가 얌전하다고 말한다.	
합계		합계		
	나의 에너지 방향은? _____			

번호	S 유형	표시	N 유형	표시
1	사람들에게 직접 보고 들은 것에 대해 얘기하는 것을 좋아한다.		사람들에게 상상한 것을 이야기하는 것을 좋아한다.	
2	실제로 있었던 사람이나 사실에 대한 책을 좋아한다.		상상으로 지어낸 이야기를 좋아한다.	
3	어려운 일에 부딪히면 하던 일을 잘 못한다.		어려운 일에 부딪히면 도전하고 싶은 마음이 생긴다.	
4	무엇을 할 때 전에 배웠던 대로 하는 것이 편하다.		무엇을 할 때 새로운 방법을 생각해서 해볼 때 더 재미 있다.	
5	그려진 그림에 색칠하기를 좋아한다.		이야기를 지어 내기를 좋아한다.	
6	현재에 최선을 다하는 것이 중요하다고 생각한다.		미래에 대한 꿈을 갖는 것이 중요하다고 생각한다.	
7	가르쳐 준 방법대로 하는 편이다.		나만의 방법을 만들어서 하는 편이다.	
8	좋아하는 책은 읽은 것이라도 또 읽는다.		새로운 다른 책을 읽는 것이 좋다.	
9	부지런하고 성실하다는 얘기를 듣는 편이다.		기발하고 엉뚱하다는 얘기를 듣는 편이다.	
합계		합계		

나의 인식 기능은? _____

번호	T유형	표시	F유형	표시
1	불공평한 것이 가장 나쁘다고 생각한다.		다른 사람의 마음에 상처를 주는 것이 가장 나쁘다고 생각한다.	
2	실력 있는 사람으로 인정받고 싶다.		인기 있는 사람으로 인정받고 싶다.	
3	우리 편이 지면 다음번에는 이기도록 계획을 짠다.		우리 편이 지면 '다음에 이기 면 되지' 하면서 친구들의 기분을 좋게 해준다.	

4	타인의 잘못된 점은 지적해 주는 편이다.		타인의 잘못된 점을 지적하면 어떻게 생각할까 걱정이 돼서 말하지 않는 편이다.	
5	공평한 사람이 되고 싶다.		친절한 사람이 되고 싶다.	
6	게임이나 경기에서 이기면 기분이 아주 좋다.		경기에서 이기면 기분은 좋지만 진 사람은 기분이 어떨까 생각한다.	
7	똑똑한 사람으로 인정받고 싶다.		따뜻한 사람으로 인정받고 싶다.	
8	도둑질하는 사람은 벌을 받아야 한다고 생각한다.		도둑질하는 사람은 도둑질하지 않도록 도움을 받아야 한다고 생각한다.	
9	벌금은 규칙대로 정확하게 받아야 한다.		벌금은 상황에 따라 그 사람의 사정을 고려해서 받아야 한다.	
합계		합계		

나의 판단 기능은? _____

번호	J유형	표시	P유형	표시
1	해야 할 일을 먼저 하고 여가 시간을 갖는다.		여가 시간을 먼저 갖고 해야 할 일을 한다.	
2	목회 계획에 따라 차근차근 가르쳐 주시는 목회자가 좋다.		우리가 좋아하는 것에 맞추어 목회하는 목회자가 좋다	
3	나는 정리정돈 된 깨끗한 방이 좋다.		나는 내 마음대로 흩뜨릴 수 있는 방이 좋다.	
4	질서 정연하게 잘 짜여진 업무를 좋아한다.		새롭고 신선한 업무를 좋아한다.	
5	자전거를 탈 때 어디로 갈지 미리 생각하고 탄다.		자전거를 탈 때 그냥 달린 후 어디로 갈지 생각한다.	
6	여행이나 출장 시 준비물을 잘 챙기는 편이다.		여행이나 출장 시 준비물을 잘 잊어먹는 편이다.	

7	어떻게 신앙생활을 해야 할지 자세히 인도해 주시는 목회자가 좋다.		스스로 신앙생활 방식을 선택하도록 맡기는 목회자가 좋다.	
8	규칙은 절대로 바뀌어서는 안 된다.		규칙은 경우에 따라 바뀔 수 있다.	
9	나는 일을 계획적으로 해내는 편이다.		나는 일을 그때그때 해내는 편이다.	
합계		합계		
			나의 판단 기능은? _____	

이름 : _____

MBTI 성격유형 검사 결과 : _____

◆ 성격유형과 관련 직업 & 교회봉사

1. MBTI 간이 성격유형 검사 결과 어떤 성격유형입니까?

_____

2. 같은 성격유형을 가진 지체들과 모여 서로 성격 특성에 대해 이야기해

   봅니다.

_____

_____

3. 나의 성격유형과 관련된 직업에는 다음과 같은 것들이 있습니다.

성격 유형	특징	관련 직업	교회 봉사
ISTJ	실제 일어난 사실에 대해 정확하고 체계적으로 기억하며 일처리에 신중하고 책임감이 강하다.	회계, 법률, 생산, 건축, 의료, 사무직, 관리직 등	
ISTP	말이 없으며 객관적으로 인생을 관찰하는 편이고, 필요 이상으로 자신을 발휘하지 않는다.	법률, 경제, 마케팅, 판매, 통계 분야 등	
ESTP	사실적이고 관대하며 개방적이고 사람이나 일에 대한 선입관이 별로 없다.	의사, 군인, 검사, 경찰관, 운동가 등	
ESTJ	실질적이고 현실감이 뛰어나며 일을 조직하고 계획하여 추진하는 능력이 있다.	사업가, 행정관리, 생산, 건축 등	
ISFJ	책임감이 강하고 온정적이며 헌신적이고 침착하며 인내력이 강하다.	의료, 간호, 교직, 사무직, 사회사업 등	
ISFP	말없이 다정하고 양털 안감을 넣은 오버코트처럼 속마음이 따뜻하고 친절하다.	농장 경영, 교통, 유흥업, 간호직, 비서직 등	
ESFP	현실적이고 실제적이며 친절하다. 어떤 상황이든 잘 적응하며 수용력이 강하고 사교적이다.	의료 판매, 교통, 유흥업, 간호직, 비서직 등	
ESFJ	동정심이 많고 다른 사람에게 관심을 쏟으며 인화를 중시한다. 동료애가 많고 친절하다.	교직, 성직, 판매, 간호, 의료 분야 등	
INFJ	창의력, 통찰력이 뛰어나며 강한 직관력으로 말없이 타인에게 영향을 미친다.	성직, 심리 치료와 상담, 예술과 문학 분야 등	
INFP	마음이 따뜻하고 조용하며 자신이 관계하는 일에 대하여 책임감이 강하고 성실하다.	언어, 학문, 문학, 상담 등	
ENFP	온정적이고 창의적이며 항상 새로운 가능성을 찾고 시도한다.	상담, 교육, 저널리스트, 광고, 판매, 작가 등	

ENFJ	민첩하고 동정심이 많고 사교적이며 인화를 중요시하고 참을성이 많다.	교직, 성직, 심리상담, 예술, 문학 등	
INTJ	행동과 사고에 있어서 독창적이며 강한 직관력과 의지와 결단력, 인내심이 있다.	과학, 엔지니어, 발명, 정치, 철학 등	
INTP	과묵하나 관심이 있는 분야에 대해서는 말을 잘하며 이해가 빠르고 높은 직관력으로 통찰하는 재능과 지적 호기심이 많다.	순수과학, 연구, 수학, 엔지니어, 경제, 철학, 심리학 등의 학문	
ENTP	독창적이며 창의력이 풍부하고 넓은 안목을 갖고 있으며 다방면에 재능이 많다.	발명가, 과학자, 언론, 마케팅, 컴퓨터 분석 등	
ENTJ	활동적이고 솔직하며 결정력과 통솔력이 있고 장기적 계획과 거시적 안목을 선호한다.	판매업, 건축업, 선장, 군인, 경찰관 등	

출처 : 한국심리연구소(http://www.kpti.com)

4. 나의 성격유형을 비추어 볼 때 교회나 사회의 어떤 영역에서 봉사하는
   것이 적당하다고 생각합니까? 그 이유는 무엇입니까?

_____

_____

싱글 미니스트리

2. 싱글 새가족 교육 교재

◆ 1주 차 : "참 잘 오셨습니다"

소중한 만남을 갖게 되어 반갑고 감사합니다.

모두가 자신들이 최고라고 자랑합니다.

그러나 우리는 여러분을 최고로 모십니다.

가장 좋은 친구가 되고 동료가 되며 도우미가 되고 싶습니다.

---

1. 간단한 자기소개와 더불어 우리 교회에 오신 소감과 첫인상을 말씀해
   주세요.

2. 우리 교회의 싱글을 위한 프로그램과 양육 및 교육 시스템 그리고 사역
   을 소개합니다.

3. 교회에 대한 소개를 듣고 궁금한 것이나 개인적으로 바라거나 원하는
   것이 있다면 말씀해 주세요.

4. 일반적으로 많이 궁금해하는 이성 교제에 대하여 말씀드리겠습니다.

"우리가 해야 할 도전은
사랑하는 사람과 결혼하는 것이 아니라
결혼할 사람을 사랑하는 것이다."

교회 내에서의 이성 교제

교회 내에서의 이성 교제, 어떻게 보아야 할까요? 어떤 선교단체나 교회는 이성 교제를 금지하기도 합니다. 그러나 우리 교회는 적극적으로 권장합니다. 다른 곳에서 금지하는 데는 나름대로 이유가 있습니다. 하지만 우리 교회는 다음과 같은 이유로 공동체 내에서 이성 교제를 권장합니다.

첫째, 크리스천 간의 이성 교제를 권유하기 때문입니다. 하나님을 향한 마음이 굳어진 두 사람이 만나는 것이 이상적입니다. 하지만 비크리스천과의 만남은 근본적으로 갈등이 생길 수밖에 없습니다. 하나님을 향한 마음이 굳어지기 전에 다른 사람이 여러분의 마음에 들어오면 상처받기 쉽습니다. 신앙도 무너지기 쉽습니다. 따라서 크리스천이 아닌 사람과 교제를 하고 결혼하는 것은 매우 위험합니다.

둘째, 동일한 신앙적 색채를 유지하기 위해서입니다. 기독교에는 다양한 교파가 있습니다. 교회마다 강조점이 다릅니다. 같은 꼴을 먹고 같은 토양에서 신앙생활을 하는 사람끼리 만나야 행복할 수 있고 더 큰 비전을 향해 나아가기가 수월합니다.

셋째, 교회는 바람직한 교제의 장소이기 때문입니다. 클럽이나 술집에서 만난 커플이 긍정적일 가능성은 그리 크지 않습니다. 직장에서 만나는 것도 괜찮지만 사내 연애는 상사나 동료들에게 눈총을 받기 쉽습니다. 따라서 데이트 시간도 절약하고 만나서 함께 주의 일을 감당하는 것은 바람직하며 건설적입니다.

넷째, 절제와 조언이 가능하기 때문입니다. 교회 내에서는 상식적으로 할 수 있는 것과 하지 말아야 할 것을 절제하기가 쉽습니다. 그리고 이성 교제에 대해 상의할 수 있는 리더와 멘토, 교역자가 있습니다.

교제 방법과 기준

먼저, 이성 교제의 전제 조건 즉 이성을 찾기 전에 자기 자신을 돌아보고 기준을 설정하십시오. 특별히 다음 세 가지를 점검할 필요가 있습니다.

첫째, 신앙이 성숙해야 합니다. 하나님을 향한 마음이 굳어지기 전에 이성을 향한 마음이 굳어지면 신앙이 성장하기가 쉽지 않습니다. 본질에 충실한 사람이 되십시오.

> 내가 진실로 진실로 너희에게 이르노니 한 알의 밀이 땅에 떨어져 죽지 아니하면 한 알 그대로 있고 죽으면 많은 열매를 맺느니라(요한복음 12:24).

> 그런즉 너희는 먼저 그의 나라와 그의 의를 구하라 그리하면 이 모든 것을 너희에게 더하시리라(마태복음 6:33).

둘째, 인격이 성숙해야 합니다. 인격이 성숙하지 않은 채 이성 교제를 하면 서로에게 고통이 될 수 있습니다. 교제하는 두 사람은 서로를 책임지고 행복하게 해줄 의무, 외롭지 않게 해줄 의무가 있습니다. 서로를 향한 성실함이 전제되어야 합니다. 왜 나쁜 남자, 나쁜 여자에게 끌릴까요? 전시효과, 인간적 욕망과 자극, 내가 바꿀 수 있을 것이란 막연한 기대감 같은 것들 때문입니다. 하지만 인격적 성숙이 전제되지 않은 이성 교제는 정말 위험합니다.

셋째, 경제적 능력이 있어야 합니다. 이성 교제에는 비용이 들어갑니다. 사랑하는 사람에게 무언가를 해주고 싶은 것은 기본적인 욕망입니다. 그런데 경제적 능력이 없으면 바람직한 교제를 하기 어렵습니다. 물론 사랑으로 극복할 수 있다고 말하지만, 결혼생활뿐만 아니라 이성 교제도 현실입니다. 현실을 무시한 이상은 헛된 욕망입니다.

공동체 내에서 이성 교제는 다음 세 단계의 절차를 거치게 됩니다. 첫 단계는 관심입니다. 호감이 가는 이성이 있을 때 어떻게 해야 할까요? 먼저 자기 자신과 상대가 위의 세 가지 기준에 충족되었는가를 살펴 보십시오. 그리고 반드시 리더 혹은 교역자와 상의하십시오. 또한 충분히 대화하면서 알아보십시오. 그다음에 기도하십시오. 그런데 반드시 명심하고 잊지 말아야 할 규칙이 있습니다. 관심 단계에서는 리더와 교역자 외에는 절대 비밀로 해야 합니다. 소문이 나면 사랑의 새싹을 밟는 결과를 초래할 수 있습니다. 도와주는 사람보다는 방해하는 사람이 생길 가능성이 훨씬 큽니다. 결국 만남에 실패하게 되고, 이것이 반복되면 여러 명의 이성에게 치근대는 사람으로 낙인찍힐 수 있습니다.

둘째 단계는 사귐입니다. 사귄다는 말은 무엇일까요? 결혼 적령기의 한 남성과 한 여성이 결혼을 전제로 만나는 것을 말합니다. 이 개념이 서로 다르면 안 됩니다. 혼란이 옵니다. 관심 단계의 만남을 사귀는 것으로 착각하면 안 됩니다. '엔조이 관계'란 말이 있습니다. 이것은 금해야 합니다. 사귐 단계에서는 서로 간의 사랑이 축소되지 않고 더욱 커 가야 합니다. 이 단계에서는 반드시 지켜야 하는 철칙이 있습니다. 우선 교역자나 리더를 통해 결혼을 전제로 이성 교제 중이니 축복해 달라고 부탁하며 공표해야 합니다. 그리고 공동체 내에서 이성 교제는 단 1회만 허용됩니다. 공동체 안에서 여러 사람과 만나면 짝짓기 분위기로 전락할 수 있습니다.

셋째 단계는 결혼 준비입니다. 결혼 날짜를 잡고 본격적인 준비에 들어가는 단계입니다. 형제는 반드시 프러포즈를 하십시오. 미래의 아내에 대한 존중이며 사랑입니다. 아내가 따라다녀서 결혼한 것이 되게 하지 마십시오. 자존심에 상처를 입습니다. 결혼하면 철저하게 대등하며 동등한 관계입니다. 나이나 학력이나 위치를 뛰어넘어 완전히 대등한 관계가 된다는 것을 잊지 말아야 합니다. 세 번째 단계에서 지켜야 할 철칙은 결혼하면 반드시 장년부로 편입되어야 한다는 사실입니다. 싱글 공동체에 계속 남아 있는 것은 서로에게 유익하지 않고 오히려 해가 됩니다.

이성 교제가 신앙생활을 대체하는 과오는 저지르지 말아야 합니다. 항상 하나님 앞에서 살고 있다는 '코람데오'의 정신으로 살기 바랍니다. '코람데오'는 하나님 보시기에 온전히 행한다는 뜻입니다. 즉 모든 행동을 보고 계시는 '하나님의 주권을 인정한다'는 의미입니다.

크리스천은 모든 일에서 자유합니다. 다만 하나님이 보시기에 선한지 아닌지를 분별하며 살아야 진정한 크리스천입니다. '코람데오'의 정신으로 사람들이 보지 않는 곳에서도 신앙과 양심을 지키십시오. 때가 되면 하나님의 방법으로 하나님의 사람을 만나게 하실 것입니다.

지금도 당신의 배우자가 될 사람은 하나님 앞에서 당신을 주시하며 주목하고 있습니다. 항상 최선을 다하시기 바랍니다. 누가 짝이 될지 아무도 모릅니다. 오직 주님만이 아십니다. 소위 '세상적인 관점에서 초라하게 보이는 이성'이더라도 진실하게 대해 주십시오. 우리는 다 하나님의 자녀이기 때문입니다. 주위의 평판이 좋아야 선도 들어오고 소개팅도 들어오고 아름다운 이성 교제를 하게 될 확률도 높아집니다. 아무도 보지 않을 때 행동하는 나의 모습이 진정한 나의 모습이며 나의 인격입니다. 아무도 보지 않는 곳에서 행하는 그 행동이 나의 인격과 평판을 결정짓습니다. 하나님은 지금도 당신을 주목하고 계십니다.

우리가 잊지 말아야 할 것은 하나님을 대신하는 모든 것이 우상이라는 사실입니다. 우리에게는 하나님을 대신할 수 있는 것이 없습니다. 직장, 학업, 이성 친구, 돈과 명예 등은 자칫 우상이 될 수 있습니다. 하나님께 받아야 할 위로를 다른 곳에서 찾는 우를 범하지 않아야 합니다. 교회 내에서 이성 교제를 권장하나 무분별한 교제는 안 됩니다. 교회는 여러분에게 이성 교제를 위한 필드를 제공합니다. 그러나 불미스러운 일이 일어나지 않도록 교통법규를 철저히 준수해야 합니다.

5. 왜 우리 교회에서는 공동체 내의 이성 교제를 적극 권장합니까?

6. 이성 교제의 세 단계에서 반드시 명심하고 지켜야 할 규칙은 무엇입니까?

7. 싱글 공동체에서 신앙생활을 하면서 개인적으로 기대하는 소망이나 바람이 있다면 무엇입니까?

나는 행복한 사람

"걸을 수만 있다면, 더 큰 복은 바라지 않겠습니다."
　누군가는 지금 이렇게 기도합니다.
"설 수만 있다면, 더 큰 복은 바라지 않겠습니다."
　누군가는 지금 이렇게 기도합니다.
"들을 수만 있다면, 더 큰 복은 바라지 않겠습니다."
　누군가는 지금 이렇게 기도합니다.
"말할 수만 있다면, 더 큰 복은 바라지 않겠습니다."
　누군가는 지금 이렇게 기도합니다.
"볼 수만 있다면, 더 큰 복은 바라지 않겠습니다."
　누군가는 지금 이렇게 기도합니다.
"살 수만 있다면, 더 큰 복은 바라지 않겠습니다."
　누군가는 지금 이렇게 기도합니다.

놀랍게도 누군가의 간절한 소원을
나는 다 이루고 살고 있습니다.
놀랍게도 누군가가 간절히 기다리는 기적이
내게는 날마다 일어나고 있습니다.

부자 되지 못해도,

빼어난 외모 아니어도,

지혜롭지 못해도

내 삶에 날마다 감사하겠습니다.

날마다 누군가의 소원을 이루고,

날마다 기적이 일어나는

나의 하루를, 나의 삶을 사랑하겠습니다.

사랑합니다. 내 삶, 내 인생, 나….

어떻게 해야 행복해지는지 고민하지 않겠습니다.

내가 얼마나 행복한 사람인지 날마다 깨닫겠습니다.

나의 하루는 기적입니다.

나는 행복한 사람입니다.

나는 행복한 사람입니다.

- 언더우드의 기도 낙서장에서

1. 이 고백을 읽으며 어떤 마음과 생각이 듭니까? 스스로를 행복한 사람
   이라고 생각하나요? 그 이유는 무엇입니까?

2. 당신의 삶에서 가장 기쁜 순간과 가장 슬픈 순간은 언제였습니까?

3. 당신의 장점과 단점은 무엇입니까? 하나님이 왜 장점과 단점을 주셨다고 생각합니까?

4. 행복한 삶을 영위하려면 어떤 조건이 갖춰져야 한다고 생각합니까? 그 조건에서 당신과 다른 사람들 사이에 차이가 있습니까?

5. 성경은 우리를 어떤 존재라고 단언하며 선포합니까? 베드로전서 2장 9절 말씀은 당신에게 어떤 영향을 미치고 있습니까?

그러나 너희는 택하신 족속이요 왕 같은 제사장들이요 거룩한 나라요 그의 소유가 된 백성이니 이는 너희를 어두운 데서 불러 내어 그의 기이한 빛에 들어가게 하신 이의 아름다운 덕을 선포하게 하려 하심이라(베드로전서 2:9).

6. 사람이 행복하기 위한 세 가지 전제 조건은 소속감, 안정감, 성취감입니다. 이중 당신에게 부족한 것은 무엇입니까?

7. 이스라엘 민족은 그 호칭이 네 번 바뀌었습니다. 히브리, 이스라엘, 유대 그리고 여수룬입니다. 이 호칭의 뜻과 변경의 의미는 무엇입니까? 그리고 당신은 어떤 호칭의 변화가 있었으며 어떤 변화를 기대합니까?

²⁶ 여수룬이여 하나님 같은 이가 없도다 그가 너를 도우시려고 하늘을 타고 궁창에서 위엄을 나타내시는도다 ²⁷ 영원하신 하나님이 네 처소가 되시니 그의 영원하신 팔이 네 아래에 있도다 그가 네 앞에서 대적을 쫓으시며 멸하라 하시도다 ²⁸ 이스라엘이 안전히 거하며 야곱의 샘은 곡식과 새 포도주의 땅에 홀로 있나니 곧 그의 하늘이 이슬을 내리는 곳에로다 ²⁹ 이스라엘이여 너는 행복한 사람이로다 여호와의 구원을 너같이 얻은 백성이 누구냐 그는 너를 돕는 방패시요 네 영광의 칼이시로다 네 대적이 네게 복종하리니 네가 그들의 높은 곳을 밟으리로다(신명기 33:26-29).

예수를 따르는 사람이 돼라

교회는 많지만 그 교회에 예수를 따르는 사람이 없다.
예수를 따르는 사람이 없는 교회,
그것은 교회가 아니라 종교단체이거나 모임일 뿐이다.

예수를 믿는다는 것과 예수를 따른다는 것은 동의어다.
이것은 개념의 문제가 아니고 실제 삶의 문제다.
예수를 따르는 사람은 어떻게 살아가는지 고민하라.

예수를 따르지 않는 사람,
그들의 열심이 교회를 무너뜨리고
그들의 헌신이 하나님 나라를 더럽힌다.

예수를 따르는 사람을 제자라고 말한다.
제자만 제자를 낳을 수 있고
제자를 낳았다면 그것은 곧 교회가 된다.

교회를 만들려고 하지 말고

예수 그리스도를 따라가라.

예수를 따르는 사람들이 교회다.

예수를 따른다면 그분과 당신 사이에

어떤 간극도 허락하지 말라.

쉽게 살고 싶어서 교회를 다니고

삶이 고달파서 예수를 찾지 말고

그분처럼 살고 싶어서 그분을 따라가라.

살기 위해 몸부림치지 말고

그분을 닮고 싶어서 몸부림쳐라.

그래서 삶의 모든 영역에서 그분을 따라가라.

예수님을 따라가는 것,

그것이 진정한 성공이고 그것이 진정한 성숙이며

그것이 삶의 모든 문제에 대한 대답이다.

당신들이 교회이고 교회의 미래다.

당신들이 예수를 따르지 않으면

미래에는 교회라는 이름을 가진 건물만 있고

교회는 존재하지 않을 것이다.

1. 이 글을 읽고 어떤 느낌과 생각이 듭니까? 왜 교회에 다니고 있습니까?
   그리고 무엇을 위하여 몸부림치며 살아갑니까?

싱글 미니스트리

2. 크리스천이란 단어는 Christ에 '따르는 자'라는 의미의 접미어 'ian'이 붙은 것입니다. 헬라어 원어 '크리스티아노이'Christianoi의 어미 '이아노이'-ianoi는 '추종자'라는 뜻을 갖고 있습니다. 그래서 헤롯을 추종하는 자는 Herodianoi마가복음 3:6라고 불렀고, 아우구스투스를 따르는 자는 'Augustiani'라고 불렀습니다. 당시 헤로디안이 아닌 크리스천이라고 스스로를 규정짓고 천명한다는 것은 무엇을 의미했을까요?

만나매 안디옥에 데리고 와서 둘이 교회에 일 년간 모여 있어 큰 무리를 가르쳤고 제자들이 안디옥에서 비로소 그리스도인이라 일컬음을 받게 되었더라(사도행전 11:26).

아그립바가 바울에게 이르되 네가 적은 말로 나를 권하여 그리스도인이 되게 하려 하는도다(사도행전 26:28).

만일 그리스도인으로 고난을 받으면 부끄러워하지 말고 도리어 그 이름으로 하나님께 영광을 돌리라(베드로전서 4:16).

3. 예수님을 따라간다는 것은 무엇을 의미합니까? 그리고 그것의 전제 조건은 무엇입니까? 기독교의 진정성을 삶에서 어떻게 나타내고 있습니까?

인자가 온 것은 섬김을 받으려 함이 아니라 도리어 섬기려 하고 자기 목숨을 많은 사람의 대속물로 주려 함이니라(마가복음 10:45).

믿음의 주요 또 온전하게 하시는 이인 예수를 바라보자 그는 그 앞에 있는 기쁨을 위하여 십자가를 참으사 부끄러움을 개의치 아니하시더니 하나님 보좌 우편에 앉으셨느니라(히브리서 12:2).

4. 사회학 용어 중에 '모라토리엄형 인간'이란 말이 있습니다. 사람이 어느 공동체나 사회 혹은 가정이나 그룹에 속해 있으면서 자신의 정체성을 지불하지 않으면 그곳의 문젯거리가 된다는 의미입니다. 가정과 교회 그리고 사회에서 크리스천이란 정체성을 지불하고 있나요? 그렇다면 어떤 방식으로 지불하고 있습니까?

끝으로 형제들아 무엇에든지 참되며 무엇에든지 경건하며 무엇에든지 옳으며 무엇에든지 정결하며 무엇에든지 사랑받을 만하며 무엇에든지 칭찬받을 만하며 무슨 덕이 있든지 무슨 기림이 있든지 이것들을 생각하라(빌립보서 4:8).

5. 크리스천은 아무리 흔들어도 무너지지 않고 밟아도 밟히지 않으며 망할 것 같아도 오히려 더 번성합니다. 이것을 기독교의 역동성이라고 합니다. 깨진 도자기를 더 아름다운 예술품으로 만드는 킨츠기kintsugi 장인을 보면 하나님의 은혜를 떠올리게 됩니다. 이러한 역동성을 경험한 적이 있나요? 직접 경험뿐 아니라 간접 경험을 포함하여 함께 나누십시오.

8 우리가 사방으로 우겨쌈을 당하여도 싸이지 아니하며 답답한 일을 당하여도 낙심하지 아니하며 9 박해를 받아도 버린 바 되지 아니하며

거꾸러뜨림을 당하여도 망하지 아니하고 ¹⁰ 우리가 항상 예수의 죽음을 몸에 짊어짐은 예수의 생명이 또한 우리 몸에 나타나게 하려 함이라(고린도후서 4:8-10).

6. 놀이터에서 놀던 아이들이 저녁 무렵이 되면 모두 집으로 돌아갑니다. 우리도 인생의 황혼이 오면 하나님의 부름을 받고 그분 앞에 설 것입니다. 그때 하나님은 우리에게 뭐라고 말씀하실까요? "네가 어떻게 살았느냐?"고 물으시지 "너의 부모님이나 친구 혹은 목회자가 어떻게 살았느냐?"고 묻지 않으십니다. 그때 하나님 앞에서 뭐라고 대답하겠습니까?

그 사랑 만나러 갑니다

우리는 사랑받을 때 행복을 느낍니다.
그러나 사랑을 줄 때는 그 행복을 소유합니다.
사랑받는 것은 남에게 달려 있지만
사랑하는 것은 나에게 달려 있기 때문입니다.

사랑받는 삶은 꽃과 같습니다.
화려하고 예쁘지만 그 꽃은 언젠가 떨어집니다.
지지 않는 꽃은 없습니다.
그럼에도 영원히 사랑받는 것에 목표를 두고 살면
그 자체가 고통과 아픔이 됩니다.
불가능하기 때문입니다.

사랑하는 삶은 열매와 같습니다.
초라하고 별 볼 일 없는 것 같지만
모든 이에게 유익을 끼치기 때문입니다.
사랑받기보다는 사랑하는 것을 자신의 삶으로 규정할 때
열매를 맺기 전에 피어나는 꽃조차도

누군가의 가슴에 영원한 사랑으로 자리 잡습니다.

누군가에게 사랑을 받았던 것보다는
한 사람 한 사람을 사랑했던 것을 추억할 수 있을 때
우리의 삶은 진정한 꽃이 되고 열매로 맺혀 향기를 발하며
세상을 아름답고 따뜻하게 할 것이라 믿습니다.

꽃이 피고 그 꽃이 지므로 열매가 맺히듯,
우리도 누군가에게 사랑을 받다가
그 사랑이 끊어질 때 즈음
사랑하는 사람으로 자라 가야 합니다.
오늘도 변함없이 사랑할 사람들을 만나러 갑니다.
–《기다림은 희망입니다》중에서

1. 이 글을 읽고 어느 부분이 마음에 가장 와닿습니까? 그 이유는 무엇입
   니까?

2. '지푸라기라도 잡고 싶은 심정'이라는 말이 있습니다. 로또를 사는 것
   도 마찬가지 심정일 것 같습니다. 사람은 힘겨우면 왜 지푸라기라도 잡
   고 싶을까요? 살면서 지푸라기라도 잡아 본 적이 있나요? 있다면 무엇
   입니까?

3. 당신에게 오늘을 살고 내일을 기대하게 하는 희망은 무엇입니까? 시편
   기자는 힘겹고 어려울 때 희망을 어디에 두었습니까?

⁵ 나의 영혼아 잠잠히 하나님만 바라라 무릇 나의 소망이 그로부터 나오는도다 ⁶ 오직 그만이 나의 반석이시요 나의 구원이시요 나의 요새이시니 내가 흔들리지 아니하리로다 ⁷ 나의 구원과 영광이 하나님께 있음이여 내 힘의 반석과 피난처도 하나님께 있도다(시편 62:5-7).

4. 희망과 절망은 동전의 양면과 같아서 항상 함께 존재합니다. 당신은 주로 어느 쪽을 바라보며 그 이유는 무엇입니까?

내 영혼아 네가 어찌하여 낙심하며 어찌하여 내 속에서 불안해하는가 너는 하나님께 소망을 두라 그가 나타나 도우심으로 말미암아 내가 여전히 찬송하리로다(시편 42:5).

5. 사람은 희망 없이는 살 수가 없습니다. 희망이 없으면 산 것 같아도 죽은 것이나 마찬가지입니다. 그렇다면 크리스천의 희망은 어디에 있으며 구체적으로 무엇입니까?

¹⁵ 이 세상이나 세상에 있는 것들을 사랑하지 말라 누구든지 세상을 사랑하면 아버지의 사랑이 그 안에 있지 아니하니 ¹⁶ 이는 세상에 있는 모든 것이 육신의 정욕과 안목의 정욕과 이생의 자랑이니 다 아버지께로부터 온 것이 아니요 세상으로부터 온 것이라 ¹⁷ 이 세상도, 그 정욕도 지나가되 오직 하나님의 뜻을 행하는 자는 영원히 거하느니라(요한일서 2:15-17).

6. 당신은 때때로 자신이 초라하게 느껴집니까? 애벌레들이 꽃들에게는 희망이듯이 현재의 모습이 초라하게 느껴져도 우리는 누군가에게 희망이라는 사실을 잊지 말아야 합니다. 당신이 날개를 펴고 날아오를 때는 언제라고 생각합니까? 왜 그렇게 생각합니까?

내가 네 곁으로 지나갈 때에 네가 피투성이가 되어 발짓하는 것을 보고 네게 이르기를 너는 피투성이라도 살아 있으라 다시 이르기를 너는 피투성이라도 살아 있으라 하고(에스겔 16:6).

7. 당신의 MBTI는 무엇이며, 그것에 근거하여 공동체 내에서 어떤 봉사를 하면 적절할 것이라고 생각합니까? 특별히 하나님께 쓰임받고 싶은 재능 즉 달란트가 있다면 어떤 것입니까?

7 우리 각 사람에게 그리스도의 선물의 분량대로 은혜를 주셨나니 8 그러므로 이르기를 그가 위로 올라가실 때에 사로잡혔던 자들을 사로잡으시고 사람들에게 선물을 주셨다 하였도다 9 올라가셨다 하였은즉 땅 아래 낮은 곳으로 내리셨던 것이 아니면 무엇이냐 10 내리셨던 그가 곧 모든 하늘 위에 오르신 자니 이는 만물을 충만하게 하려 하심이라 11 그가 어떤 사람은 사도로, 어떤 사람은 선지자로, 어떤 사람은 복음 전하는 자로, 어떤 사람은 목사와 교사로 삼으셨으니 12 이는 성도를 온전하게 하여 봉사의 일을 하게 하며 그리스도의 몸을 세우려 하심이라(에베소서 4:7-12).

8. 공동체에 속해 있으면서 절대로 놓치지 말아야 할 목적 즉 비전은 무엇

입니까? 개인적으로 어떻게 인정받거나 평가받고 싶습니까?

¹³ 우리가 다 하나님의 아들을 믿는 것과 아는 일에 하나가 되어 온전한 사람을 이루어 그리스도의 장성한 분량이 충만한 데까지 이르리니 ¹⁴ 이는 우리가 이제부터 어린아이가 되지 아니하여 사람의 속임수와 간사한 유혹에 빠져 온갖 교훈의 풍조에 밀려 요동하지 않게 하려 함이라 ¹⁵ 오직 사랑 안에서 참된 것을 하여 범사에 그에게까지 자랄지라 그는 머리니 곧 그리스도라 ¹⁶ 그에게서 온몸이 각 마디를 통하여 도움을 받음으로 연결되고 결합되어 각 지체의 분량대로 역사하여 그 몸을 자라게 하며 사랑 안에서 스스로 세우느니라(에베소서 4:13-16).

9. 부모가 자녀에게 꿈을 심어 주듯이 하나님은 자기 백성에게 반드시 꿈을 심어 주십니다. 그 꿈은 달걀의 수정체와 같습니다. 유정란이 아닌 무정란을 닭이 품고 있으면 어떤 일이 벌어집니까? 하나님이 당신에게 심어 주신 꿈은 무엇입니까?

그 후에 내가 내 영을 만민에게 부어 주리니 너희 자녀들이 장래 일을 말할 것이며 너희 늙은이는 꿈을 꾸며 너희 젊은이는 이상을 볼 것이며(요엘 2:28).